나쌤의
재미와 의미가
있는 수업

나쌤의
재미와 의미가
있는 수업

발행일	2018년 8월 10일 초판 1쇄 발행
	2020년 2월 17일 초판 2쇄 발행
지은이	나승빈
발행인	방득일
편 집	신윤철, 박현주, 문지영
디자인	강수경
마케팅	김지훈

발행처	맘에드림
주 소	서울시 도봉구 노해로 379 대성빌딩 902호
전 화	02-2269-0425
팩 스	02-2269-0426
e-mail	momdreampub@naver.com

ISBN 979-11-89404-00-0 93370

생각과 배움이 자라나는 수업의 시작 나쌤의

재미와 의미가 있는 수업

나승빈 지음

맘에드림

따: 수업, 언제 들어도 설레는 말

이 책의 저자인 나승빈 선생님은 저와 이미 오래전부터 함께 수업을 공부해오고 있는 동지입니다. 교직에 발을 들인 지 9년 만에 벌써 네 번째 저서를 내게 된 나 선생님의 전문적 역량과 열정에 경의를 표하며, 진심으로 축하의 말씀을 전하고 싶습니다.

교사가 책 한 권을 내기까지는 수많은 문헌을 섭렵하고, 그것을 수업이라는 사실 속에서 꾸준히 실천해보고, 실천한 사실들을 수업기록이라고 일컬어지는 글로 쓰는 일을 되풀이해야 합니다. 그래야 비로소 한 권의 책으로 열매를 맺을 수 있는 것입니다. 이러한 과정을 저는 너무나 잘 알고 있기 때문에 수업 실천을 기록하고 책으로 만들어낸 노력에 경의를 표하지 않을 수 없습니다.

이 책을 읽고, 저는 독자의 한 사람으로서 다음의 몇 가지 점을 생각하였습니다.

- 항목마다 요점을 간추려 짧은 글로 정리되어 있어서 바쁜 오늘날의 선생님들이 토막 시간을 이용하여 공부하시기 좋도록 정리가 잘 되어 있었습니다.
- 다양한 영역에 걸쳐 논의되어 있으므로 각자의 영역에 관한 최신 정보를 접할 수

있다고 생각했습니다.

• 인용되어 있는 많은 문헌 중에 제가 당면하고 있는 문제를 해결하는 데 유용할 것으로 기대되는 내용을 많이 발견할 수 있었습니다.

• 감히 말씀드리면 수업의 실제를 다루고 있으면서도 난해한 어휘를 사용해 이해하기 어렵고, 다분히 현학적 냄새를 풍기는 책들도 흔한 것이 현실입니다. 물론 저의 독해력이 부족해서 그렇게 느낀 부분도 일면 있겠지만, 이런 책들은 필시 경험에서 우러났다기보다는 혹시 탁상에서 그럴듯하게 꾸며낸 이야기는 아닐까 문득 의심이 들기도 합니다. 하지만 나 선생님의 책은 그러한 의심 없이 편히 읽을 수 있는 책이라고 생각하였습니다.

함께 수업을 공부하고 있는 동지로서, 저서 출간의 기쁨을 함께하고자 감히 추천의 말씀을 드립니다.

2018년 7월
송광수업기술연구소장
한 형 식

차례

STAGE 01 배움으로의 초대

STAGE 02 생각 만들고 정리하기

♫ 생각과 배움이 자라나는 수업을 꿈꾸며

수업을 시작합니다. 아이들은 반짝이는 눈으로 교사를 바라봅니다. 교사는 미리 준비한 동기유발 자료를 제시하거나 생각의 방향이 다양하게 나올 수 있는 질문을 던질 것입니다. 다음에 무슨 내용이 이어질지 궁금해합니다. 아이들은 밝은 표정으로 눈을 빛내며 수업에 참여합니다. 교사도 준비한 흐름대로 아이들과 함께 의미 있는 수업을 진행합니다. 때로는 아이들의 요구를 반영해서 즉각적으로 수정해서 적용하기도 합니다. 교사도 아이들과 함께 순간적으로 수업에 깊이 빠져들고, 어느새 수업은 끝이 납니다. 너무 집중한 나머지 수업 끝을 알리는 종이 울려도 모르다가 '수업이 벌써 끝났어?'라는 표정을 짓습니다. 교사가 배움을 정리하고 쉬는 시간임을 알려주지만, 아이들은 쉬는 시간에도 수업 중에 배운 내용을 친구들과 나누느라 배움을 멈추지 않습니다.

과연 이런 수업을 1년에 몇 번이나 하는지 스스로 되돌아보게 됩니다. 요즘 아이들은 너무 많은 배움의 기회 때문인지 수업에 별 의미를 두지 않는 것처럼 보이기도 합니다. 교사 또한 어떻게 해야 아이들이 수업에 깊이 빠져들 수 있는지 방법을 잘 모르는 경우가 많습니다.

교육적 방법론과 내용에 대해서 공부를 하고, 교사가 되기 위한 시험을 봐서 비로소 교사가 되었습니다. 그렇지만 어떻게 해야 의미가 있는 수업인지 그리고 재미있게 몰입하게 만드는 수업인지에 대해서는 잘 모르는 경우가 많습니다. 사실 이 글을 쓰고 있는 저조차도 아직은 잘 모르겠습니다. 더 좋은 수업을 하고 싶다는 마음에 이것저것 자료를 찾고, 교실에서 나름대로 적용해보고 있습니다. 그래서인지 작년보다는 올해 더 나은 수업을 하고 있다는 생각이 듭니다. 그리고 올해보다는 내년에 수업을 더 잘할 수 있을 거라는 확신이 조금씩 들고 있습니다. 그래서 그에 관한 내용을 조금 더 이야기하려고 합니다.

마음을 얻어라, 그 다음에 가르쳐라!

지금부터 이야기할 내용들은 과학적으로 증명되거나 많은 학자들이 효과적이라고 말하는 내용도 있지만, 필자의 교실에서 학급 상황에 맞게 새롭게 만들거나 변형해서 적용한 것들도 많습니다. 따라서 책에 나와 있는 내용을 그대로 따라 하기보다는 각자가 추구하는 수업의 방향과 흐름에 맞춰서 선택하고 변형할 것을 추천합니다.

"마음을 얻어라, 그 다음에 가르쳐라."《훌륭한 교사는 무엇이 다른가》의 저자 토드 휘태거(Todd Whitaker)가 한 말입니다. 저는 이 책에서 아이들의 마음을 얻어 배움의 객체가 아닌 배움의 주체로 초대할 수 있는 다양한 방법과 생각할 거리들을 담았습니다. 또 어떻게 하면 수업의 시작 부분에서 의미를 발견하게 하고, 즐겁게 배움 속으로 빠져들어 갈 수 있는지에 관한 실천 사례도 넣었습니다.

    수업은 각자의 생각을 소중하게 여기고, 이를 나누고 발전시켜나가는 것이라고 생각합니다. 특히 배움에 있어서 가장 기본이 되는 것이 바로 생각하는 힘이라고 생각합니다. 그래서 본문에서 '생각 만들고 정리하기', '생각 나누기', '생각 키우기'를 돕는 활동과 이 활동들을 어떤 상황에서 실천했는지 적었습니다. 또한 책 말미에는 일종의 보너스로 '재미있게 공부하기' 위한 활동도 함께 덧붙여 정리했습니다.

변화는 아주 작은 것에서 시작된다

성장형 사고를 가진 사람들은 변화 가능한 것에 초점을 맞춰서 작은 것부터 시작한다고 합니다. "준비한 프로그램이 매력적인가?", "프로그램을 진행하는 방식이 아이들에게 적합한가?"라고 생각하는 교사와 "아이들이 집중을 하지 않네?"라며 아이들 탓을 하거나 "가르쳐야 할 게 너무 많은데, 시간이 없어"라고 푸념만 늘어놓고 있는 교사의 수업은 질적으로 큰 차이가 있다고 생각합니다.

"실패는 없다. 피드백만 있을 뿐이다." 이는 NLP 심리학에서 중요하게 생각하는 전제 중 하나입니다. 노력하면 더 좋아질 것이라는 높은 기대와 잘 안 되는 것도 피드백으로 받아들일 수 있는 여유가 교사 스스로 수업 속에서 자존감과 자기효능감을 느끼도록 도와줄 것입니다.

자신만의 수업 지향점 정하기

수업이 어디를 지향하고 있는지 정하고 수업을 디자인(설계)하는 것은 수업의 방향을 정하는 데 큰 도움이 됩니다. 가장 좋은 것은 자신만의 수업 지향점을 분류해두고, 이를 적극 활용해서 수업을 디자인할 때 관련된 내용에 따라 적용하는 것입니다.

 필자의 경우 배움으로 초대하고, 생각을 떠올려서 정리하고, 나누고, 키워가는 방법으로 수업을 준비합니다. 이 과정에서 되도록 2015 개정교육과정의 6가지 핵심역량인 자기관리역량, 지식정보처리역량, 창의적 사고역량, 심미적 감성역량, 의사소통역량, 공동체역량이 길러지는 방향으로 수업을 디자인하려고 노력합니다. 또는 OECD DeSeCo(Definition and Selection of Key Competences) 핵심역량인 '자율적으로 행동하기', '도구를 상호적으로 활용하는 능력', '사회적 이질집단에서 상호작용하기'의 능력이 길러지는 형태를 고려하고 있습니다.

"놀이는 우리의 뇌가 가장 좋아하는 배움의 방식이다"라는 다이앤 애커먼
(Diane Ackerman) 박사의 말이 있습니다. 저는 어떻게 해야 배움을 찾는 과정에
서 재미있게 의미를 찾을 수 있는지와 생각의 방향과 크기가 성장할 수 있는지
를 항상 고민하고 있습니다. 이 책의 제목을 '재미와 의미가 있는 수업'이라고
붙인 것도 그러한 이유 때문입니다.

수업 지향점을 정하는 아이디어

만약 아직까지 수업의 지향점을 정하는 자신만의 방법이 없다면 다음과 같은 블
룸의 개정된 교육목표 체계[1]를 기반으로 수업의 방향을 정하는 것도 좋습니다.

1. 기억: 정보의 내용을 떠올리고 회상하는 단계. 사실과 기본적인 개념의 기
   억을 목표로 하고, 듣거나 본 내용을 확인하는 질문을 사용합니다.
2. 이해: 정보의 의미를 알고 자신의 언어로 바꾸어 설명하는 단계. 아이디어
   나 개념 설명을 목표로 하고, 듣거나 본 내용을 자신의 언어로 설명하는
   질문을 사용합니다.

---

1. Krathwohl, D. R. (2002). A revision of Bloom's Taxonomy: An overview. Theory into Practice, 41 (4)

3. 적용: 정보를 새로운 상황에서 사용하는 단계. 새로운 상황에서의 정보 사용을 목표로 하고, 새로운 상황에서 정보를 이용하도록 하는 질문을 사용합니다.

4. 분석: 정보를 작은 것으로 해체하여 조사하고 살펴보는 단계. 배운 내용을 서로 연결 지을 수 있는 것을 목표로 하고, 정보를 작은 단계로 나누어 조사하고 살펴볼 수 있는 질문을 사용합니다.

5. 평가: 정보의 쓰임새와 가치에 대해 판단을 내리는 단계. 기준에 맞게 판단을 해보는 것을 목표로 하고, 정보의 쓰임새와 가치에 대해 판단을 요구하는 질문을 사용합니다.

6. 창의: 정보를 다른 정보와 조합하여 새로운 가치를 만들어내는 단계. 정보를 조합하여 새로운 것을 만들어내도록 하는 질문을 사용합니다.

정해진 시간 내에 의미 있고 재미있는 수업을 하기 위해서는 수업의 방향을 정하고 나서 관련된 내용에 효과적인 방법을 취사선택할 것을 추천합니다. 수업을 준비하기 전에 수업의 목표, 핵심 성취 기준 등이 기억, 이해, 적용, 분석, 평가, 창의 중 어느 쪽에 가까운지 염두에 두고 준비하는 것이 좋습니다.

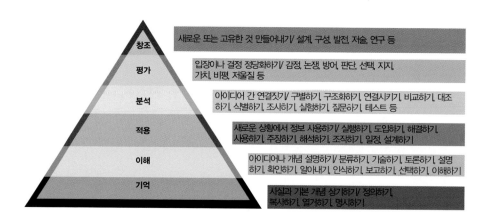

블룸의 개정 교육목표 분류

이 책의 구성에 대하여

이제부터 본격적으로 수업시간에 놀이처럼 재미있게 실천해보면서 배움을 찾고 생각을 키워나갈 수 있는 다양한 활동들을 소개하려고 합니다. 본문에 소개한 각 활동들은 4부분으로 나누어 단계별로 구성해보았습니다. 즉 아이들을 배움으로 초대하고, 생각을 만들고 정리하며, 생각을 서로 나누고, 생각을 확장시켜나가는 4단계 활동들로 구분해본 것입니다. 각 단계별 활동 말미에는 '성찰'

공간을 넣었습니다. 관련된 활동을 살펴보고 적용해보는 과정에서 떠오른 좋은 아이디어를 적어 넣어서 독자 여러분과 함께 이 책을 완성해갔으면 좋겠다는 바람입니다. 이와 아울러 아이들이 좀 더 재미있게 배움에 접근할 수 있도록 돕는 활동 및 수학적 사고를 높이는 활동들을 따로 모아 덧붙였습니다.

이 책에 소개된 활동들은 필자가 모두 새롭게 만들어낸 것은 아닙니다. 익히 알려진 활동들도 포함되어 있습니다. 다만 수업의 방향과 활동의 의미에 따라 제 나름대로 아이들과 함께 수업을 하면서 수정과 보완을 거쳤습니다.

수업이란 완벽하게 준비할 수도 없고, 또 수업에서 준비된 활동을 매번 완벽하게 해낼 수도 없습니다. 하지만 노력하고 준비하는 것은 그 자체로 충분한 가치가 있다고 생각합니다. 아이들이 무엇을 궁금해할지 고민하면서 앞으로도 재미와 의미가 있는 더 좋은 수업을 만들어가기 위해 계속 노력하고 싶습니다.

나 승 빈

교사는 열심히 가르치는데 정작 아이들은 배우려 하지 않는다면 어떤 기분이 들까요? 또한 교사는 열심히 준비했는데, 아이들이 수업에 참여할 준비를 하지 않는다면 어떨까요? '배움으로의 초대'는 가르침과 배움 사이에 간격이 존재한다는 전제에서 출발합니다. 바로 이 간격을 줄이기 위해서는 아이들을 배움에 초대해서 적극적인 참여를 유도해야 합니다. 아울러 수업의 객체가 아닌 수업의 주인이 되게 해야 합니다. 여기에서는 배우고 싶다는 마음이 들게 하는 것에 초점을 맞췄습니다.

"마음을 얻어라, 그 다음에 가르쳐라." 《훌륭한 교사는 무엇이 다른가》에 나오는 말입니다. 아이들을 가르침의 대상이 아닌 배움을 찾는 능동적이고 주체적인 존재로 대우할 때 비로소 배움으로 초대할 수 있다는 생각입니다.

아이들이 자연스럽게 수업 속으로 들어오도록 우선 따뜻한 학급 문화를 만들어야 합니다. 또한 배우는 사람으로서 필요한 덕목과 힘이 들 때 스스로를 조절하는 방법도 가르쳐야 합니다. 공부를 잘하기 위해서 필요한 기초 지식과 역량도 배우고 연습할 필요가 있습니다. 여기에서는 의미 있는 방법이나 재미있는 활동으로 자연스럽게 배움에 초대하는 방법들을 소개하려고 합니다.

STAGE 01
배움으로의 초대

가르침과 배움 사이에는 간격이 존재한다!

01 배움의 세계로 온 걸 환영해!

> 서로를 환대하는 학급 분위기가 조성되면 아이들은 심리적으로 서로서로 연결된 상태에서 더욱 즐겁게 공부할 수 있다.

적대적이고 불편하기 짝이 없는 자리에 오래 머물고 싶어 하는 사람은 아마도 없을 것이다. 환영받고 있다는 느낌은 그 공간에 계속 머물고 싶다는 마음과 함께 그 공간에 대한 애정을 불러일으킨다. 배움도 마찬가지다. 배움이 일어나는 공간인 교실이 '나를 환대해주고 있다'고 느끼게 된다면 아이들은 훨씬 더 자연스럽게 그리고 적극적으로 배움에 다가갈 수 있다.

수업에 앞서 서로를 환영하고 반겨주는 인사로 하루를 시작하면 좋다. 김현수 교수님은 저서 《무기력의 비밀》에서 아이들이 서로 환대하는 문화를 가지고 있는지 여부가 무기력을 극복하는 데 큰 도움이 된다고 언급했다. 환영 인사를 잘만 활용하면 즐겁게 공부할 수 있는 분위기를 만들 수 있다. 환대하는 문화를 만드는 인사법인 5H를 소개하면 다음과 같다.

1. HI 미소나 손 인사하기	2. HOW ARE YOU? 간단한 안부를 묻기
3. HIGH FIVE 하이파이브	4. HANDSHAKE 악수
5. HUG 안아주기	

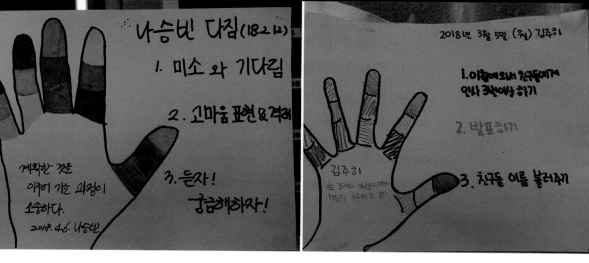

손바닥 다짐으로 매일 지킬 것을 선언합니다. 집에 돌아가기 전에 지킨 날은 날짜를 마디에 적거나 색칠을 합니다. 모두가 색칠하면 다 함께 즐거운 시간을 가져봅니다.

그리고 개인별로 좋아하는 인사법을 만들어서 서로 기억하고 함께 인사를 나눠보자. 주먹을 서로 맞대는 '주먹인사', 영화 〈E·T〉처럼 집게손가락을 서로 맞대는 'E·T' 인사 등을 이용해 서로 기분 좋게 하루를 시작할 것을 추천한다. 서로 환영해주는 것에서 만남은 시작되고, 그 만남에서 서로 의미 있는 존재가 되어 가르침과 배움의 가장 중요한 요소인 관계가 만들어진다.

하루 열기는 생활공간이면서 학습의 공간인 교실을 의미 있는 배움의 공간으로 바꿔준다. 먼저 학교에 온 아이들은 각자의 선택에 맞춰 의미 있는 활동을 하는데, 함행우 교실[1]에서는 개인 프로젝트라는 이름으로 독서, 재미, 의미, 기여, 휴식 등 각자가 중요하다고 생각하는 활동을 하다가 정해진 시간이 되면 모두 함께 하루 열기를 시작한다. 매일 순환하는 하루 선생님[2]이 앞으로 나와서 하루 열기의 시작을 알린다. 하루 선생님은 1분 이야기, 칭찬 말 샤워, 미덕 필사

---

1. 함행우 교실은 필자의 학급 이름으로 '함께 있어 행복한 우리'라는 학급 이름을 줄여서 '함행우'라고 부르는 것입니다.

등을 하고 각자의 다짐을 크게 읽는다. 이때 교사도 함께 다짐을 읽는다.

- 하루 선생님 : "열심히"
- 학생들 : "공부하겠습니다."
- 교사 : "가르치고 배우겠습니다."

이렇게 서로를 환영하고, 가르침과 배움의 공간으로 만드는 과정이야말로 배움으로 자연스럽게 초대하는 방법이라고 생각한다.

등교 자체를 환영받는 것은 자존감[3]의 2가지 핵심 요소 중 하나인 '자아가치감'을 높여줍니다. 《좋은 교사 되기》에서는 수업의 시작을 의식화하라고 조언하고 있습니다. 선생님으로서의 약속과 제자로서의 약속을 정하고 수업을 하기 전에 외치고 시작합니다. 가르치는 사람과 배우는 사람으로서 지킬 약속을 매달 첫 날 정해 함께 좋은 수업을 만들기 위해 노력하면 좋습니다.

*선생님의 약속 예시: 수업을 열심히 준비하겠습니다, 골고루 기회를 줍니다 등
*학생들의 약속 예시: 미리 수업을 준비합니다, 어렵다고 포기하지 않고 끝까지 노력합니다 등

각자의 다짐과 함께 학급 공동의 다짐을 만들어서 선언하고 시작하면 더 좋습니다.

---

2. 하루 선생님이란 매일 아침에 하루를 열고, 하교 시간에 하루를 닫는 역할을 하는 일일 학급 대표입니다. 다양하게 활용할 수 있습니다.
3. 자아 존중감의 약자입니다. 자존감은 우리 자신에 대한 신념의 집합으로 사랑(존재)받을 만한 사람이라는 느낌인 '자아 가치감'과 능력 있는 사람이라는 느낌인 '자아 효능감'으로 이루어져 있습니다.

02 나만의 학습 스타일을 찾아라!

사람들은 저마다 타고난 개성이 다른 만큼, 각자에게 유리한 감각을 적극 이용할 때 더욱 효과적으로 학습할 수 있다.

옷을 입을 때도 음식을 먹을 때도 책을 읽을 때도 저마다 선호하는 취향이나 스타일이 다르다. 그리고 우리는 그러한 차이를 존중한다. 음악, 음식, 책, 그 밖의 모든 세상 분야에서 저마다 조금씩 더 끌리는 분야가 있을 것이다. 천재들의 행동양식을 연구해서 체계화한 NLP(Neuro=신경, Linguistic=언어, Programming=프로그래밍) 심리학에서는 외부 정보를 받아들이는 데 3가지 감각을 사용한다고 한다. 그것은 시각(visual), 청각(auditory), 신체감각(Kinesthetic)인데, 이 세 가지 감각의 알파벳 첫 글자를 따서 'VAK 정보지각 양식'이라고 부른다.

사람은 저마다 감각에 대해 좋아하거나 싫어하는 것이 다르고, 선호하는 감각을 이용할 때 더욱 효과적으로 학습할 수 있다. VAK 정보지각 양식에서는 시각을 통해서 이미지를 만드는 사람, 청각을 우선해서 정보를 논리적으로 인식하는 사람, 신체 감각적으로 촉감이나 정서적 관점을 파악하는 사람으로 구분한다.

NLP의 V-A-K 정보지각 양식

■ 시각 Visual

- 시각 이미지를 이용

- 색깔, 공간 관계, 심적 이미지, 그림들

보거나 읽음으로써 학습할 때 학습 효과가 가장 크다고 전제

• 교실에서 해야 할 일

- 밑줄 치기, 여러 가지 색깔 사용하기

- 기호, 차트, 장식 사용하기

- 목록과 제목 사용하기

- 학습 주제의 예를 비주얼씽킹 등으로 시각화하기

• 공부할 때 해야 할 일

- 유인물과 교과서를 보면서 읽기

- 핵심 포인트와 아이디어를 설명할 삽화, 그림, 사진 사용하기

- 다양한 방법으로 이미지 재구성하기

- 기억나는 대로 문서를 다시 작성하기

- 기호와 머리글자 사용해서 단어 대체하기

• 시험보기 전과 시험을 보는 중에 해야 할 일

- 핵심내용의 전체적인 이미지와 큰 그림을 생각해내기

- 적절한 곳에 도형을 그리고 사용하기

- 시각 정보를 말로 다시 바꾸는 연습하기

■ 청각 Auditory

- 소리와 말을 이용
- 음악, 음색, 리듬, 운율, 내적 대화, 음성

듣거나 토론할 때 학습 효과가 가장 크다고 전제

• **교실에서 해야 할 일**

- 강의 및 수업에 참여하기
- 친구들과 학습 내용에 대해 토의하기
- 새로운 아이디어에 관해 다른 사람들에게 설명하기
- 녹음해서 듣기
- 학습 내용을 나중에 떠올려볼 수 있도록 여백을 남겨두기
- 수업에 참석하지 않은 사람에게 판서 내용, 그림, 이미지에 대해 설명해보기

• **공부할 때 해야 할 일**

- 아이디어를 다른 말로 다시 써보기
- 요점을 정리한 내용을 녹음해서 듣기
- 요점 정리 노트를 큰 소리로 읽기
- 또 다른 '청각적인 학습 방식을 가진' 사람에게 노트 내용 설명하기
- 도형을 말로 풀어서 설명하기
- 사전과 정의를 활용하기

• **시험보기 전과 시험을 보는 도중에 해야 할 일**

- 내면의 '목소리'를 듣고 그 내용을 적어두기
- 답안을 말해보기
- 이전에 출제된 시험 문제에 대한 정답 쓰는 연습해보기
- 다지선다형 문제로 연습하기

■ 신체감각 Kinesthetic

　- 움직임과 감정을 이용

　- 움직임, 조화, 리듬, 감정적 반응, 신체적 편안함

신체 경험과 학습 내용을 직접 체험할 때 학습 효과가 가장 크다고 전제

• **교실에서 해야 할 일**

　- 모든 감각을 활용하기

　- 실험실에 가고, 현장학습 가기

　- 시행착오 방식 사용하기

　- 실생활 속의 사례 듣기

　- 직접 전수하는 접근법 활용하기

• **공부할 때 해야 할 일**

　- 요점 정리 노트에 사례를 적어두기

　- 핵심 포인트와 개념을 '직접 실행'해보기

　- 또 다른 신체 감각적 학습 방법에 강한 사람과 학습 내용 이야기하기

　- 목록을 완전히 다 쓰기

　- 문단, 머리말, 맺음말 쓰기

• **시험보기 전과 시험을 보는 도중에 해야 할 일**

　- 연습으로 답안을 미리 써보기

　- 시험 상황을 역할연기 해보기

성인을 대상으로 검사할 경우 약 35%가 시각형, 25%가 청각형, 40%가 신체감각형으로 나온다고 한다. 그런데 과거 우리나라의 교육은 주로 시각형에게 유리한 방식으로 이루어져왔다.

여기서 우리가 주목해야 할 점은 교사들 중에서는 시각형이 많다는 사실이다. 시각형을 선호하는 교사가 시각형 중심의 수업을 준비한다면 소수의 시각형 아이들에게만 유리한 수업이 되고 말 것이다. 하지만 교실에서는 3가지 유형이 모두 존재하며, 그들이 함께 공부할 수 있어야 한다. 따라서 교사는 시각, 청각, 신체감각이 균형을 이루는 수업을 준비하려고 노력해야 한다. 교사의 명확하고 짧은 설명(청각)과 참고할 수 있는 시각 자료나 구조화된 판서(시각), 직접 만져보거나 움직이는 신체 활동을 통해 공부(신체감각)할 수 있도록 수업이 진행될 때 모두가 골고루 의미 있게 공부할 수 있다.

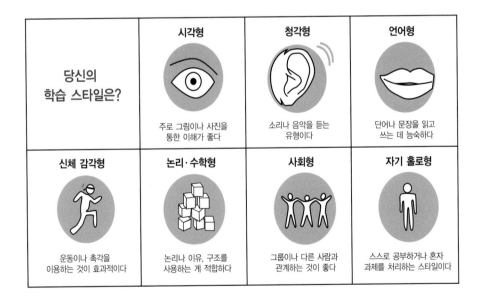

당신의 학습 스타일은?

시각형 주로 그림이나 사진을 통한 이해가 좋다

청각형 소리나 음악을 듣는 유형이다

언어형 단어나 문장을 읽고 쓰는 데 능숙하다

신체 감각형 운동이나 촉각을 이용하는 것이 효과적이다

논리·수학형 논리나 이유, 구조를 사용하는 게 적합하다

사회형 그룹이나 다른 사람과 관계하는 것이 좋다

자기 홀로형 스스로 공부하거나 혼자 과제를 처리하는 스타일이다

교사는 수업에서 3가지 유형을 고루 사용하면서 아이들 스스로 특히 선호하는 감각을 발견하도록 도와야 한다. 나아가 이를 강점으로 이용하면서 효과적으로 공부하는 방법을 찾을 수 있도록 도와야 한다.

물론 언어형, 논리형, 수학형, 사회형, 자기 홀로형 등 시각형, 청각형, 신체감각형 외에도 아이들이 선호하는 다양한 학습 스타일이 존재한다. 다만 교사에게 중요한 점은 아이들이 선호하는 학습 스타일이 서로 다를 수 있다는 전제를 가지고 출발해야 한다는 것이다.

학습법과 관련한 많은 책에서 개인의 학습 스타일을 파악하고 그것에 맞춰 공부하는 게 도움이 된다고 이야기합니다. 또 어떤 책에서는 학습 스타일이 학습에 크게 영향을 주지 않는다고 하는 경우도 있습니다. 교사들은 가르치는 입장에서 다양한 유형의 학습 경험을 할 수 있도록 준비해서 적절하게 제공하는 것에 초점을 맞추는 것이 중요하다고 생각합니다. 되도록 시각, 청각, 신체감각을 모두 활용할 수 있도록 수업을 디자인하면 모든 유형을 골고루 발달시킬 수 있을 것입니다.

03 장점을 알면 배움의 길이 열린다

인간의 지능은 단일한 능력으로 이루어진 것이 아닌 만큼 개인마다 좀 더 발달
한 능력을 파악해 적용하는 것은 학습 효과를 높이는 데 도움이 된다.

1983년 하버드 대학교의 하워드 가드너(Howard Gardner) 교수는 인간의 지능은
단일한 능력이 아닌 다수의 능력, 즉 다중지능(Multiple Intelligences)으로 구성되
어 있으며, 각 능력들은 모두 동일하게 중요하다고 했다. 최근에는 인터넷 사이
트에서 다중지능을 무료로 할 수 있는 간이검사를 제공하기도 하는데, 이런 검
사로 조금 더 발달한 영역을 파악한 후 다양한 활동을 전개하거나, 다중지능을
학급 운영이나 수업 설계에도 적용할 수 있다. 〈사람과 교육연구소〉 소장 정유
진 선생님을 포함해서 전국의 많은 학급에서 다중지능을 다양하게 자극할 수
있는 형태로 수업과 활동을 계획해서 실천하고 있다.

■ 다중지능의 유형과 선호하는 학습 방법

다중지능이란 지능이 학업성취와 관련된 단일한 지적 능력을 나타내지 않고,
여러 가지 하위능력들로 이루어졌다는 것을 전제로 한다. 다음은 다중지능 유
형을 8가지로 분류하고, 각각에 맞는 학습 방법을 정리한 것이다.

1. 음악적 지능(musical intelligence): 노래하기, 음악 감상하기, 콧노래하기, 박자 맞추기 등을 좋아한다. 수업을 설계할 때 음악적 지능을 자극하기 위해 청각적인 자료를 준비하면 도움이 된다. 또 리듬을 만들어서 공부하거나 가사 바꾸기, 랩으로 표현하기 등을 적용할 수 있다.

2. 신체·운동적 지능(bodily-kinesthetic intelligence): 춤추기, 달리기, 뛰기, 쌓기, 만지기, 몸 동작하기 등을 좋아한다. 많은 학생들이 가장 좋아하는 활동이 체육이다. 움직이면서 공부하는 것이 기억에도 도움이 된다는 것은 최신 뇌 과학에서 밝히고 있는 내용이기도 하다. 실제로 움직이고 만져볼 수 있도록 수업을 디자인할 수 있다.

3. 논리·수학적 지능(logical-mathematical intelligence): 실험하기, 질문하기, 퍼즐 맞추기, 계산하기 등을 좋아한다. 논리적으로 생각해보고, 추리하는 내용이 들어갈 때 즐거움을 느끼는 경험을 해본 적이 있을 것이다. 수업 중에 스스로 찾은 질문이나 친구가 찾은 질문에 대한 답을 함께 찾아가는 형태로 수업을 계획할 것을 추천한다.

4. 언어적 지능(linguistic intelligence): 독서, 작문, 이야기하기, 낱말 게임 등을 좋아한다. 모든 학문의 기본이 언어적 기능과 크게 관련이 있다. 이 부분이 발달한 사람이 학교에서 좋은 점수를 받는 경우가 많다. 글쓰기 근육을 키울 수 있도록 수업을 계획하고, 자신의 언어로 정리해서 말하고 듣는 시간을 많이 만들 필요가 있다.

5. 공간적 지능(spatial intelligence): 디자인하기, 그리기, 마음속으로 공상하기, 낙서하기 등을 좋아한다. 위치, 단위 등을 이론적으로 공부하고 끝나는 경우가 많다. 실제로 위치의 크기, 방향 등을 시각화해보고, 맞는지 확인해보는 시간이 필요하다. 또 크고 작은 단위를 직접 만들어보고 걸어보면서 공

간에 대해 경험해보는 형태로 수업을 계획할 필요가 있다.

6. 대인 지능(interpersonal intelligence): 통솔하기, 조직하기, 말하기, 사람 다루기, 모임 운영하기, 파티하기 등을 좋아한다. 학교에서의 경험이 사회에서도 그대로 통한다는 말을 스웨덴 교육 탐방 때 들었던 기억이 난다. 그들은 좋은 관계를 맺기 위해서 사회적 기술을 학교와 수업 중에 배우고 익히고 있었다. 짝 활동, 모둠활동 등을 많이 계획하고 잘할 수 있도록 방법을 배우고 연습할 수 있도록 수업을 디자인해야 한다.

7. 자성 지능(intrapersonal intelligence): 목표 세우기, 중재하기, 공상하기, 조용함, 계획 세우기 등을 좋아한다. 자신을 되돌아보는 능력이 있어 과거의 경험을 밑거름 삼아 지금의 시도를 통해 앞으로 나아갈 수 있다. 큰 그림을 그리고, 그 속에서 스스로 어떤 노력을 할 것인지 연습할 수 있도록 수업을 계획하면 좋다.

8. 자연 이해 지능(naturalist intelligence): 동물이나 식물 키우기, 자연 감상하기, 텃밭 가꾸기, 동식물 관찰하기 등을 좋아한다. 동물이나 식물 등 자연에 관심을 가지고 있는 사람이 많다. 건강하게 살아가는 사회일수록 자연친화적인 삶을 지향하다고 한다. 수업과 관련해서도 되도록 자연적인 부분, 동물과 식물이 인간과 조화를 이루며 살아가는 내용을 반영해서 수업을 계획할 수 있다.

교사는 각각의 지능을 독립적으로 적용하거나 때로는 통합하면서 수업을 진행할 수 있다. 만약 단순히 읽고 쓰고 말하기 중심으로만 수업이 진행된다면 언어 지능이 발달하거나 우수한 아이만 높은 성취를 내게 된다. 또 반대로 움직임이 많은 형태로만 수업을 진행한다면 신체·운동적 지능이 발달하거나 그런 쪽에

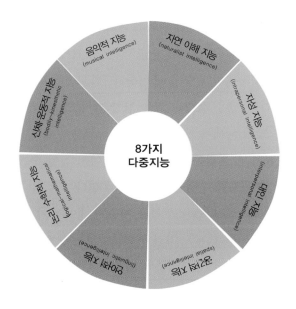

관심이 있는 아이가 높은 성과를 내게 된다. 따라서 교사가 수업을 계획하고 진행할 때는 다양한 지능을 발달시킬 수 있도록 고려해야 할 것이다. 또한 각 지능 유형별로 수업에 기여하고 참여할 수 있는 기회를 만들어주어야 한다.

　다중지능은 학급 운영에도 적용할 수 있다. 예컨대 음악적 지능이 뛰어난 아이들에게 아침 명상이나 하루 열기 음악을 선곡해서 틀 수 있도록 하면 적극적으로 임할 것이다. 신체·운동적 지능이 뛰어난 아이들은 체육부로 체육 시간에 필요한 물품을 준비하고, 필요할 때 시범과 같은 도움을 줄 수 있게 한다. 논리 수학적 지능이 뛰어난 아이들은 수학 시간에 어려운 문제를 풀어서 비법을 공유하게 하거나 친구들에게 도움이 필요할 때 도와주도록 하면 좋다. 언어적 지능이 뛰어난 아이들은 학급 신문을 만들거나 회의를 진행할 때 뛰어난 능력을 발휘한다. 공간적 지능이 뛰어난 아이들은 미술 작품을 게시하거나 교실의 전시물을 관리하도록 하면 좋을 것이다. 대인 지능이 뛰어난 아이들은 또래 상담이나 도움에서 상대를 격려하거나 친구들의 마음을 읽어주는 역할을 잘 해낸다. 자성 지능이 뛰어난 아이들은 스스로를 잘 관리할 수 있으므로, 배움 역할에서 점검을 담당하게 하거나 모둠의 목표나 할 일을 관리하게 한다. 자연 이해 지능이 뛰어난 아이들은 교실에 있는 식물이나 함께 키우는 동물을 관리하는 역할로 학급에 기여할 수 있을 것이다. 그 밖에도 아이들과 함께 각 지능별로 모여서 학급에 기여할 수 있는 방법을 찾아서 실천한다면 학급 운영에 큰 도움이 될 것이다.

아이들마다 좋아하고 잘하는 부분이 조금씩 다릅니다. 자존감을 형성하는 요인 중에 능력 있는 사람이라는 느낌인 '자아 효능감'이 있습니다. 뭔가를 할 때마다 실패하고 잘 안 된다면 스스로를 가치가 없는 사람이라고 느끼게 됩니다. 잘할 수 있는 것에서 출발해서 부족한 부분을 채워갈 수 있도록 가정과 학교에서 도와주어야 합니다. 다중지능은 스스로 잘할 수 있는 것을 알아보고 장점은 키우고 약점은 보완할 수 있는 좋은 단서가 될 것입니다.

04 학급의 지향점을 설정하라!

학급 구성원 모두가 함께 같은 방향을 바라보도록 학급 지향점을 만들면 서로 존중하고 협동하는 즐거운 학급 분위기를 만드는 데 크게 기여한다.

이변이 없는 한 적어도 1년 동안은 한 반에서 같은 교사와 같은 친구들과 함께 생활하고 공부해야 한다. 그러므로 각자의 개성은 존중받으면서 함께 노력해나갈 학급의 지향점을 만들고 달성해가면 서로 존중하고 협동하는 즐거운 학급 분위기를 만드는 데 크게 기여한다. 학급의 지향점은 학급긍정훈육법, 회복적 생활교육, 피라미드 토론 등을 활용해서 만들고, 이를 지속 가능한 형태로 게시할 필요가 있다. 필자의 경우 '함행우'라는 '함께 있어 행복한 우리'라는 의미의 학급 이름을 지어 운영하고 있다. 학급의 지향점이 협동, 존중, 즐거움이라면 '협동하고 존중해서 즐거운 함께 있어 행복한 우리 9기' 등으로 학급 이름을 만들면 된다. 학급 이름을 만들고 나면 다음과 같이 이와 관련된 공동의 목표를 만들어본다.

- 협동: 함께 놀고 함께 공부하기
- 존중: 놀욕때빼험따⁴ 없는 날

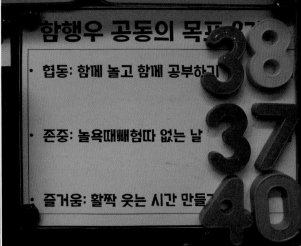

함께 만든 공동의 목표로 학급의 타이틀을 만들어서 게시하면 좋습니다. 공동의 목표를 정하고 나면 함께
달성해나갑니다.

• 즐거움: 활짝 웃는 시간 만들기

학급의 지향점별로 함께 피드백하면 성공한 나날을 계속 이어갈 수 있다. 예컨
대 10일, 20일, 30일, 40일, 50일 등 지향점을 달성할 때마다 함께 할 즐겁고 의
미 있는 활동을 계획하는 것이 좋다. 이때도 학급의 공동 목표와 관련된 활동
들, 즉 협동과 관련된 활동, 존중과 관련된 활동, 즐거움과 관련된 활동으로 연
계해서 학급 파티를 하면 더욱 좋다.

수업시간에도 모둠활동을 시작하기 전에 교사가 "모둠 보고서를 만드는 과정
에서 협동, 존중, 즐거움을 지키면서 하세요!"와 같이 학급의 공동 목표를 다시
금 각성시켜주면서 시작하는 것이 좋다. 또한 마무리하는 과정에서도 "협동하
면서 했나요?", "모든 과정에서 서로 존중이 있었나요?". "즐거웠나요?" 등으로

---

4. 〈사람과 교육연구소〉소장 정유진 선생님이 조합한 용어로 놀리고, 욕하고, 때리고, 빼앗고, 험담하고, 따돌리는 것.

피드백을 해줄 수 있다. 아울러 학급 공동의 목표와 관련지어서 개인별로 지켜야 할 것을 각자 다짐으로 만들어서 수업 전에 함께 읽고, 집으로 돌아가기 전에 함께 점검해보는 것도 좋다.

학급의 지향점를 정할 때는 +로 늘려나갈 것과 −로 줄여나갈 것으로 정하는 것이 좋습니다. 함행우 교실에서는 '~있는 날'과 '~없는 날'이라고 합니다. 함께 만든 학급의 지향점을 하루를 시작하는 하루 열기 시간에 함께 읽고, 집에 가기 전에 하루 닫기 시간에 잘 지켜졌는지 엄지 투표(잘 지켰으면 엄지를 위로, 잘 지키지 않았으면 아래로, 판단 보류는 중간)로 점검을 합니다. 잘 지켰으면 날짜를 하루씩 올라갑니다. 점점 올라가는 날짜만큼 우리 반은 우리가 함께 정한 그 모습에 가까워지게 되는 것입니다.

05 우리 학급의 배움 덕목은?

배우는 사람에게 필요한 덕목은 무엇일까? 이 배움 덕목을 정리해두면, 수업 전 또는 수업 상황에서 매우 유용하다.

"배움이란 무엇인가?" 배움은 새로운 지식이나 교양을 얻는 것이기도 하지만, 남의 행동이나 태도를 본받아 따르는 것도 포함된다. 만약 한 학급에서 함께 배우는 학생들이 공통으로 지키기 위해 노력하는 배움의 덕목이 존재한다면, 아이들이 좀 더 배움에 적극적으로 임하게 만들 수 있을 것이다. 배움의 덕목이 필요한 이유이다. 그런데 배움에 필요한 덕목들을 아이들과 함께 정하게 되면 이를 교사 혼자 일방적으로 정해서 강요할 때보다 훨씬 더 자발적으로 지키려 노력하게 된다. 필자는 이를 《허쌤의 수업놀이》의 저자인 허승환 선생님 교실에서 처음 보았다. 배움 덕목은 대구 '들안길초등학교'에서 시작했는데, 배우는 사람에게 필요한 덕목을 학년군별로 만들면 된다.

우선 "배우는 사람에게 필요한 덕목에는 무엇이 있을까요?"라고 질문한 후에 나온 다양한 생각들을 모아서 투표로 정하는 방법이 있고, 모둠별로 토의를 거쳐 각 모둠에서 2~3개씩 정해서 이를 학급의 배움 덕목으로 만들 수도 있다. 만약 교사의 생각으로는 꼭 들어갔으면 하는 덕목이 있는데, 아이들에게서 의견

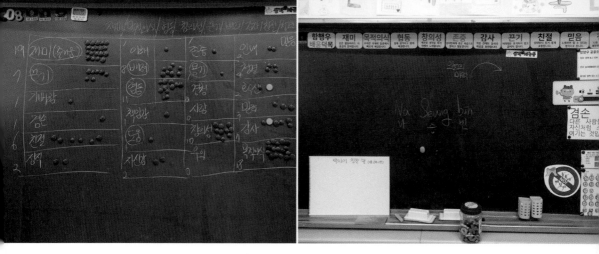

배움에 있어 필요한 덕목을 찾아보고 투표로 정합니다. 이렇게 정한 배움 덕목을 게시하고 활용합니다.

이 나오시 않았다면 1개 정도는 교사가 제안한다. 다만 그러한 경우라도 아이들의 동의를 받고 넣는 것이 좋다.

배움 덕목을 만들어두면 수업 전이나 수업 상황에서 적절하게 활용할 수 있다. 예컨대 모둠원들과 함께 보고서를 만들 때는 '협동'과 '존중'이라는 배움 덕목을 칠판에 붙여두고 활동을 할 수 있다. 그러면 아이들은 좀 더 서로를 배려하는 분위기에서 활동을 진행하게 될 것이다. 또는 친구들의 이야기를 집중해서 들어야 할 때도 있을 것이다. 이때는 '경청', '집중'의 배움 덕목을 먼저 언급하고 시작할 수 있다.

아이들과 함께 배움 덕목을 만들고 나면 다음과 같이 다양하게 활용해볼 수 있을 것이다.

1. 수업을 마치고 배움 덕목을 잘 지켰는지 되돌아보기
2. 배움 덕목 중 실천한 것과 반성할 것을 이야기하기

3. 일주일을 주기로 지키고 싶은 배움 덕목을 하나씩 정하여 실천하기

4. 수업 성장회의 시간에 자신의 실천 결과 이야기하기

5. 수업 전 배움 덕목의 의미에 대해 함께 나누기

6. 배움 덕목 일기 쓰기

나쌤의 THINKING +1

LEARNING

단지 배움 덕목을 만드는 것만으로는 효과가 오래갈 수 없습니다. 지속적으로 활용해야 합니다. 활동을 하기 전이나 중간 그리고 하고 나서 배움 덕목을 활용해서 이야기를 나누면 좋습니다. "이 활동에서 필요한 배움 덕목은 협동, 존중, 창의성입니다" 등으로 적거나 붙인 후에 활동을 시작하는 것입니다. 활동을 마친 후 배움 덕목을 활용해서 어떤 배움이 있었는지 공책에 기록하는 방법으로 효과적으로 활용할 수 있습니다. 또 배움 덕목을 아이들과 함께 만들 듯이 가르침 덕목을 같은 학년 선생님들이나 좋아하는 동료 선생님들과 함께 만들어보는 것은 어떨까요? 가르치는 사람으로 존재하기 위해 서로가 가지고 있는 생각들을 꺼내어 공유하고 서로의 장점을 본받고 약점을 보완해줄 수 있다는 생각입니다.

06 어깨춤이 절로 나는 칭찬 샤워

칭찬은 고래도 춤추게 한다는 말이 있다. 학생은 열심히 노력하고 있는 부분에
대한 격려는 물론 존재 자체에 대한 인정을 필요로 한다.

자존감은 존재 자체를 인정받을 때 그리고 노력하고 있는 것들을 잘하고 있다
는 자기효능감을 느낄 때 비로소 높아진다. 그리고 학생들의 높은 자존감이야
말로 학급에서 안정적으로 생활하고 공부하는 데 크나큰 버팀목이 된다.

학생들의 입장에서 한번 생각해보자. 어린 시절에는 그저 사랑스러운 미소
만 한 번 지어도 주변에서 박수와 환호를 받았다. 그런데 학교에 와보니 잘해
내는 게 그저 당연한 것으로 여겨지고, 때로는 작은 실수에도 호된 질책을 받
게 된다. 칭찬에 인색한 생활이 반복되면 학생들은 자칫 무력감에 빠질 수도 있
다. 적절한 칭찬은 자기효능감을 높여주고, 학교생활에 활력을 불어넣는다.

그래서 학생들에게는 존재 자체에 대한 인정과 함께 열심히 노력하고 있는
부분을 소중한 사람들에게 격려 받는 시간이 필요하다. 특히 친구들로부터 칭
찬이나 격려의 말을 들으면 마음의 안정을 넘어 자존감이 높아진다. 매일 돌아
가면서 서로 칭찬을 해줌으로써 인정하고 인정받는 따뜻한 학급풍토를 만들면
좋다. 이에 학생들에 대한 칭찬 샤워 활동을 제안한다. 칭찬 샤워를 하는 방법은

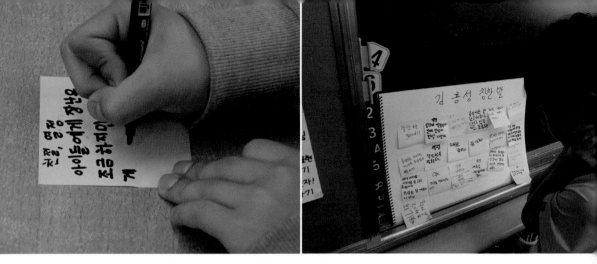

칭찬 샤워 주인공의 장점을 찾아줍니다. 친구들이 찾아준 칭찬 말 중에 가장 마음을 따뜻하게 하는 말을 고릅니다.

다양하다. 내가 실천해본 방법 중에서 가장 효과적이고 지속 가능한 형태를 소개하려 한다.

학급 전체를 대상으로 뽑기와 같은 방법으로 순서를 정한다. 순서를 정하는 이유는 칭찬 샤워 주인공의 순서를 미리 안내해줌으로써 그 친구의 좋은 점을 충분히 관찰하고 발견할 수 있는 시간을 주기 위함이다. 매일 돌아가면서 하면 좋지만, 현실적으로 어려우면 일주일에 1~2명 정도 정해진 요일에 아침 활동 시간에 하면 좋다.

필자의 경우에는 말로만 칭찬을 해도 효과가 충분하기는 하지만, 좀 더 눈에 보이게 실천하고 싶다는 생각이 들었다. 그래서 생각해낸 것이 바로 포스트잇을 활용한 칭찬 활동이다. 포스트잇에 칭찬하고 싶은 내용을 적어서 4절지에 모아 붙였다. 그리고 이를 다음번 칭찬 샤워를 할 때까지 학급에서 잘 보이는 곳에 게시해두어 오며가며 그 친구의 좋은 점을 계속 볼 수 있게 한 것이다. 그렇게 모아서 학기가 끝날 무렵에 다시 나눠주면서 뒷면에 롤링페이퍼를 실시했다. 이 활동으로 아이들은 종업식 날 세상에서 단 하나뿐인 가장 소중한 선물을 각자 가져갈 수 있었다. 우리 함행우 교실에서 시도한 포스트잇 칭찬 활동을 간단히 정리하면 다음과 같다.

1. 개인별로 8절 또는 4절 도화지를 준비한다.
2. 포스트잇에 노력하고 있는 부분, 본받고 싶은 점을 적어서 붙여준다.
3. 비어 있는 공간이 없도록 모든 친구들의 도화지를 채워준다.
4. 칭찬 샤워의 주인공은 내용 중 가장 마음에 드는 것을 골라서 그 이유와 함께 발표한다.
5. 활동 후 소감을 나눈다.
6. 학기말을 마무리하는 시간으로 뒷면에 롤링페이퍼를 해서 집으로 가져가게 한다.

나쌤의 THINKING +1 LEARNING

칭찬 샤워를 하다 보면 아이들이 틀에 박힌 영혼 없는 칭찬만 늘어놓거나, 심지어 칭찬을 가장해 그 친구의 단점을 부각시키는 말을 하는 경우도 종종 있습니다. 그런 안타까운 모습을 지켜볼 때면 그만하고 싶은 마음이 들기도 합니다. 칭찬도 많이 받아본 사람이 잘할 수 있다는 생각으로 인내심을 가지고 지속하는 것이 중요합니다. 칭찬을 잘하거나 적은 아이를 교사가 칭찬하면서 어떤 것이 잘 칭찬하는 것인지 알려주는 방식으로 하면 조금씩 칭찬하는 능력과 분위기를 키워갈 수 있습니다.

07 내 감정을 존중해줘!

나의 감정은 물론 친구의 감정을 잘 아는 것 또한 함께 공부하고 함께 성장해나가는 데 있어 꼭 필요한 것이다.

수업을 진행하다 보면 교과서에 감정을 표현하는 내용들이 많이 나온다. 때로는 등장인물의 마음을 알아보고 자신이 그 상황에 처했다면 어떤 생각을 하고 행동을 했을지 상상해보는 내용도 종종 나온다.

자신의 감정은 물론 친구의 감정을 잘 알아차리는 것은 함께 공부하기 위해서 꼭 필요한 과정이다. 감정을 중요하게 여기는 것은 이미 수많은 육아서와 교육서에 나오는 내용이지만, 정작 필자 또한 그동안 조금 소홀하게 여겨온 게 사실이다. 감정을 제대로 표현하려면 감정에 관한 단어를 알아야 하고, 표현하는 연습도 필요하다. 이에 우선 기쁨, 슬픔, 화남, 무서움 등 4가지 기본 감정에 대해 공부했다.

- **기쁨 Glad**: 신난, 자랑스러운, 기대되는
- **슬픔 Sad** : 외로운, 참담한, 절망적인, 외면하고 싶은
- **화남 Mad**: 짜증나는, 폭발하는, 이해가 되지 않는

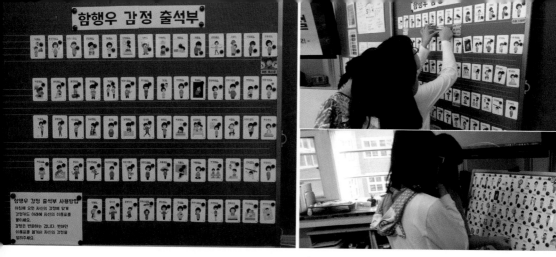

감정 출석부를 만들고, 감정 출석부에 자신의 이름표나 이름 자석을 붙입니다.

• 무서운 Scared: 섬뜩, 소름, 오싹힌

또한 픽사(Pixar)에서 만든 애니메이션인 〈인사이드 아웃〉에서 영감을 얻어 기쁨(joy), 슬픔(sadness), 분노(anger), 두려움(fear), 혐오(disgust)의 다섯 가지 감정에 대해 알아보았다. 5가지 감정을 각각 어떤 상황에서 느꼈는지, 그 상황에서 신체적인 반응은 어떠했는지, 무슨 말을 하고 들었는지 등에 관해 이야기를 나누면서 감정에 대해 알아볼 수 있었다. 공감대화 카드 중에서 감정 카드, 감격해 카드 중 감정 카드 등을 활용하면 더 좋다.

학생들에게 감정을 느끼는 것은 너무나 자연스러운 현상임을 알려주었다. 다만 그것을 표현하는 과정에서 조절이 꼭 필요하다는 것을 말해주고, 이에 관해 이야기를 나누었다. 필요하다면 감정을 조절하거나 감정을 느끼고 있다는 것을 상대방에게 효과적으로 전달하는 연습을 한다. 감정을 전달하는 연습과 관련해서 미국 슈퍼캠프 등에서 자주 사용하는 퀀텀 교수법에서 가져온 '어생기바' 전달법이 있다.

- **어**: 어(사실) =〉 "네가 내 물건을 허락 없이 만지니"
- **생**: 생각 =〉 "네가 내 물건을 소중하게 생각지 않는다는 생각에"
- **기**: 기분 =〉 "무시당한 기분이 들어."
- **바**: 바람 =〉 "앞으로는 허락을 받고 만졌으면 좋겠어."

또한 〈사람과 교육연구소〉 소장 정유진 선생님이 제안하는 평화대화법인 '행감바'를 사용해도 좋다.

- **행**: 행동 =〉 "네가 내 물건을 허락 없이 만지니"
- **감**: 감정 =〉 "무시당한 기분이 들어."
- **바**: 바람 =〉 "앞으로는 허락을 받고 만졌으면 좋겠어."

나쌤의 THINKING +1
LEARNING

세계 3대 심리학자인 알프레드 아들러는 "우리는 기분이 좋을 때 더 잘할 수 있다"는 멋진 가르침을 주었습니다. 기분이 늘 좋을 순 없겠지만 서로의 감정을 알아주고, 효과적으로 자신의 감정을 표현할 수 있다면 마음에 여유가 더 생긴다는 생각입니다. 감정에 대해 다양한 방법으로 공부할 수 있습니다. 선생님의 지금 감정이 어떤지 맞혀보게 하면서 자연스럽게 감정 이야기를 꺼낼 수 있습니다. 또 감정 카드를 뽑고 내 감정이 어떤 감정인지 표정이나 상황을 묘사하면서 맞히는 감정 놀이 등을 이용해서도 알아갈 수 있습니다.

08 감정조절이 필요해!

모든 감정은 존중을 받아 마땅하지만, 행동에는 제한이 필요하다. 자기조절이 없이는 더 나은 배움도 없기 때문이다.

앞서 다양한 감정들의 실체와 서로의 감정을 존중하는 방법에 관해 이야기했는데, 수업을 하다 보면 종종 **감정적인 문제**가 발생하는 게 사실이다. 때로는 누군가의 이야기를 다른 친구가 정면으로 반박하는 과정에서 감정이 상하기도 한다. 또한 모둠활동 중에 의견을 나누는 과정에서도 모둠원들 간에 감정적인 문제는 발생할 수 있다.

아동 심리학자인 하임 기너트(Haim G. Ginott) 박사의 감정코칭에 따르면 모든 감정은 존중받아 마땅하지만, 행동에는 제한이 있다는 것을 강조한다. 《학급긍정훈육법(제인 넬슨 외)》에서도 "화가 나는 감정은 OK, 행동은 NOT OK"를 언급하고 있다. 이 말은 그만큼 **자기조절**이 중요하다는 뜻이다. 만약 자기조절이 되지 않으면 그 이후에 배움도 없을 수 있다. 또 누군가에게 상처를 주고 깊은 후회를 하게 될지 모른다.

감정과 자기조절의 중요성을 깨달았다면, 이제 다음 단계로 넘어가야 한다. 즉 감정 때문에 스스로와 다른 누군가에게 상처를 주지 않도록 어떻게 하면 효

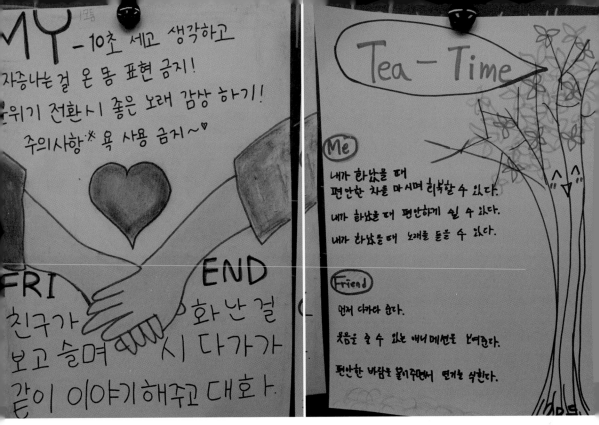

나와 우리에게 도움이 되는 자기조절 방법을 만들고 연습합니다.

과적으로 감정을 조절할 수 있는지 방법을 찾아봐야 할 것이다. 이에 다음과 같은 방법을 제안한다.

1. 화가 나는 상황을 떠올려본다.
2. 그 화가 나는 상황에서 그동안 어떻게 말하고 행동했는지 적거나 말해본다.
3. 자신만의 자기조절 방법을 만들어본다.
4. 자신만의 자기조절 방법을 자랑한다.
5. 친구의 자기조절을 돕는 방법을 토의하고 이야기를 나눈다.

6. 개인이나 모둠이 함께 '나와 우리 반 자기조절 포스터'를 만든다.

7. 역할극으로 연습해본다.

8. 주기적으로 얼마나 잘 사용하고 있는지 되돌아보는 시간을 가져본다.

나쌤의 LEARNING THINKING +1

교사의 마음이 불편해졌을 때 어떻게 자기조절을 하는지 아이들에게 알려주는 것도 좋습니다. 첫 단계로 거울을 봅니다. 저는 예전에 마음에 들지 않는 행동을 하는 아이를 보면서 이런 저런 잔소리를 하는데, 아이의 표정이 유독 좋지 않았습니다. 그때 문득 거울에 비친 제 모습이 마치 한 마리 괴물 같다는 느낌을 받았습니다. 잔소리의 내용보다 교사의 표정과 말투가 더 큰 상처를 줄 수 있다는 깨달음을 얻었습니다. 그 이후로 거울을 보면서 마음을 다스립니다. 두 번째 단계는 뒷목과 턱을 주무릅니다. 화가 오르면 몸이 긴장되고 경직되어서 날카로운 소리가 나간다고 합니다. 굳은 몸을 이완시키면서 조절합니다. 마지막 세 번째 단계는 그 장소에서 나와 교재 연구실 등으로 이동해서 뜨거운 차를 타서 교실로 가져옵니다. 식혀서 다 마실 때까지 침묵하며 감정을 조절하는 것입니다. 살인 충동이 일어날 만큼 강력한 분노 감정도 단 몇 초의 조절 시간이면 사라진다고 합니다. 교사의 자기조절 방법을 아이들에게 알려주고 모델링할 수 있게 도와주면 좋겠습니다.

09 시그널을 보내라, '찌릿찌릿'

아이들이 학급에서 자신의 현재 상태를 나타낼 수 있도록 신호를 만들면 불필요한 오해나 실수를 예방할 수 있다.

교사는 교실에서 많은 아이들과 만나야 한다. 그런데 아무리 뛰어난 교사라도 한정된 짧은 시간 동안 모든 아이들의 상황과 기분을 정확하게 파악하기는 쉽지 않다. 그러다 보면 때로는 아이의 불필요한 오해를 부르기도 하고, 때로는 실수도 하게 된다. 그래서 추천하고 싶은 것이 바로 아이들이 자신의 현재 상태를 나타내는 신호(signal)를 만들어서 수업 중에 활용하는 것이다.

필자는 보통 신호등처럼 3가지 형태로 많이 만들었는데, 여기에 추가로 감정의 문제, 자기조절과 연관시켜 하나를 더 넣으면 좋다. 즉 스스로 회복하고 있다는 표시를 추가하는 것이다.

만약 아이가 검은색 종이컵을 놓으면 기분이 좋지 않아서 하고 싶지 않거나 회복하는 중이니 그것을 인정해달라는 신호이다. 《학급긍정훈육법》에서는 이를 긍정적 타임아웃이라고도 한다. 굳이 공간을 이동하지 않고, 자신의 자리에서 개인긍정적 타임아웃을 하는 것이다. 이는 모둠보다는 개인별로 만들어서 사용하는 것이 좋다.

종이컵 신호등을 만들어서 자신의 상태를 나타내는 데 활용합니다.

신호의 종류는 필요에 따라 얼마든지 더 다양하게 만들 수도 있다. 예컨대 어려워서 도움이 필요할 때는 빨강, 진행 중이거나 노력 중일 때는 노랑, 작업을 완료하고 개인 프로젝트 중일 때는 초록, 감정을 조절하고 있거나 개인긍정적 타임아웃 중일 때는 검정, 신호등을 사용하지 않은 상태일 때 신호등의 뚜껑을 덮어두기 위한 흰색 등으로도 만들어볼 수 있다. 종이컵 신호등에 슬로건과 긍정적 기대를 담아서 만들면 더욱 좋다. 상황별로 격려하거나 힘이 되는 말이나 표정을 그려 넣는 것이다. 예를 들어 "나는 더 잘할 수 있다. 포기하지 않고 끝까지 할 수 있다!"라고 적어보는 식이다.

신호등은 이렇게 활용하면 좋다. 예컨대 교사가 과제를 제시했을 때 어떤 학생은 혼자서 알아서 과제를 척척 해결할 수 있을 것이고, 또 어떤 학생은 도움이 꼭 필요할 수도 있다. 만약 신호등을 빨간색으로 해놓은 학생이 있으면 교사가 찾아가 도움을 주면 된다. 만약 노란색으로 되어 있으면 도움을 주기보다는 스스로 해낼 때까지 믿고 기다려준다. 마침내 노란색이 모두 녹색으로 바뀌면 다음 활동으로 넘어가면 된다. 검정색으로 해놓은 학생이 있다면 그 시간에는 아이의 뜻을 존중해 간섭하지 않고, 쉬는 시간을 활용해서 그렇게 해놓은 이유를 들어주면서 함께 이야기를 나눠보면 좋을 것이다.

나쌤의 THINKING +1
LEARNING

신호등 활용의 진정한 의미는 필요한 도움을 필요한 순간에 준다는 데 있습니다. 즉 신호등은 아이가 지금 도움을 필요로 하고 있는지 아니면 스스로 뭔가를 해결하려고 하는 건지 판단하는 데 좋은 지표가 된다는 뜻입니다. 아이는 혼자 뭔가 해보려고 노력하고 있는데 도움을 주는 행위는 자칫 배움을 차단함은 물론, 이후에도 혼자 노력해보려는 동기 자체를 저하시킬 수도 있습니다. 필요한 순간에 주는 도움은 단비 같지만, 필요치 않은 도움은 아이에게 그저 참견이 될 뿐이라는 점을 우리 모두 기억했으면 합니다.

10 교실은 안전하고 편안해!

교실 안에 아이들이 편안함을 느끼고 좋아할 수 있는 공간을 만든다는 것은 자기조절 및 교실에 대한 애착을 갖게 하는 데 중요하다.

잠자는 시간을 제외하면 아이들은 하루 중 대부분의 시간을 교실 안에서 보내게 되는 셈이다. 이러한 교실이 아이들에게 더없이 편안하고 안정감을 줄 수 있는 공간이 되어야 함은 사실 너무나 당연하다.

학생들에게 교실에서 가장 좋아하는 공간이 어디인지 물어보면 많은 아이들이 교실 뒤쪽을 선호하는 편이다. 특히 매트가 놓여 있는 교실이라면 어김없이 매트가 놓인 곳을 가장 좋아하는 공간으로 꼽는다. 교실에 아이들이 편안함을 느끼고 좋아하는 공간을 함께 만드는 것은 학생들이 자기조절을 하거나 교실에 대한 애착을 갖게 하는 데 큰 도움이 된다. 학급긍정훈육법(PDC)에서는 긍정적 타임아웃이라는 이름으로 스스로를 조절할 수 있는 공간을 만들어볼 것을 추천하고 있다. 자기조절을 넘어서 쉬는 시간이나 활동을 모두 끝내고 개인 프로젝트를 할 때 편안한 마음으로 이용할 수 있는 카페와 같은 공간이 교실 속에 존재한다면 더욱 좋을 것이다.

교실을 넓힐 수 있다면 좋겠지만, 현실적으로는 불가능하다. 그럴 때는 사물

아이들이 자신들이 직접 설계한 타임아웃 공간에서 편안한 시간을 보내고 있습니다.

교실 한편에 타임아웃이 가능한 공간을 만들어보았습니다.

공간을 창조하는 꿀팁

교실을 배움과 나눔의 공간으로!
교실과 복도를 북카페/스터디카페처럼 만들 순 없을까? 책상과 의자, 화이트보드 등을 두고 생각을 적고 감정을 나눌 수 있는 조그마한 공간만 만들어도 교실은 전혀 다른 분위기로 변화한다. 학교에 남는 책상과 의자, 화이트 보드판 등을 이용해서 서로 배움을 나누는 공간을 만들 수 있다.

함을 이용해보자. 사물함의 위치를 조금만 조정해도 마치 독립된 방처럼 꾸밀 수 있다. 또는 남는 책상과 의자를 이용해 카페 테이블처럼 활용할 수도 있다. 공간 사용에 대한 규칙(사용 설명서)을 만들고 지키려고 함께 노력하면 더욱 좋다. 어떤 물건(주로 감정을 조절하면서 회복하는 데 도움이 되는 것들로 소리가 나거나 놀이용의 물건은 제외한다)을 둘 것인지 정한다. 이러한 공간은 반드시 교실 안에 만드는 것을 원칙(회복해서 다시 돌아오는 과정을 지켜볼 수 있어야 함)으로 한다.

나쌤의 THINKING +1
LEARNING

tvN 프로그램인 〈수업을 바꿔라〉에 스웨덴 교육에 대한 내용이 등장했습니다. 과제를 제시하면서 과제를 완료한 후에 모일 시간과 장소를 들은 후 각자가 좋아하는 장소로 이동합니다. 혼자 하는 것을 좋아하는 아이, 함께 이야기를 나누면서 하는 것을 좋아하는 아이, 어두운 곳, 밝은 곳 등 각자의 성향에 맞는 공간에서 공부하는 것입니다. 이 모습을 보고 나서 학교에서 사용 가능한 공간에 대해 고민해봤습니다. 교실 바닥, 복도 연결 통로, 도서관, 운동장 벤치나 스탠드 등 생각보다 많은 공간이 존재했습니다. 그리고 실제로 거기에서 수업도 해보았습니다. 아이들은 각자가 선호하는 공간으로 이동해서 열심히 하는 모습을 보여주었지요. 그 이후 저는 수업에서 비교적 공간 활용을 유연하게 하는 편입니다. 다만 각자 좋아하는 공간으로 이동하기 전에 다시 모일 시간과 장소, 수행해야 할 과제, 교사에게 도움을 받고 싶을 때에는 어떻게 해야 하는지, 그 공간에서는 어떤 태도를 보여야 하는지 등에 대한 합의 후에 시작하는 게 좋습니다. 만약 공간을 자유롭게 사용하기 어려운 구조라면 책상 배치만이라도 다양하게 운영해볼 것을 추천합니다. 일제형, ㄷ자형, 방사형, 모둠대형 등 수업의 형태와 아이들의 역동을 고려해 다양하게 적용하는 것이 좋습니다.

11 우리는 모두 특별해!

차이를 인정한다는 것은 차별과는 전혀 다른 개념이다. 서로 다르다는 것을 인정할 때 비로소 더 나은 관계와 배움의 발전 또한 도모할 수 있다.

세상에 똑같은 사람은 없다. 이는 교실에 있어서도 마찬가지다. 학생들의 숫자만큼 저마다 다른 생각들이 존재한다. 아이들이 자신들의 다양한 생각들을 거침없이 표현할 수 있을 때 수업은 더욱 다채롭고 재미있어진다. 그런데 아이들은 서로 생각이 다르다는 것을 '그 친구와는 잘 맞지 않는다'고 생각하는 경향이 있다. 그래서인지 다른 생각을 가진 친구 자체를 거부하고 또 거부당하게 된다. 그 결과 친구와 생각이 달라도 선뜻 말하지 않는 아이가 많기 때문에 다양한 의견이 나오지 못하는 경우가 발생한다. 그럴 때 서로 생각이 다름을 알아볼 수 있는 시간을 가져보면 좋다.

《학급긍정훈육법》에서는 '나만의 티셔츠 만들기'라는 활동으로 서로 다른 모양과 내용의 티셔츠 만들기를 통해서 서로 다른 독특한 개성이 있다는 것을 알게 한다. 또 4마리의 서로 다른 동물(사자, 독수리, 카멜레온, 거북이) 중 1가지를 선택하고 그 동물을 선택한 이유와 다른 동물을 선택하지 않은 이유를 나누면서 서로 다름을 알아보기도 한다.

《난 네가 부러워》 그림책으로 만들면서 서로 잘하는 것과 잘 못하는 것이 다르다는 것을 알 수 있습니다.

모서리 토론은 서로 다른 3~4곳의 모서리에 선택이 필요한 소재를 적어주고, 정해진 시간 동안에 희망하는 곳으로 이동해서 그곳을 선택한 이유와 다른 곳을 선택하지 않은 이유를 함께 이야기하는 것이다. 어떤 친구는 왜 그 모서리를 선택했고, 또 어떤 친구는 왜 다른 모서리를 선택했는지에 관해 전체가 함께 이야기를 나누는 과정에서 서로의 선택에는 다 그만한 이유가 있고, 그러한 이유 모두가 소중하다는 것을 깨달을 수 있다.

우리 반 다름 목록을 만들어서 게시하는 방법도 있다. 방법은 단순하다. 각자가 좋아하는 것을 1가지씩 찾아서 적고, 반대로 각자가 싫어하는 것을 1가지씩 찾아서 적는다. 그런 다음에 각자가 좋아하고 싫어하는 것을 돌아가면서 이야기하고 게시해두면 된다.

또는 그림책 《난 네가 부러워》와 같이 서로 다름을 알아볼 수 있도록 책처럼 만들어보는 것도 좋은 방법이다. 그 밖에도 다음과 같은 활동들을 통해서도 서로가 다른 존재라는 것을 알아볼 수 있다. 서로를 이해하고 존중하는 데 도움이 되는 재미있는 활동들을 몇 가지 소개하면 다음과 같다.

1. 이심전심 텔레파시: 서로 등을 대고 앉은 후 하나, 둘, 셋에 왼쪽 또는 오른쪽으로 돌아서서 얼마나 마음이 통하는지 알아보는 놀이

2. 오른손 왼손 텔레파시: 양팔을 뻗으면 손바닥이 닿을 수 있을 정도로 서로 마주 앉는다. 두 손이 닿지 않은 상태에서 대기하다가 하나, 둘, 셋에 왼손 또는 오른손을 뻗는다. 내 앞의 사람과 손이 닿으면 텔레파시가 통한 것이다. 여러 번 반복해서 서로 얼마나 마음이 통하는지 알아보는 놀이

3. 코드 스위칭: 서로 다른 코드(문화)를 뽑아서 그대로 행동하고 상대방을 대한다. 서로의 코드대로 상대방이 말하거나 행동하지 않으면 존중받지 않았다는 의미로 헤어질 때 스티커를 준다. 나중에 얼마나 많은 스티커를 받았는지 살펴보고 함께 활동 소감을 나눈다. 조세핀 킴 교수가 《교실 속 자존감》이라는 책에서 소개한 서로 다름을 체험하는 놀이

다양한 생각들이 공존하는 교실에서 더 큰 배움을 찾을 수 있습니다. 서로 다른 의견을 존중하고 존중받을 때 가능한 일입니다. 대부분의 다툼과 오해는 생각의 차이에서 나옵니다. 서로가 다르다는 것과 다르다고 해서 나쁘거나 틀린 것이 아니라는 것을 알 수 있게 해야 합니다. 각자의 개성에 따라 그림책을 이용해도 좋고, 같은 상황을 보고 생각이나 느낌이 모두 다르다는 것을 찾는 시간도 좋습니다. 또 놀이를 통해서 서로가 다르다는 것을 알 수 있는 시간을 준비하는 것도 좋습니다. 교사도 아이들과 생각이 다를 수 있다는 것, 교사가 가르치는 내용과 아이들이 받아들이는 내용이 다를 수 있다는 것에서 출발하면 좋겠습니다.

12 나는 나와 경쟁한다

> 모두가 타고난 능력이 다르듯, 천편일률적인 성장 공식으로는 결국 아무것도
> 이룰 수 없다. 각자에게는 각자에게 맞는 성장 공식이 존재하는 것이다.

필자는 아이들에게 종종 학생 모두가 불행한 조지 리비스(George H. Reavis)의 《동물학교 이야기》를 들려주곤 한다. 잘 알려진 이야기지만, 혹시 처음 접하는 분들을 위해 주요 내용을 요약하면 다음과 같다.

옛날 옛적에 동물들이 함께 모여 회의를 했습니다. 몇 날 며칠 회의를 한 끝에 내린 결론은 글로벌 시대의 문제들에 대처할 수 있는 진짜 능력 있는 인재를 키워내야 한다는 것이었죠. 그래서 그들은 그런 인재를 키워낼 학교를 만들기로 했습니다. 필수 공통으로 공부해야 할 과목은 바로 헤엄치기와 달리기 그리고 날기였습니다.

오리는 수영 과목에서 그 누구보다 눈부신 실력을 발휘했습니다. 빠르게 물살을 가르며 유유자적하게 수영하는 오리의 모습을 토끼와 독수리는 그저 부러운 시선으로 바라볼 뿐이었습니다.

아무리 연습해도 오리만큼 수영을 잘할 수 있는 동물은 없었습니다. 그런데 그런 오리도 달리기 과목은 낙제점을 받았습니다. 오리는 달리기를 잘하기 위해 겨울 한 철 전지훈련까지 다녀왔지만, 달리기 훈련에 너무 치중한 나머지 물갈퀴가

너덜너덜해지고 기운도 빠져버려 평소 잘하던 수영에서조차 평균 점수밖에 얻지 못하게 되었습니다.

토끼는 달리기 과목에서 선두를 차지했습니다. 하지만 수영 과목의 기초를 배우느라 너무 자주 물속에 들어가다 보니 귀에 물이 들어가서 중심을 제대로 잡을 수 없을 만큼 쇠약해지고 말았습니다. 이제 토끼는 물만 봐도 가슴이 울렁거리는 이상 증상마저 보이게 되었습니다.

하지만 가장 문제는 바로 독수리였습니다. 누구보다 높이 그리고 멀리 날 수 있는 능력을 가진 독수리였건만, 수영도 달리기도 제대로 할 수 없었습니다. 독수리는 헤엄치기와 달리기에서 평균 이상의 점수를 받기 위해 혹독한 훈련을 받았으나, 결국 제대로 된 인정을 받지 못한 채 낙오자로 학교를 졸업하게 된 것입니다. 당신은 지금 혹시 조지 리비스의 동물학교를 다니고 있지는 않은가요?

벤자민 플랭클린(Benjamin Franklin)은 이런 말을 했다. "인생의 진정한 비극은 우리가 충분한 장점을 갖고 있지 않은 데 있지 않다. 오히려 이미 갖고 있는 강점을 충분히 활용하지 못하는 데 있다."

경쟁은 어제의 나와 오늘의 내가 경쟁할 때 의미가 있는 것이다. 또한 지난 달 우리와 오늘의 우리가 경쟁해야 한다. 우리의 진정한 경쟁 상대는 서로 다른 능력을 타고난 남이 아니라 바로 어제의 우리 자신이어야 한다는 뜻이다. 굳이 남과 비교하며 불행을 자초할 필요가 없다는 뜻이기도 하다.

그래서 필자는 아이들이 친구들과 자신을 비교하며 비관하는 대신에 스스로를 좀 더 특별한 존재로 느끼게 해주고 싶었다. 그래서 '우리는 모두 특별해'라는 활동을 통해 다음의 4가지를 중심으로 생활 속에서 꾸준히 피드백해주었다. 핵심은 아이들끼리 서로를 비교하게 만드는 데 있는 것이 아니라, 각자 자신의 강점에 올인하고, 약점은 보완해서 강점을 더 잘 발휘할 수 있도록 관리하는 데 있다.

1. 우리가 지난달에 비해 더 나아진 점

2. 노력이 돋보인 점

3. 아쉬운 점

4. 나와 우리에게 하고 싶은 응원의 말

동물학교 이야기는 우리에게 많은 시사점을 던져줍니다. 잘하는 것을 키워나가는 시간보다 못하는 것에 집착하며 낙담하는 시간이 더 많을 수 있다는 생각에 가슴이 아픕니다. 일본의 한 감동적인 광고가 있습니다. "누가 정한 코스인가?", "누가 정한 골인점인가?"라는 물음으로 자신만의 길이 있다는 메시지를 전합니다. 이 광고는 모든 인생이 훌륭해'라는 결론으로 끝을 맺고 있습니다. 아들러는 교육의 최종 목표를 '자립'에 두고 있습니다. 스스로 가치 있다고 생각하는 부분을 조금씩 키워나가는 것이 그 방법이라는 생각입니다. 가정과 학급에서 서로가 서로의 조금 더 나아진 점과 노력하고 있는 점에 대해 서로 관심을 가지고 강점을 키워나가면 좋겠습니다.

13 마음을 움직이는 기적의 혼잣말

긍정적인 생각과 말이 가진 힘을 결코 무시해서는 안 된다. 힘들고 어려울 때 스스로를 격려하는 메시지가 어쩌면 작은 기적을 불러올지도 모른다.

심리학에서는 "잘 될 거야", "더 잘할 수 있어", "우리는 끝까지 해낼 거야" 등의 긍정적인 생각과 말로 서로를 격려하면 결국에는 그대로 이루어지는 현상을 가리켜 자기충족예언(self-fulfilling prophecy)이라고 한다. 이는 자기가 예언하고 바라는 것이 실제 현실에서 이루어지는 현상을 말한다. 필자 역시 교실에서 아이들에게 "나는 할 수 있어. 내게는 이 어려움을 헤쳐나갈 힘이 있어!" 등의 말로 스스로에게 긍정적인 메시지를 건네도록 격려하고 있다. 힘들고 어려울 때 스스로를 격려할 수 있는 메시지를 만들고 수시로 활용하게 하는 것이다.

노벨 문학상을 수상한 미국의 소설가 아이작 싱어(Isaac Bashevis Singer)는 "일이 잘못될 것이라고 계속 말하면 결국 영험한 예지자가 된다"라고 말했다. 또한 《365 공부 비타민》의 한재우 작가는 "생각하는 것은 기도, 말하는 것은 주문이다. 잘되지 않을 것 같다고 계속 생각하는 것은 실패하게 해달라고 기도하는 것과 마찬가지다"라고 말했다. 평소 성공하고 회복할 수 있는 생각과 말을 습관화하고, 시각적으로 볼 수 있는 장치를 많이 만들어주어야 한다.

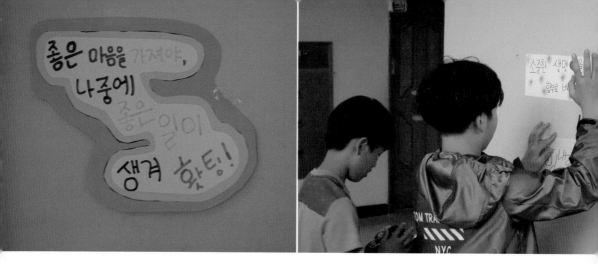

힘이 되는 말을 찾아서 복도와 교실의 곳곳에 붙여서 함께 격려받을 수 있게 합니다.

긍정의 메시지를 책갈피로 만들어서 가지고 다니면 개인적으로 힘이 필요할 때마다 꺼내서 볼 수 있다. 모두에게 긍정적인 메시지를 줄 수 있는 말을 학교와 교실 벽면 빈 공간이나 학교의 복도에 적어서 붙인다면 학급이나 학급 전체의 공동 프로젝트가 될 수도 있다.

나쌤의 THINKING +1
LEARNING

지금 이 순간 내가 듣고 싶은 말을 누군가 해주는 것이 격려라고 합니다. 그런데 매번 남에게 의지할 순 없습니다. 차라리 스스로에게 힘이 되는 말을 해주는 연습이 절실히 필요합니다. 격려를 받을 수 있는 말이나 문구를 잘 보이는 곳에 적어두고 보거나 활용할 수 있게 해주세요. 생명의 다리로 많은 관심을 받았던 마포대교에는 봤을 때 힘이 되는 문구가 적혀 있었습니다. 비록 지금은 철거되었지만 보기만 해도 웃음이 나오는 따뜻한 말들이 많은 사람들에게 힘을 주었습니다. 미술 시간 등을 이용해서 생명의 복도, 생명의 계단, 생명의 교실을 만들어보면 어떨까요?

14 잔소리 대신 매뉴얼

학교에서 교사가 항상 학생 주변에 머물러 있더라도, 교사가 매번 답을 해줄 순 없는 노릇이다. 이에 자주 묻는 질문은 매뉴얼로 만들어두자.

교사의 입장에서는 학생들이 반복적으로 물어보는 것에 그때그때 답을 해주기 어려운 때가 있다. 또한 매번 똑같은 잔소리를 해야 할 때면, 교사와 학생 모두 피로감을 느끼기 십상이다. 이에 교사의 잔소리를 대신할 일련의 매뉴얼(설명서)을 만들어볼 것을 추천한다. 예를 들어 "쉬는 시간인데 ~해도 되요?"라고 물어보는 친구에게는 어떤 도움을 줄 수 있을까? 그러한 것들을 정리해 매뉴얼로 만드는 것이다. 긍정훈육법에서는 이것을 가리켜 '하루 일과(Daily Routines)'라는 이름으로 활동한다.

TOSS대표 무코야마 요이치(向山洋一) 선생님은 3일 안에 '선생님이 없어도 배움이 있는 교실을 만들어보자'는 취지로 반복되는 것들에 대해 일관된 절차를 만들어서 활용했다. 매뉴얼을 활용하는 방법을 간단히 정리하면 다음과 같다.

1. 반복되는 일과편, 사회적 기술편, 학문적 기술편 3가지 형태로 만들 수 있다.
2. 설명 - 리허설(역할극) - 강화(피드백)의 방법으로 연습한다.

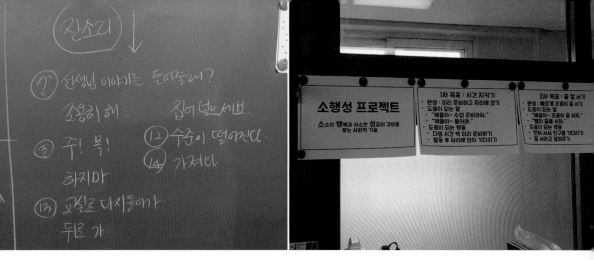

반복되는 교실 속 문제들에 대한 매뉴얼을 만듭니다. 그리고 잘 보이는 곳에 게시하고 잘 지켜지면 달성 완료 구역으로 옮깁니다.

3. 달성 전(연습할 것을 목록화), 달성 중(현재 노력하고 있는 것), 달성 후(명예의 전당)로 구성하면 좋다.

4. 매뉴얼이지만 잘 지켜지지 않는 내용은 조금 더 강제성이 있는 학급 규칙으로 바꿔서 집중적으로 연습한다.

나쌤의 T H I N K I N G +1
L E A R N I N G

매뉴얼의 내용을 지켰을 때 더 의미 있는 활동을 할 수 있다는 것을 주기적으로 알려주는 것이 좋습니다. 만약 반복적으로 잘 지켜지지 않아서 활동에 어려움이 있다면 그 부분만 학급 규칙으로 바꿔 조금 더 집중적으로 연습하도록 하면 됩니다. 잘 지켜지지 않는 부분에 대해서는 때론 명확한 책임을 묻는 것도 필요합니다. 반대로 잘 지켜지는 부분은 다시 매뉴얼로 옮겨서 달성한 후 명예의 전당에 게시하면 성취감도 함께 느낄 수 있습니다.

15 참여한 만큼, 딱 그만큼!

교사가 아무리 열정적으로 수업에 임하더라도 학생들이 적극 참여하지 않는 수업이라면 무의미하다. 참여 없이는 진정한 배움도 없기 때문이다.

성공적인 수업은 어찌 보면 학생들의 수업 참여와도 직결된다고 할 수 있다. 필자도 평소 학생들에게 "참여한 만큼, 딱 그만큼만 성장합니다. 하루 동안에 스스로 얼마만큼 참여했나요? 한번 스스로를 돌아봅시다. 그리고 기대되는 내일을 계획해봅시다!"라고 이야기하며 참여도 레벨을 평가했다. 참여도는 자기 평가, 동료 평가, 학급 전체로 평가해볼 수 있다. 우리 함행우 교실에서 사용하는 다음과 같은 수업 참여 수준을 참고하는 동시에 각 학급별 상황을 고려해 참여도 수준을 회의를 거쳐 정하는 것이 가장 좋다.

■ 듣기의 4수준

1. 바라보며 듣기
2. 정리하며 듣기
3. 반응하며 듣기
4. 공감/질문하며 듣기

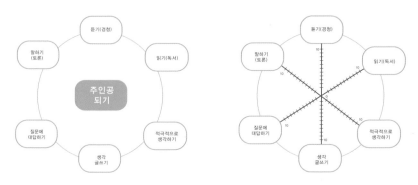

스스로를 평가하는 틀을 만들어봅시다!

- **읽기의 4수순**

  1. 단어의 의미만 이해

  2. 문장의 의미를 이해

  3. 글의 의미까지 이해

  4. 자신의 생각과 비교

- **생각의 4수준**

  1. 질문의 답만 생각

  2. 깊이 있게 생각

  3. 다른 의견도 생각

  4. 더 나은 방법으로 발전

- **글쓰기의 4수준**

  1. 내용만 생각하며 글쓰기

2. 형식적인 부분도 고려하며 글쓰기

3. 의견(주장)과 근거를 자연스럽게 적용해서 글쓰기

4. 자신의 삶과 연결시켜서 글쓰기

■ **대답의 4수준**

1. 작은 목소리로 물어보는 것만 대답

2. 큰 목소리로 물어보는 것만 대답

3. 큰 목소리로 자신의 생각을 대답

4. 친구들과 선생님에게 생각할 거리를 주는 대답

■ **말하기(토론)의 4수준**

1. 모두가 들을 수 있는 목소리와 정확한 발음으로 말하기

2. 자신의 주장을 명확하게 말하기

3. 다른 주장도 존중하며 말하기

4. 모두가 참여할 수 있도록 배려하기

교사가 아무리 좋은 내용을 준비해서 전달해도 학생들이 열심히 참여하지 않는다면 그 효과는 많이 떨어질 것입니다. 막연하게 그냥 열심히 하라고 안내하는 것보다는 열심히 참여하는 것이 어떤 것인지 알려줄 필요가 있습니다. 여기에서 제시하는 6가지의 참여도 기준은 평소에 생각했던 것을 기준으로 만든 것입니다. 각 학급에서 열심히 수업에 참여하는 것이 어떤 것인지 토의하고 그것을 바탕으로 참여도 평가의 틀을 만들면 좋겠다는 생각입니다.

16 긍정적 마인드셋

스스로를 변하지 않는 존재로 여기는 학생에게 발전은 없다. 노력하면 달라질 수 있다는 확신을 갖는 것만으로도 변화가 시작된다.

심리학자인 캐롤 드웩(Carol S. Dweck) 박사는 심리학과 대학생이던 1975년에 한 가지 실험을 했다. 바로 실패를 해석하는 관점에 대한 실험이었다. 실험은 문제의 성취와 관계없이 풀기만 하면 칭찬을 해준 그룹, 더 풀지 못한 부분을 지적하면서 격려를 해준 노력 요구 그룹의 둘로 나누어서 진행했다. 문제가 점점 어려워지자 칭찬만 들었던 그룹은 쉽게 포기하고 말았다. 그런데 노력을 요구 받았던 그룹은 포기하지 않고 더욱 열심히 노력하는 모습을 보였다. 결과적으로 노력 요구 그룹이 압승한 것이다.

이 실험을 통해 캐롤 드웩 박사는 인간이 자기 존재를 2가지 믿음으로 바라보고 있다는 것을 알게 되었다. 그것은 바로 성장형 사고방식과 고정형 사고방식이다. 고정형 사고방식은 말 그대로 스스로를 변하지 않는 존재로 여기는 것이다. 이와 달리 성장형 사고방식을 가진 사람은 스스로를 노력하기만 한다면 변화할 수 있는 존재로 여기고 지능과 성격도 노력하면 얼마든지 변화한다고 생각한다.

	고정형 사고방식	성장형 사고방식
자기 관점	지능과 성격의 고정	변화
도전	잘할 수 있는 것	성장시키는 것
실패	불가항력	성장을 위한 과정
노력	노력에 대한 가치 낮게	높게
비판	비판-비관	비판 수용 및 발전
타인의 성공	열등의식, 재능 찬양	배울 점 찾기

마인드 셋에 대해 아이들에게 알려주고 싶은 데 때마침 적절한 일이 생겼습니다. 진로 프로젝트로 꿈의 선배를 찾아서 포스터로 만드는 활동이었습니다. 완성해서 아이들이 제출한 것을 교실 뒤에 붙였습니다. 친구들의 작품을 보면서 배우게 되는 것이 많기 때문에 되도록 게시하고 그것에 대해 이야기를 나누었습니다. 친구들의 작품을 보면서 자신의 작품이 별로라고 자신의 능력이 없다고 여러 차례 이야기하는 ○○이가 눈에 들어왔습니다. 친구들의 작품을 보면서 본받을 점을 중심으로 피드백을 포스트잇에 적어서 주고받는 시간이었습니다. 친구들에게서 선택을 많이 받지 못했다고 ○○이가 "역시 나는 운이 없어"라고 말합니다. 전체적으로 마인드셋 교육을 했습니다. 고착 마인드셋(Fixed Mindset)과 성장 마인드셋(Growth Mindset)에 대한 이야기를 칠판에 적으면서 했습니다. "고착 마인드셋은 능력이 고정되어 있다고 보고, 성장 마인드셋은 능력은 성장한다고 스스로 믿는 것입니다. 여러분은 어느 쪽인가요?"라고 말하면서 마인드 셋에 대한 내용을 잘 보이는 곳에 적어서 게시해두었습니다. 더불어 성장 마인드셋을 키워주는 3가지 방법도 알려주었습니다. "결국 성공할 것이다", "과정에 의미를 두고 칭찬하고 격려한다", "목표에 도달하지 못해도 인정한다" 핵심은 결국 목표에 도달할 수 있다는 믿음입니다. 아이들이 성장형 마인드셋으로 세상을 살아가면 좋겠습니다.

17 내 공부 친구를 소개할게!

공부를 할 때 필요한 것들은 무엇일까? 그리고 그것들을 통해 어떤 도움을 받을 수 있을까? 이러한 고민이 더 나은 공부 방법을 가져온다.

학생들에게 공부할 때 필요한 도구들을 공부 친구라고 생각해보고, 이 '공부 친구들'과 활용 방법을 다른 친구들에게 소개하도록 했다. 그러자 학생들은 자신이 공부할 때 사용하는 것들에 대해 생각해보고 이를 나름대로 표현했다. 자신의 생각과 친구들이 자주 사용하는 도구와 활용 방법을 비교해보면서 학생들은 좀 더 효과적인 공부 방법이 무엇인지 배워갔다.

1. 무엇이든지 쓸 수 있는 연필 3자루를 미리 깎아서 준비한다.
2. 무엇이든지 쓸 수 있는 3색 펜을 준비한다. 검정색은 기본 적기용, 파란색은 친구의견, 빨간색은 중요 표시하는 것으로 활용한다.
3. 생각을 정리하는 공책 2권을 준비한다. 1권은 교과, 1권은 글쓰기 공책으로 활용한다. 공책은 코넬 공책으로 사용하기 위해서 미리 자를 이용해서 칸을 나눠둔다.
4. 휘어지는 미니 자를 준비한다. 책이 휘어질 때도 정확하게 선을 그을 수

있다. 선을 긋거나 칸을 나눌 때는 깔끔하게 자를 이용한다.

5. 자신의 삶을 관리하는 수첩을 준비한다. 수첩에 생각, 오늘의 할 일, 알림
   장 등을 적어서 하루를 관리한다.

6. 중요한 것을 체크하는 색연필을 준비한다. 틀린 것은 X로 표시하고, 맞으
   면 ○로 표시한다. 다시 확인할 것은 ☆표를 한다.

이러한 활동은 별것 아닌 것 같지만, 본격적으로 공부를 시작하기 전에 마음을
다잡고, 자발적으로 배움을 준비하게 하는 데 큰 도움이 된다. 공부하는 데 필
요한 도구를 수업 전에 미리 준비하는 방법과 함께 도구의 올바른 사용법도 생
각해보고 필요하다면 연습해보자.

 공부를 잘하는 사람은 도구도 잘 활용합니다. 공부를 더 잘하기 위해서
각자가 활용하고 있는 도구를 생각해보고 좋은 방법들을 공유한다면
서로 도움을 주고받을 수 있습니다. 멘토-멘티 활동이나 자신이 잘하는 것을 친구들에
게 소개하는 시간을 만들어서 자신이 잘 활용하는 도구와 활용 방법을 알려주고 배우
는 시간을 가지면 좋습니다. 교사도 자신이 잘 활용하는 도구와 그 활용 방법을 아이들
에게 소개할 것을 추천합니다.

18 자기관리 수첩 만들기

좋은 습관이 좋은 인생을 만든다. 학생들이 스스로 자기관리를 잘할 수 있도록
격려해주는 일이야말로 교사의 중요한 역할이다.

학교에서 배우고 길러야 할 중요한 능력 중 하나가 바로 자기관리 능력이다. 그
저 생각만으로 행동을 변화시킬 수 있는 사람은 거의 없다. 생각을 했다면 그것
을 적어야 한다. 그리고 적고 나면 그것을 실천하려고 노력해야 한다. 그 과정
이 꾸준히 계속 반복되면 비로소 습관이 만들어진다. 필자 또한 자기관리를 위
해 여러 가지를 시도해보았는데, 가장 효과적이고 지속 가능한 방법은 바로 수첩
을 이용하는 것이었다. 아이들과 함께 했던 활동 내용을 소개하면 다음과 같다.

1. 수첩의 맨 앞 장에 '마음 거울: 어제 활동과 오늘 아침에 든 생각, 느낌, 결
   심'과 '미덕 카드 필사'를 기록한다.
2. 그 아래 빈 공간에 '할 일 TO DO LIST'를 적는다.
3. 수첩 뒷장에는 '알림장'을 적고 내용 뒤쪽에 ( )를 넣어서 할 일을 확인하
   면 체크할 수 있게 한다.
4. 알림장을 다 적으면 '나에게 하는 미덕 칭찬(미덕+행동+생각이나 느낌)-번호

66일 동안 빠짐없이 플래너 기록에 성공한 친구는 명예의 전당에 올려줍니다.

누적'을 적는다.

5. 다음 날 수첩을 교탁에 올려 선생님에게 자랑한다.

습관이 형성되기까지는 평균 66일이 걸린다고 합니다. 첫 21일 동안은 교사가 매일 확인하고 격려해주는 것이 좋습니다. 21일이 지나면 그 이후에는 주 1~2회 확인하고 격려하고, 66일 이후에는 주 1회 정도 확인하고 격려해주면 평생 습관으로 만들 수 있습니다. 함행우 아침 활동의 1번이 바로 주변을 정리하고 오늘 배울 것을 순서대로 정리하는 것입니다. 그러고 나서 플래너에 오늘의 할 일을 적습니다. 이 활동을 1년간 반복하면 몇몇 아이들은 보물 1호로 수첩을 꼽기도 합니다. 가장 좋은 것은 교사가 아이들과 함께 매일 아침에 플래너를 쓰고 중간중간 활용하는 모습을 보여주는 것입니다. 함행우 교실에서는 66일을 성공하면 캐릭터 위클리 플래너와 함행우 상장(명예의 전당)을 선물로 주면서 격려해주고 있습니다.

19 수업의 주인공은 나야 나!

학생들은 배움의 주도적인 역할을 맡아야 한다. 교사가 주도하고 학생들이 수동적으로 따라오는 수업이 아니라 교사와 학생이 함께 만들어가는 것이다.

좋은 수업에는 학생들에게도 배움 역할이 주어진다. 만약 학생들에게 역할이 전혀 없다면 가르침과 배움 사이의 간격은 점점 더 벌어지게 되고, 같은 교실에 앉아 있기만 할 뿐, 단순한 출석자로 전락해버릴 수 있다.

협동학습과 관련된 자료를 찾아보면 다양하게 활용해볼 수 있는 것들이 있다. 가장 좋은 것은 아이들과 이와 관련된 토의를 하고 그 내용으로 역할을 정하는 것이다. 교사는 아이들에게 "배움을 위해서 어떤 역할이 필요할까요?"라고 질문한다. 배움의 역할 분담을 예시해보면 다음과 같다.

- **모둠 장**: 모둠의 대표로 질서 유지, 토의나 토론을 할 때 사회자 등의 역할을 한다. 돌아가면서 역할을 수행하지만 모둠에서 가장 중요한 역할이라고 강조할 필요가 있다.
- **시간 지킴이**: 개인, 짝, 모둠활동을 할 때 기본적으로 정해진 시간이 있다. 타이머 등으로 남은 시간을 알려주는 역할인데, 아이들도 함께 사용하는 시간을 소중하게 생각하는 연습을 할 필요가 있다.

- **나눔이**: 무언가를 나눠주는 역할이다. "모둠별로 1명씩 나오세요"의 방식도 좋지만, 누가 나가야 할지 고민하는 에너지도 아껴서 정해진 나눔이 역할의 아이가 전담해서 나가면 좋다.
- **뒷정리 책임자**: 사용한 물건은 다 함께 정리하는 것이 원칙이다. 그렇지만 누군가는 역할을 분담하고, 그것을 제대로 했는지 확인하는 것이 필요하다. 그렇지 않으면 교사 혼자 동분서주하면서 정작 중요한 곳에 사용해야 할 시간과 에너지를 낭비하게 된다. 모둠에서 뒷정리를 최종적으로 확인할 책임자를 정하는 것이 좋다.
- **칭찬/격려**: 거의 모든 아이들이 자신이 잘하고 있다는 이야기를 듣고 싶어한다. 하지만 자칫 자신의 것만 신경 쓰다 보면 친구들을 돌아볼 여유는 없기 마련이다. 칭찬과 격려를 하는 역할을 만들어놓고 돌아가면서 칭찬과 격려를 나누면 서로에 대해 관심을 갖고 적극적으로 참여하게 된다.

배움 역할은 일주일 단위로 순환하는 것이 좋습니다. 역할에 익숙해지고 다른 역할도 경험해볼 필요가 있기 때문입니다. 일주일 단위로 모둠 공전과 모둠 내 자전을 하면서 자연스럽게 역할을 변경합니다. 모둠 공전은 매주 월요일에 1모둠이 2모둠으로, 2모둠은 3모둠으로 다음 모둠으로 자리를 이동하는 것입니다. 모둠 내 자전은 모둠 내에서 시계방향으로 자리를 바꾸는 것을 말합니다. 4주 동안 생활하고 5주차 첫 날에 자리를 바꾸는 방식으로 하면 자리를 여러 번 바꾸는 느낌과 함께 역할도 다양하게 해볼 수 있습니다. 4주가 지나 다음 자리로 바꾸기 전에 '모둠 졸업식'을 통해서 자신이 해본 역할 중에 어떤 것이 가장 좋았는지, 모둠의 배움을 위해 어떤 점에 기여했는지 이야기를 나눌 시간을 가져본다면 더욱 좋습니다.

20 나는 네가 궁금해!

함께 공부하는 친구들과의 관계가 원활하지 않다면 협동도 배움도 제대로 이루어질 수 없다. 우선 서로 친해지고 알아가는 시간이 필요한 이유다.

심리학자인 아들러(Alfred Adler)는 "우리는 기분 좋을 때 더 잘할 수 있다"고 했다. 또한 뇌 과학자들의 연구 결과를 볼 때, 우리의 뇌는 3중뇌로 구성되어 있다고 한다. 3중뇌란 생존의 영역인 파충류의 뇌, 감정의 영역인 포유류의 뇌 그리고 이성의 영역인 영장류의 뇌다.

만약 파충류의 뇌가 안정되지 않으면 포유류의 뇌와 영장류의 뇌는 활성화되지 않는다고 한다. 또한 포유류의 뇌가 안정되지 않으면 영장류의 뇌도 활성화되지 않는다고 한다. 함께 공부하는 친구들과 공부하는 것이 불안하고 마음이 불편하다면 당연히 배움을 추구하기도 어려울 것이다. 자리를 바꿨다면 바로 공부를 시작하는 것보다는 주변 친구들과 서로 친해지고 알아가는 시간을 먼저 가져보는 것이 좋다. 이를 협동학습에서는 모둠 세우기라고 하고, 각종 워크숍에서는 팀 빌딩이라고도 한다.

함께 공부하는 친구들과 친해질 수 있도록 이야기를 나누면서 협동할 수 있는 다음의 몇 가지 활동들을 추천한다.

고무줄을 서로 다른 방향으로 일정하게 당겨서 컵을 잡고 옮깁니다. 컵을 옮기면서 자연스럽게 대화를 하게 됩니다.

■ 고무줄 컵 쌓기

준비물 : 모둠별 고무줄 5개와 컵 쌓기용 컵 1세트

1. 각 모둠별로 모여서 노란색 고무줄 5개와 컵 쌓기용 컵 1세트를 각각 준비한다.
2. 고무줄 1개를 가운데 두고 4곳으로 당길 수 있게 연결한다.
3. 고무줄을 4곳에서 당겨서 고리를 만든다.
4. 고리에 컵을 끼워서 이동시킨다.
5. 옮기는 데 걸리는 시간을 재면서 모둠끼리 겨룰 수 있다.
6. 또는 정해진 시간 동안에 더 많이/더 멀리 옮기는 방법으로 진행해볼 수도 있다.
7. 활동 후 소감을 나눈다.

서로 한 번씩 모두 하이파이브를 하고 모둠 구호를 힘차게 외칩니다.

■ 모둠 릴레이 하이파이브

1. 모둠 내에서 서로 하이파이브를 한다.
2. 모두가 하이파이브를 하면 팀 구호를 외친다.
3. 어떻게 하면 하이파이브를 하는 데 걸리는 시간을 최소화할 수 있을지 작전 타임을 가지고 논의한다.
4. 1모둠부터 릴레이로 이어서 시간을 재고, 할 때마다 이전에 세운 우리의 기록에 도전한다.
5. 활동 후 소감을 나눈다.

■ 협동 징검다리

1. 협동에 대한 생각을 나눈 후 각자 '협동은 ~이다. 왜냐하면… 때문이다'의 문형으로 도화지에 생각을 적는다.

협동에 대한 생각을 나누고, 서로 협동해서 징검다리를 건넙니다.

2. 뒷면의 절반 왼쪽에는 '협동을 방해하는 것'과 오른쪽에는 '협동을 위해서 필요한 것'을 적는다.
3. 종이를 마치 징검다리처럼 이용해서 정해진 곳까지 협동해서 이동한다.
4. 종이 밖으로 발이 나가거나 넘어지면 안 되는 상황을 조성하고 어울리는 음악과 함께 활동을 하면 더 좋다.
5. 활동 후 소감을 나누면서 마무리한다.

■ 모둠 체조 만들기

1. 모둠별로 토의를 통해서 체조를 만든다.
2. 신나는 음악을 선정하고, 음악에 어울리는 다 함께 할 수 있는 동작으로 만든다.
3. 스트레칭에 필요한 기본 동작을 함께 정하고 꼭 넣어서 만든다.
4. 요일별로 돌아가면서 아침 체조를 진행한다.

서로 텔레파시가 얼마나 잘 통하는지 알아봅니다. 잘 통하면 함께 기뻐하고, 잘 통하지 않으면 서로 격려합니다.

■ 오른손! 왼손! 텔레파시

1. 2명씩 짝을 지어서 마주보고 앉는다.

2. 양손을 뻗어서 서로 10Cm 정도 간격을 유지한다.

3. 안대를 쓰거나 눈을 감고서 하나, 둘, 셋에 맞춰서 오른손 또는 왼손 중 하나는 뻗는다.

4. 총 5번을 해서 얼마나 마음이 통하는지 알아본다.

5. 짝을 다시 바꾼다.

6. 바꾼 짝과 함께 앞에서 했던 것과 같은 과정을 반복한다.

7. 활동 후 소감을 나눈다.

병정개미가 개미굴에 들어오지 못하도록 협동해서 막습니다.

■ **병정개미를 막아라!**

1. 모두 의자를 가지고 다양하게 앉는다. 그리고 개미굴의 입구가 되는 의자를 1개 더 둔다.
2. 병정개미를 한 명 뽑는다. 경보(빠른 걸음)로 개미굴 입구를 찾아간다.
3. 병정개미가 개미굴의 입구에 앉지 못하도록 옮겨 다닐 수 있다. 의자 양 옆에서는 움직일 수 없다.
4. 익숙해질 때까지 5초 버티기, 10초 버티기 등으로 연습을 한다.
5. 정해진 시간 동안에 의자에 앉으면 병정개미가 승리하고, 앉지 못하게 하면 병정개미가 진다.

모두 풍선을 1번 이상 치면서 땅에 떨어뜨리지 않고 한 바퀴를 돌아봅니다.

■ 협동 풍선의 여행

준비물 : 풍선과 의자

1. 바닥에 앉거나 의자를 이용해서 원으로 둘러앉는다.
2. 최초 시작점을 어디로 할 것인지 정하고 한 바퀴 풍선이 돌아오는 것을 목
   표로 한다.
3. 풍선이 바닥으로 떨어지지 않도록 손바닥으로 쳐서 공중에 띄워서 옆으로
   이동시킨다.
4. 끊기지 않고 모두가 터치하고 돌아오면 성공이다.
5. 익숙해지면 시간을 재볼 수도 있다.

■ 탁구공 빙고

준비물 : 컵 쌓기용 컵 9개, 탁구공 여러 개

나쌤의
재미와 의미가
있는 수업

모둠에서 연습한 다음에 학급 전체가 공동의 미션에 도전합니다.

1. 종이컵을 3X3 또는 5X5로 놓는다.
2. 돌아가면서 탁구공을 튀겨서 먼저 한 줄 빙고를 만드는 쪽이 승리한다.
3. 모둠끼리 했으면 학급 전체가 함께 한 줄, 전체 넣기에도 도전해본다.
4. 활동 후 소감을 나누면서 마무리한다.

좋아하는 친구와 함께 자리에 앉는다면 학교에 가는 것이 즐거울 것입니다. 하지만 늘 좋아하는 친구와 함께 앉을 수는 없습니다. 다양한 친구들과 함께 앉고 활동도 하게 됩니다. 서로 알아가고 연결되는 시간을 통해 함께 활동도 더욱 즐겁게 할 수 있습니다. 평소 친하지 않았던 친구들과 모둠이 되더라도 또 다른 즐거움을 느낄 수 있게 됩니다. 모둠원들과 협력해야 하는 미션이나 함께 즐겁게 놀면서 친해질 수 있는 활동을 계획해볼 것을 강력 추천합니다.

21 나만을 위한 맞춤 프로젝트

개인차를 무시한 채 획일적인 과제만 강요하기보다는 개인별 맞춤 프로젝트를 통해 아이들은 더욱 가치 있는 시간을 보낼 수 있다.

아이들 사이에는 수행속도 차이가 있다. 대체로 먼저 과제를 마친 아이가 마냥 기다리거나 더딘 아이를 재촉하는 경우가 많을 것이다. 필자는 수업 중에 "스스로 가치 있는 것을 선택해서 열심히 하자!"는 신념을 아이들과 나누고 있다.

2017년 1월에 덴마크로 교육탐방을 10일 동안 다녀온 적이 있다. 여러 가지 많은 체험을 했지만, 특히 숲 유치원에서 보고 듣고 느낀 점이 기억에 많이 남는다. 하루에 7시간을 유치원에서 보낸다고 하면 오전 3시간은 전체 프로그램, 오후 4시간은 개인 프로젝트를 한다는 게 그곳 원장 선생님의 말씀이었다. '개인 프로젝트? 유치원 아이들이 프로젝트를 수행한다는 것도 믿기지 않는데, 그것도 개인 프로젝트라니?' 하는 의문이 들었다. 그런데 숲 유치원 아이들은 '스스로 가치 있는 것을 선택한다'는 것을 자연스럽게 실천하고 있었다. 혼자 활동하고 싶은 아이는 혼자, 친구들과 함께 하고 싶은 아이는 함께, 밖에서 활동하고 싶은 아이는 밖에서, 아이들은 실내에서 저마다의 활동을 했다. 교사는 지정된 위치에서 대기하다가 아이들이 도움을 요청하면 즉각 도와주었다. 하지만

녹색으로 표시한 후에 스스로 가치 있다고 생각하는 것을 선택해서 합니다.

아이들이 도움을 요청하기 전까지는 스스로 해낼 수 있도록 기다려주었다.

이에 필자도 교실에 돌아와서 아이들과 함께 개인별 맞춤 프로젝트를 시작한 것이다. 이러한 개인 프로젝트는 특정 활동을 먼저 끝낸 경우나 아침활동 시간, 중간 놀이 시간 등에 할 수 있다.

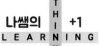

나쌤의 LEARNING THINKING +1

개인 프로젝트의 큰 방향은 '주어진 시간을 가치 있게 사용하기'입니다. 자신에게 의미, 가치 있는 것을 선택한다는 믿음에서 출발합니다. 자기 성장과 관련해서는 독서나 문제집 풀이, 글쓰기 등을, 휴식은 앉아서 편안하게 있는 것, 잠이 많이 오는 경우 자신의 자리에서 회복하는 것도 인정해주었습니다. 기여와 관련해서는 아직 과제를 못한 친구에게 도움을 줄 수 있습니다. 또 학급을 위해 쓰레기를 줍거나 학급 문고 등을 정리할 수도 있습니다. 즐거움과 관련해서는 취미 활동을 하는 데 모둠이나 학급에 영향을 주지 않는 범위 내에서 할 수 있는 것을 하는 것을 원칙으로 합니다. 주 또는 월별로 어떤 개인 프로젝트를 하고 있고, 무엇을 어느 정도까지 했는지 피드백을 준다거나 성과 발표회를 여는 것도 좋습니다.

22 우리 학급 실록

기록은 그 자체만으로 충분히 의미 있는 활동이다. 아이들이 자신의 기록을 돌아보는 것만으로도 가치 있는 배움이 일어난다.

모 카메라 브랜드의 광고 카피에서 이런 문구를 보았던 기억이 있다. "기록은 기억을 지배한다."

특정한 날에 어떤 일이 있었는지 중요한 내용을 기록으로 남겨 오래도록 기억할 수 있게 한다. 희망하는 아이들이 기록하는 방법도 있지만, 하루 선생님 제도를 하고 있다면 하루 선생님이 매일 돌아가면서 학급에서 일어나는 일을 함께 기록한다. 예컨대 아침 활동부터 수업, 쉬는 시간, 점심시간 등에 있었던 일을 기록하는 것이다. 시간별 핵심 활동, 칭찬받은 것, 지적받은 것 등도 기록하면 좋다.

여러 가지 기록을 하는 과정에서 분명 뭔가 느끼는 점이 많을 것이다. 그것만으로도 이미 기록은 충분히 가치 있는 활동이 된다. 생각, 느낌, 결심 등을 적으면서 하루 기록을 마무리해보면 어떨까? 이후 다음 기록자는 전날 기록을 살펴보고 좋은 점을 찾아서 적도록 한다. 그렇게 하면 전날 기록에서 분명 뭔가 배움을 얻을 것이다.

함께 쓰는 우리 반 학급 살이 이야기

(기록한 날 :   기록자 :   )

- 함께 있어 행복한 우리 9기 -

〈 날짜 : 2018년 ○월 ○일(○요일) 〉

□ 아침 활동 : 아침 활동 우리 반이 한 일
    있었던 일(칭찬 받은 것, 지적 받은 것 등)

□ 1교시 : 과목, 학습 문제
    있었던 일(칭찬 받은 것, 지적 받은 것 등)

□ 2교시

□ 중간 놀이 : 중간 놀이 시간에 발생한 일들 쓰기

□ 3교시

□ 4교시

□ 점심 시간 : 중간 놀이 시간에 발생한 일들 쓰기

□ 5교시

□ 6교시

□ 청소 : 청소 모둠과 청소 상태 등

□ 오늘 하루를 보낸 소감 작성

□ 다음 날 기록자가 찾은 좋은 점

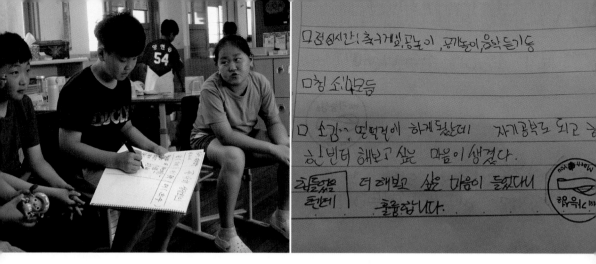

학급에서 일어나는 중요한 문제나 회의의 내용을 돌아가면서 기록합니다.

그뿐만 아니라 오늘의 기록을 더욱 열심히 하게 만드는 강력한 동기가 되어줄 것이다.

나쌤의 THINKING +1
LEARNING

교사가 모든 것을 알 수는 없습니다. 특히 아이들의 시선으로 기록한 우리 반의 이야기는 교사가 수업을 준비하는 데 큰 도움이 됩니다. 또 우리 반에서 일어나는 일들과 수업 중 배움의 흔적을 기록으로 남기는 과정에서 많은 것들을 배울 수 있습니다. 교사가 기록하는 것에 대한 시범 보인 후 자원을 받아서 익숙해지는 시간을 가져봅시다. 이후에는 순서대로 돌아가면서 모두가 경험할 수 있게 하는 것이 좋습니다.

23 토킹 존에서 만나요!

수업 중에 자기 의견을 말하는 것 못지않게 중요한 것이 경청이다. 작은 규칙 하나로 자유롭게 말하고 경청하는 학급 문화를 만들 수 있다.

일반적으로 생각을 떠올리고 정리하고 말하고 듣는 것이 수업의 대부분을 차지할 것이다. 특히 생각을 말하고 듣는 것이 배움에 있어서는 매우 중요한 부분이다. 그런데 작은 규칙을 세워두면 마치 놀이를 하듯 말하고 듣는 것을 명확하게 구분해서 진행할 수 있다. 말하고 싶으면 '말하기 구역', 즉 토킹 존(talking zone)으로 이동하는 것이다. 누군가가 말하기 구역으로 들어가면 하던 것을 모두 멈추고 집중해서 듣는다. 말하기 구역에 가서 말할 때는 들어주는 모든 이의 시간을 소중히 생각해서 좀 더 의미 있게 말하려고 노력한다. 교실에서 말하기 구역을 적용한 활동 방법을 간단히 소개하면 다음과 같다.

1. 학급 전체, 모둠별 말하기 구역을 정한다.
2. 말하기 구역은 원마커나 마스킹 테이프로 미리 표시해둔다.
3. 말하고 싶은 사람은 말하기 구역으로 이동한다. 학급 전체에서, 모둠에서 누군가가 말하기 구역으로 이동하면 하던 일을 멈추고 집중한다.

교실에 마련한 토킹 존, 즉 말하기 구역입니다. 말하기 구역에서 말하면 모두가 집중해서 귀를 기울입니다.

4. 말하기 구역에서 발하는 경우에는 짧고 명확하게 말해서 모두의 시간을 소중하게 여긴다.
5. '말하기 구역'과 함께 '그 다음 말할 사람 대기 구역'을 만들어두어서 미리 준비하게 한다.

나쌤의 THINKING +1 LEARNING

모든 시간과 모든 활동에 집중하기란 현실적으로 어렵습니다. 아이들도 교사도 지치게 마련입니다. 중요한 것을 전달할 때와 그렇지 않을 때를 구분하면 조금 더 밀도 있는 시간을 보낼 수 있습니다. 누구든 토킹 존에 서면 하던 일을 멈추고 그 사람에게 집중하는 연습을 합니다. 모둠 내에서는 토킹 스틱을 만들어서 사용하는 것으로 대신할 수 있습니다. 토킹 스틱을 들고 있는 사람은 의미 있는 말을 하도록 노력하고, 나머지 사람은 말하는 사람에게 집중합니다.

24 선생님을 이겨라, 하나 둘 셋!

교사는 혼자 열심히 이야기하고, 학생들은 조용히 듣고만 있는 수업에서 진정한 배움이 일어날 순 없다. 학생들이 교사보다 더 많이 이야기해야 한다!

학생들이 수업에 참여하는 척도는 얼마나 더 많이 말하고, 활동하느냐에 달려 있을 것이다. 필자는 《교과 수업, 틀을 깨다》의 저자 김성현 선생님이 진행하는 연수에 참여해서 여러 교육 선진국에서는 TTT보다 STT를 높이기 위해서 노력한다는 것을 배웠다. 여기서 TTT란 교사가 말하는 시간을 뜻하고, STT는 학생이 말하는 시간을 뜻한다. 이 TTT와 STT를 비교해서 학생들이 말하거나 학생들끼리 말하는 시간을 늘려주는 노력이 필요하다는 생각이다. TTT와 STT를 비교해 그래프처럼 가시화해서 이를 잘 보이는 곳에 게시해두고, 학생이 말하는 비율을 높일 수 있도록 동기화하면 좋다.

1. TTT(Teacher Talking Time) VS STT(Student Talking Time)로 교사와 학생 간에 대결할 수 있다.
2. 교사가 말하는 시간이 많아지면 많아질수록 학생들이 말하는 시간은 상대적으로 줄어든다.

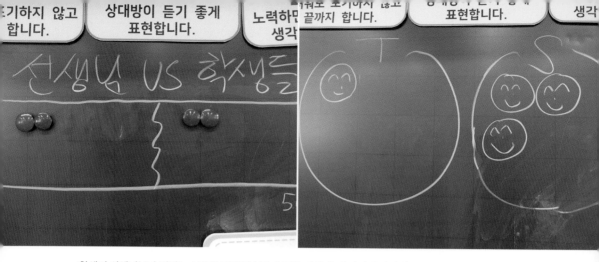

학생이 선생님보다 말하는 시간이 많아질수록 수업은 배움에 더 가까이 다가갑니다.

3. 사전에 비율을 정하고 시작하되 학생의 비율이 높아지는 것을 목표로 하는 것이 좋다.
4. 교사의 지시 사항을 즉시 시행하는 것으로 대결할 수도 있다.
5. 교사의 지시를 3초 안에 모두가 이행하면 학생의 포인트가 올라간다.
6. 학생들이 따르지 않으면 교사의 포인트가 올라간다.

나쌤의 T H I N K I N G +1
L E A R N I N G

비슷한 활동으로 한 가지를 더 추천합니다. 한층 더 좋은 수업이 되려면 학생들이 교사의 교육적 지시를 빠르고 정확하게 수행할 필요가 있습니다. 《허쌤의 수업놀이》의 저자인 허승환 선생님의 연수를 통해 'BEAT THE TEACHER'라는 이름으로 수업 중에 게임 형식으로 함께 노력하는 방법을 알게 되었습니다. 교사의 지시를 빠르게 이행하면 학생이 승리하고, 시간 안에 이행하지 않으면 교사가 승리하는 방식인데 게임처럼 재미있게 함께 노력할 수 있습니다.

25 내가 공부하는 이유

아무 이유도 없이 뭔가 해야 하는 것만큼 지루한 게 또 있을까? 놀이도 즐거움 이라는 이유가 빠지면 지루해지는데, 하물며 공부는 더 말해 무엇 하랴?

우리 인간은 적당한 목표가 주어질 때 더욱 의욕적으로 행동하는 존재다. 그렇 기 때문에 달성해야 할 목표가 사라지면 우리는 무료함을 느끼며 무기력해지기 쉽다. 뭔가 행동해야 할 적절한 목표, 즉 이유가 있을 때 비로소 우리의 삶도 더 욱 생기가 넘친다. 이는 공부도 마찬가지다.

우리는 왜 공부를 할까? 그리고 어떻게 하고 있을까? 수많은 것 중에 무엇을 공 부하고 있을까? 필자는 아이들 스스로 배움은 가치 있고, 소중한 것이라는 생 각을 할 때 비로소 진정한 배움도 가능하다는 생각이다. 이에 아이들과 함께 본 격적인 수업 이전에 WHY-HOW-WHAT으로 공부에 대한 생각을 정리하고 나눠 보는 활동을 추천한다.

1. "왜?" 공부하는지 생각하고 나눈다.
2. "어떻게?" 공부하는지 생각하고 나눈다.
3. "무엇?" 때문에 공부하는지 생각하고 나눈다.

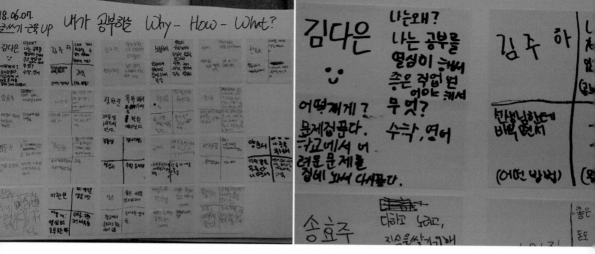

공부하는 이유를 찾으면서 학생들은 스스로 공부에 대한 큰 그림을 그려갑니다.

4. 각각에 대해 직은 내용 중 자신이 중요하다고 생각하는 것 3가지만 골라 밑줄을 친다.

5. 짝과 토론-모둠 토론-분단 토론-학급 전체 토론

6. 우리 반이 공부하는 이유를 정리해본다.

7. '왜'-'어떻게'-'무엇'이 연결되도록 정리하며 공부에 대한 큰 그림을 그린다.

나쌤의 THINKING +1
LEARNING

자신이 하고 있는 것을 가치 있게 여기려면 그것에 대해 충분히 생각해봐야 합니다. 아이들에게 공부를 하라고 하지만, 실상 왜 공부를 해야 하는지에 대해서는 거의 이야기를 나누지 않습니다. 각자 이유를 달성하기 위해 어떻게 노력해야 하는지 방법을 찾는 시간은 별로 없고, 그냥 주어진 것을 묵묵히 열심히 하는 것만 강조합니다. 시간을 내어 각자가 공부하는 이유, 방법에 대해 들어보면 그 속에서 배우는 것이 참 많습니다. 그러고 나서 무엇을 공부할지 정해서 열심히 한다면 분명 더 좋은 결과를 가져오지 않을까요?

26 더불어 살아가는 방법

학교교육은 곧 사회화와 깊은 관련이 있다. 교사는 꼭 필요한 사회적 기술은 물론, 배움을 키워가는 데 유용한 기술도 가르쳐주어야 한다.

인간은 사회적 동물이다. 우리가 학교에 다니는 중요한 이유 중 하나도 사회 구성원으로서의 자질을 함양하는 데 있다. 교사는 아이들이 사회에서 소외되지 않고 잘 어우러질 수 있도록 기본적인 사회적 기술을 몸에 익히도록 해줄 필요가 있다. 게다가 경쟁보다는 협동이 배움의 핵심 요인으로 부각되고 있는 요즘, 사회적 기술의 함양은 매우 중요한 과제일 것이다. 교실에서 키워줄 만한 사회적 기술을 정리하면 다음과 같다.

■ 사회적 기술

1. 자신의 감정을 효과적으로 조절할 수 있다.
2. 의사소통 기술을 효과적으로 사용할 수 있다.
3. 함께 정한 규칙을 지키려고 노력한다.
4. 과제에 집중하여 적극적으로 참여한다.
5. 내가 좋은 건 친구와 함께 하고, 내가 싫은 것은 친구에게도 강요하지 않

는다. 협력해서 더 좋은 결과를 만든다.

6. 함께 사용하는 시간과 공간을 소중하게 생각하고 가치 있게 사용한다.

7. 함께 사용하는 물건을 아껴 쓰고, 잘 정리한다.

8. 스스로 선택하고, 선택한 결과에 대한 책임을 진다.

9. 실수는 배움의 기회, 문제는 성장의 기회로 여긴다.

10. 배운 내용을 실천하려고 노력한다.

또한 학교 본연의 가치는 바로 교육이다. 그리고 교사 본연의 임무 또한 수업을 통해 아이들의 배움을 성장시키는 데 있다. 고성장 산업사회를 지나 4차 산업혁명 시대를 맞아 이제는 교육이 단편적인 시식 습득에 머무는 게 아니라, 역량으로 패러다임의 전환이 이루어졌다. 이에 따라 창의적인 문제해결 능력과 유동적 사고력, 상호작용 등이 주목을 받고 있다. 물론 이 모든 것들이 중요한 것은 사실이나, 분명한 것은 배움이 더 잘 이루어질 수 있는 기본적인 방법들이 존재한다는 사실이다. 그리고 학생들이 이를 잘 습득할 수 있도록 도와야 하는 것이 바로 교사의 역할이다. 예컨대 다음과 같은 것들이다.

■ 학문적 기술

1. 배운 내용을 자신의 언어로 정리한다.

2. 그림이나 글을 읽고 질문을 찾는다. 예) 사실, 확인, 사고, 확장, 종합, 적용 질문

3. 자신에게 맞는 학습법을 찾는다. 예) VAK, 다중지능 등

4. 기본 발표의 기술 5가지를 익히고 실천한다. 예) 보기 좋게 만들기, 자신의 말, 명확한 발음과 목소리, 출처, 보고 읽지 않고 친구들을 보면서 자신

있게 발표

5. '바정반공질' 경청기술 5가지를 한다. 예) 바라보며, 정리하며, 반응하며, 공감하며, 질문하며 듣기

6. 과제를 완료했으면 스스로 가치 있는 일(개인 프로젝트)을 한다.

7. 모르면 모른다고 하고, 알려고 노력한다.

8. 자신이 먼저 알게 된 것을 나누어준다.

9. 배우는 것을 가치 있고, 소중히 여긴다.

10. 수업을 더 의미 있고 재미있게 만들기 위해서 '수업 성장회의' 시간을 갖는다.

나쌤의 THINKING +1 LEARNING

학교에 와서 졸업할 때까지 배우고 익혀야 할 사회적 기술과 학문적 기술이 있나요? 없다면 1년 동안의 학년 공통 계획이 있나요? 그것도 없다면 학급에서의 계획은 있으신가요? 사실 아이들은 학교에 와서 많은 혼란을 경험합니다. 1학년 때 선생님은 자리에서 나와서 발표를 하라고 합니다. 그런데 2학년 때는 자리에 앉아서 발표하라고 합니다. 3학년 때는 일어서서 의자를 집어넣고, 2초 후에 발표하라고 합니다. 이렇게 일관되지 않는 상황 속에서 아이들은 혼란을 겪습니다. 다른 것들도 마찬가지입니다. 사회적으로 건강한 성인으로 자라는 데 필요한 사회적 기술과 학문적 성취를 위해 필요한 학문적 기술을 명시화해서 하나씩 달성해나가는 것은 어떨까요? 위에서 제시하고 있는 것들은 평소 개인적으로 중요하다고 생각해온 것들을 적어둔 것입니다. 선생님 나름대로 학교와 학년, 교실에서 배우고 익힐 사회적·학문적 기술을 만들어보실 것을 추천합니다.

27 우리는 보고 싶은 것만 본다

장님과 코끼리 이야기에서 코끼리의 서로 다른 곳을 만진 장님들은 코끼리를 각자 다르게 묘사한다. 그런데 뇌도 무엇에 관심을 두느냐에 따라 달리 저장한다.

완벽한 공부법 또는 어떻게 공부할 것인가 등의 학습과 관련된 책들을 살펴보면 중요하게 다루는 내용 중 하나가 바로 인식에 관한 이야기다. 그러한 책들을 살펴보면 스스로 중요하게 인식할수록 오래 기억된다는 내용이 거의 빠짐없이 등장한다. 사람마다 중요하게 생각하는 부분과 기억하는 부분이 서로 다를 수 있다는 것은 뇌 과학에서도 늘 언급하고 있는 내용이다.

■ 너와 나의 차이는?

교사가 중요하게 생각하는 것과 아이들 개개인이 받아들이는 것이 다를 수 있다는 것과 친구들끼리도 서로의 생각이 다를 수 있다는 것을 공유할 필요가 있다. 수업시간에 아이들과 함께 이러한 점을 이용한 활동을 해보았다. 바로 '너와 나의 차이'를 알아보는 활동인데, 방법을 간단히 정리하면 다음과 같다.

1. 1~2분 동안 준비한 사진이나 이미지를 보여준다.

2. 사진이나 이미지를 가린 후 1분 동안 기억나는 대로 그려본다.

3. 그런 후에 각자 그린 그림으로 이야기를 나눈다. "무엇부터 그렸나?", "서로 비슷한 부분?", "다른 부분?"

4. 사람마다 기억하는 부분과 해석하는 부분이 다를 수 있다는 것을 나눈다.

5. 처음에 보여준 사진이나 이미지를 다시 보여준다.

6. 생각이 서로 다를 수 있다는 점에서 시작하는 것이 좋다. 틀린 게 아니라 다른 것이고, 서로의 생각을 소중하게 여기는 문화를 만드는 것이 중요하다.

위의 '너와 나의 차이는?' 활동을 실제로 해보면, 같은 뭔가에 대해서도 아이들마다 중요하게 인식하는 부분이 서로 다르다는 것을 확인할 수 있다. 그런데 기억도 마찬가지다. 이 활동은 《6학년 담임해도 괜찮아》의 저자 서준호 선생님의 역사 수업 사례에서 아이디어를 얻어 교실 상황에 맞게 실천한 것이다.

■ 뭣이 중헌디?

우리 모두는 각자가 중요하게 생각하는 부분이 어디인지에 따라 기억에 남아 있는 장면이 서로 다를 수 있다. 이를 인정하고 서로의 차이를 보완할 수 있는 활동이 있어 하나 더 소개하려 한다. 바로 '뭣이 중헌디?'이라는 활동이다. 여러 명이 기억에 남는 부분을 중요한 키워드로 정리한다. 그 키워드가 일종의 해시태그(#) 역할을 하는 것이다. 모둠 내에서 빠지면 안 되는 주요 키워드를 서로 이야기해서 정리한다. 생각의 차이가 있지만, 이야기를 나누면서 서로 부족한 부분을 채워간다. 다음은 활동 방법을 간략히 정리한 것이다.

1. 관련 내용을 읽고 난 후 주요 인물이나 사건, 배경, 주제 등으로 키워드(해

시태그, #)를 만든다.

2. 모둠 내에서 돌아가면서 만든 키워드를 이야기하고 가장 중요한 것이 무엇인지 협의한다.

3. 전체적으로 공유하면서 중복되는 것을 제외하고 모두 칠판에 적는다.

4. 칠판에 적은 키워드만 가지고 전체 내용을 요약해본 후 키워드를 지운다.

5. 내용을 보지 않은 상태로 최대한 키워드를 많이 기억해서 적어본다.

서로 기억하는 부분이 다름을 적용한 영어 게임으로 많이 알려진 잠자는 코끼리 게임(sleeping elephants game)을 활용해서 공부할 수 있습니다. 이 활동은《허쌤의 수업놀이》의 저자인 허승환 선생님과 함께 하는 놀이위키 모임에서 배운 것입니다. 모둠원들이 모두 고개를 숙이고 있고 모둠 번호별로 고개를 들어서 정보를 1개씩 얻습니다. 모두 다른 정보를 가지고 협력해서 정답을 찾아보는 활동으로 서로 다른 것을 기억하는 상황을 활동으로 이용할 수도 있습니다.

28 성찰이 필요해

앞만 보고 열심히 달리기만 한다면 어느 순간 자신이 올바른 방향으로 달려가고 있는지에 대한 회의가 몰려온다. 우리에게 성찰의 시간이 꼭 필요한 이유다.

지나온 일에 대한 반성 없이 진정한 성장이나 발전을 이루는 게 과연 가능한 걸까? 아마 우리가 반성이나 성찰의 기회를 저버린다면 평생 똑같은 실수를 수없이 반복하면서도 그 안에서 아무것도 배우지 못하는 우를 범하고 말 것이다. 수업도 마찬가지라고 생각한다. 반성과 성찰 없이는 진정한 발전을 기대하기 어렵다. 그렇다고 너무 어렵게 생각할 필요는 없을 것이다. 우선 '나는 교사로서 열심히 가르치고 있지만, 학생들에게 과연 배움이 일어나고 있는 걸까?'라는 생각에서 출발하자.

필자는 교사로서 1~2주 동안 진행했던 수업 중에 좋았던 것, 불편해서 아쉬웠던 점, 꿈꾸는 수업으로 바꿔서 해보고 싶은 점을 서클회의 방식으로 돌아가면서 이야기를 나누고 있다. 이 회의의 이름을 '좋아해 수업 성장회의'라고 명명하고, 정기적인 성찰의 시간을 갖고 있다. 또는 1가지씩 사칙연산 방식으로 + 새롭게 하기, − 줄이거나 없애기, × 더 발전시키기, ÷ 무엇을 나누고 기여할 것인지를 정해서 실천해본다.

'좋아해' 수업 성장회의 진행 기본 방법

진행자 :   기록자 :

칭찬-감사 나누기〈좋았던 것〉

주요 내용

1. 수업과 관련하여 '불편 했던 점' 나누기〈아쉬웠던 것〉

2. 과목별 ~한 수업을 꿈꾸다.〈해보고 싶은 것〉

3. 가르침과 배움이 있는 수업 꿈꾸기

제안 및 건의 사항

회의 진행과 관련하여 이야기 나누기

회의와 관련하여 칭찬 감사 나누기

나쌤의
재미와 의미가
있는 수업

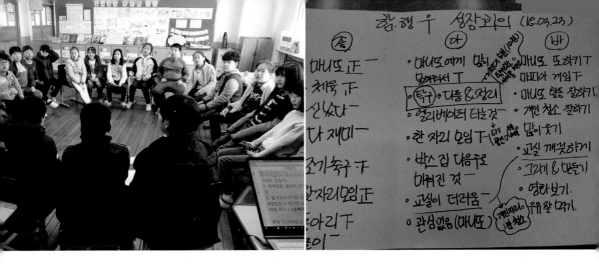

우리의 문제를 우리가 해결하는 연습을 합니다. 서클회의 방식으로 서로의 이야기를 나눕니다.

 나쌤의 LEARNING THINKING +1

가르침과 배움 사이에는 분명 간격이 존재합니다. 교사는 그 간격을 인정하고 줄이기 위해서 노력할 필요가 있습니다. 저는 '좋아해' 수업 성장회의를 주기적으로 실시하고 있습니다. 보통 금요일 마지막 시간에 해서 일주일 동안의 수업을 되돌아보고 다음 주 수업을 기대하게 할 수 있습니다. '좋아해'란 이영근 선생님의 '좋아바'를 변형한 것으로 '좋았던 것, 아쉬웠던 것, 해보고 싶은 것'을 적거나 말하면서 성찰을 한다는 뜻입니다.

29 난 얼마나 알고 있을까?

자고로 아는 것이 힘이다. 스스로에 대해 얼마나 아는지는 배움의 성패를 좌우한다. 모르는 것을 인정하는 것에서 의미 있는 배움이 시작되기 때문이다.

자신이 무엇을 얼마나 알고 있는지, 또 무엇을 모르는지를 파악하는 것은 배움의 시발점이 된다. 이것을 파악하는 데 도움을 주는 입장권 카드 활동은 아이들을 배움으로 초대하는 데 아주 좋은 방법이다. 얼마나 알고 있는지 모르고 있는지에 대해 아이 스스로 알고, 또 교사가 알게 된다면 한층 더 의미 있는 수업을 할 수 있다. 입장권 카드의 활동 방법은 다음과 같다.

1. 단원의 도입이나 수업의 시작에 오늘 배울 개념, 핵심 지식과 관련하여 자신이 알고 있는 것을 모두 적고(메모지), 이를 교사에게 제출한다.
2. 이후 교사는 아이들의 수준에 맞춰 수업을 전개한다.

이 활동은 학생들이 관련 내용을 얼마나 알고 있는지 진단하는 효과도 있지만, 정작 더 큰 효과는 따로 있다. 인간은 자신이 참여하거나 기여한 것에 관심을 기울이는 존재다. 이러한 특성 때문에 입장권 카드를 작성한 후 수업을 하면 더

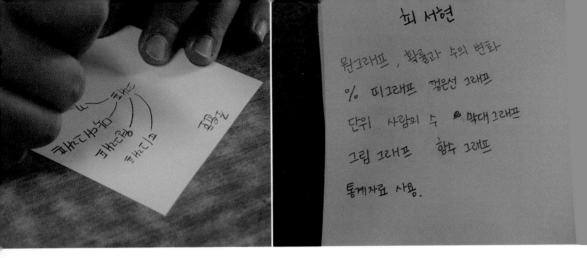

새로운 내용을 배울 때 이미 알고 있는 점과 앞으로 알고 싶은 점 등을 적습니다.

욱 집중하고 몰입하게 되는 것이다.

추후활동으로 관련된 내용을 다 공부한 후 수업을 마칠 시점에는 퇴장권 카드를 작성하는 것도 좋다. 퇴장권 카드 작성을 통해 그 시간에 배운 내용 중에서 이해가 잘 안 되는 부분, 추가적으로 궁금한 부분, 나에게 의미 있었던 순간 등을 적으면서 수업 또는 하루를 되돌아볼 수 있다.

나쌤의 LEARNING THINKING +1

수업 중에는 많은 아이들이 이미 잘 알고 있는 내용을 설명하느라 시간을 허비하는 상황이나, 많은 아이들이 잘 모르는데도 당연히 알고 있을 거라고 지레 짐작하고 대충 넘어가는 상황이 생각보다 자주 발생합니다. 새로운 단원에 들어가기 전에 입장권 카드를 작성해서 내도록 하면 교사가 배움의 방향과 깊이를 디자인하는 데 큰 도움을 받을 수 있습니다. 가능하면 입장권 카드를 배움이 완성되는 동안 게시해두고 부족한 부분을 채워나가는 형태로 활용하면 더욱 좋습니다.

30 개념 '쏙쏙' 교구 만들기

요즘에는 학습교구들을 시중에서 쉽게 구할 수 있지만, 그게 꼭 최선은 아니다. 때로는 직접 만들어보는 체험이 배움을 더욱 흥미롭게 해주기 때문이다.

꼭 완벽한 도구를 갖추고 있어야만 좋은 수업일까? 그렇다면 만약 그런 맞춤형 도구가 없을 때는 좋은 수업을 포기해야 할까? 물론 그럴 순 없다. 심지어 학교 현장에서 늘 완벽하게 필요한 도구들을 구성해놓기도 현실적으로 어렵다. 이에 도구를 사서 갖출 시간에 차라리 공부하는 데 필요한 도구를 학생들과 직접 만들어볼 것을 강력 추천한다.

예를 들어 3학년 수학 수업시간에는 곱셈을 수모형을 이용해서 진행하도록 되어 있다. 학생 각 개인별로 수모형을 가지고 수업에 임하면 좋겠지만, 턱없이 부족한 게 현실이다. 필자는 아이들과 함께 '우리가 사용하는 교구는 우리가 만들자'라는 이름으로 뒷면에 눈금이 있는 두꺼운 도화지(마분지)를 이용해서 개인 수모형을 만들어보았다. 일 모형 10개 이상, 십 모형 10개 이상, 백 모형 3개 이상 만들도록 했다. 아이들의 이야기를 들어보니 만들면서 기본 개념을 자연스럽게 익히게 되는 긍정적인 효과가 있었다. 이후에도 관련 내용을 공부할 때 직접 만든 교구를 활용하면 훨씬 즐겁게 접근하는 모습을 보였다. 스스로 만든

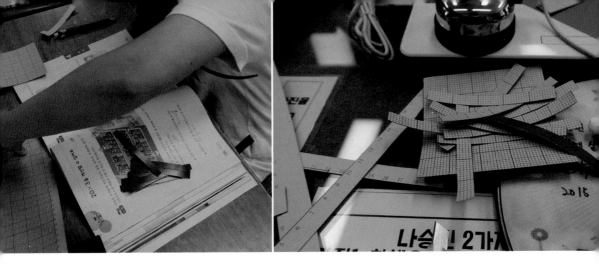

수업 중에 활용할 교구를 직접 만들어서 사용합니다.

교구를 활용해서 공부하다 보면, 이후에도 필요한 것들을 스스로 만들어서 활용하는 모습을 자주 볼 수 있게 된다. 또한 교구 자체를 소중하게 생각하며 사용하는 태도도 함께 길러진다.

나쌤의 **THINKING** +1
LEARNING

필요할 때마다 교사가 만들어주거나 구매해서 제공한다면 아이들 스스로 채워나가는 능력을 기를 수 없습니다. 배움을 돕는 교구의 경우에도 완성된 세트로 구매하기보다는 교사가 아이들과 함께 만들어볼 수도 있습니다. 직접 만드는 경험을 통해서 그 소중함도 느끼고, 교사가 제공하지 않을 때도 스스로 만들어서 활용해볼 수 있게 할 수 있습니다.

31 배움의 지도를 펼쳐라!

지도는 가고자 하는 곳으로 인도해주는 유용한 물건이다. 배움도 마찬가지다.
배움의 지도가 있다면 시행착오를 줄이며 목적지에 이르게 도와줄 것이다.

많은 학급에서 고공학습[5], 학습 지도, 배움의 내비게이션, 교육과정 큰 그림 그리기 등의 이름으로 학기 초 또는 새로운 단원을 시작할 때 안내 활동을 한다. 예전에는 '학습 목차 만들기'라는 이름으로 실천했던 것을 《인권교육》의 저자이자 〈에듀콜라〉 집필진인 이은진 선생님의 사례인 배움 지도의 이름을 변형해서 '배움의 지도를 펼쳐라'라는 이름으로 진행하고 있다.

우선 새로운 내용을 배우기 전에 무엇을 배우게 될지 살펴보면서 키워드를 중심으로 정리해본다. 만약 질문을 중요하게 생각하는 교실이라면 질문 방식으로 정리해도 좋다. 좋은 내용을 공유한 후 각자의 배움 지도를 보충한다. 각 단원, 차시를 공부하면서 배움 지도에 채울 수 있는 내용들을 정리해두면 관련된 내용을 모두 공부한 후 배움 지도를 통해 공부한 내용을 되돌아보거나 배움 전시

---

5. 마치 비행기에서 아래를 내려다보듯, 정보 전체를 꿰뚫어볼 수 있는 법칙을 찾아 정보들을 질서화하는 것을 말합니다. 질서화란 수집한 정보들을 분석하고 분류해서 정리해놓는다는 것을 의미합니다.

배움 지도를 만들고 핵심내용과 핵심질문을 적습니다.

회 등을 열 수 있다. 다음은 활동 방법을 간략히 정리한 것이다.

1. 단원 전체 큰 그림(핵심어, 궁금한 것, 꼭 해보고 싶은 것 등을 적기)을 그린다.
2. 관련 단원을 배우면서 빈 공간을 채운다.
3. 배움 후 전시해서 배움을 나눈다.
4. 단원 종료 후 배움 지도를 전시한다.

함행우 학문적 기술에는 "배운 내용을 자신의 언어로 정리한다"는 내용이 있습니다. 배움의 완성은 누군가 대신 정리해주는 게 아니라 스스로 하는 것입니다. 배움 지도를 만들었다면 배운 내용을 자신이 평소에 자주 사용하는 익숙한 언어로 정리합니다. 해당 단원의 첫 장에 붙여두고 언제든지 다시 활용할 수 있게 하는 것이 좋습니다. 또 서로 배움을 주고받는 문화를 만들기 위해 배움 지도 전시회를 열어서 일정 기간 동안 게시하는 것도 추천합니다.

32 질문의 힘

4차 산업혁명 시대에는 문제의 풀이보다 문제의 발견, 즉 질문하는 힘이 중요하다고 전문가들은 말한다. 좋은 질문이 최선의 배움으로 안내해줄 것이다.

좋은 질문은 배움을 일으키는 발판이 된다. 질문하는 능력은 이미 오래 전부터 학계는 물론 언론의 주목을 받고 있다. 심지어 일상생활에서 던지는 질문들이 인생 전체를 바꿀 수 있다고 주장하는 책까지 출간될 만큼 질문의 위력은 이미 검증되고, 널리 알려져 있는 바다.

■ 3단계 질문 나눔

4차 산업혁명 시대를 이끌어갈 우리 아이들에게 핵심질문 능력을 키워주는 것 또한 교사의 중요한 역할일 것이다. 이에 도움이 될 만한 활동을 소개하려 한다. 바로 3단계 질문 나눔 활동이다.

우선 수업에서 주제와 관련된 내용에 대한 자신의 생각을 질문으로 만든다. 각자가 만든 질문에 대한 친구들의 생각을 보면서 자신의 정리해볼 수 있다. 정해진 시간 동안에 질문을 적은 후 종이를 시계 방향으로 돌리면서 생각 나눔을 한다. 질문 종이를 작성하는 방법은 다음과 같다.

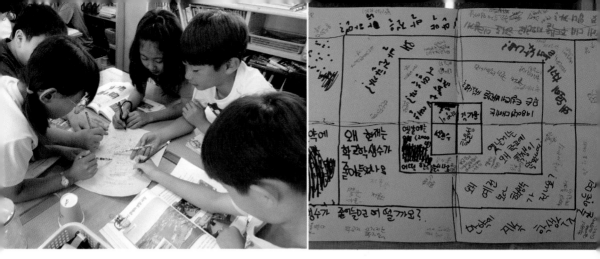

생각 나눔 종이를 만들고, 질문을 적은 후 시계 방향으로 돌리면서 생각 나눔을 합니다.

1. 8절 색지를 8번 접어 나온 선을 이용해서 개인별로 4곳의 구역을 만든다.
2. 첫 구역은 자신의 이름을 적는다.
3. 두 번째 구역은 사실 확인 질문을 적는다. 자료에서 찾을 수 있는 것을 질문으로 만든다.
4. 세 번째 구역은 사고 확장 질문을 적는다("왜~?"로 시작하는 질문).
5. 네 번째 구역은 종합 적용 질문을 적는다. ("만약~?"형 질문).
6. 종이를 돌리면서 관련 질문에 대한 각자의 생각을 적는다.

질문을 활용한 재미있는 활동을 한 가지 더 소개하겠다. 자신의 생각은 물론 친구의 생각도 함께 알아볼 수 있는 '니 생각은? 내 생각은?' 활동이다.

■ 니 생각은? 내 생각은?

궁금한 것을 해결해나가는 것은 곧 배움으로 이어진다. 또 누군가에게 질문을 받으면 생각을 하게 되고, 그것 또한 공부하게 된다. 질문을 만들고 답을 찾는 것이야말로 최고의 공부인 것이다. 교사가 준비한 영상이나 사진을 보고 각자 궁금한 것을 찾아보자. 자신이 쓴 질문에 대해서 스스로 가장 많이 고민하게 된다. 질문을 했다는 것만으로도 이미 답에 대해 생각해보게 만드는 효과가 있다. 또 친구들의 의견을 들으면서 자신의 생각을 정교화하게 된다. 좋은 질문과 좋은 답변을 찾는 과정에서 생각에 가치를 부여해보는 연습도 할 수 있다.

1. 관련 내용이나 영상, 사진을 본 후 각자 질문을 만든다.
   - 질문 예시: 승빈이가 한 말은 그 순간 최선의 선택이었을까요?
   - 질문 예시: 세 명 중에 가장 현명한 사람은?
2. 활동 시간에 따라 질문의 수를 정한다.
3. 정해진 시간 동안 돌아다니며 질문과 답을 주고받으며 답을 했던 사람의 이름을 적는다.
4. 활동이 끝나면 Best 질문과 Best 답변을 선정해서 이야기를 나눈다.

이미 시중에 다양한 책이 출판되었을 만큼 많은 이들이 질문이 가진 힘에 주목하고 있습니다. 무엇보다 어떤 사안에 대한 의문은 그 사안에 대한 관심과 깊이 있는 탐구로 이어지는 중요한 통로가 됩니다. 아이들이 수업시간에 선생님이 이야기한 내용을 그저 아무런 의문 없이 수동적으로 받아들이는 데 머물기를 바라는 교사는 없을 것입니다. 스스로 질문하고 그 질문을 해결하는 과정에서 배움도 커져갑니다. 굳이 위에서 제안한 활동이 아니라도 수업시간에 다양한 질문 활동을 적용해보신다면 분명 아이들의 달라진 모습을 확인하실 수 있을 거라 믿습니다.

나쌤의
재미와 의미가
있는 수업

33 숫자로 도장깨기

숫자의 신비한 힘을 이용하면 아이들의 배움을 더욱 촉진할 수 있다. 굳이 강요하지 않아도 스스로 목표를 달성하게 만들 수 있는 것이다.

숫자에는 신비한 힘이 있다. 예컨대 아이들은 정해진 숫자보다 더 많이 찾고 싶어 한다. 이 점을 수업에 잘만 활용하면 아이들의 배움에 대한 목표의식을 자극할 수 있다. 필자의 경우 국어수업에서 사물의 이름, 사물의 움직임, 사물의 형태나 성질을 나타내는 말을 찾으면서 수준(양적인 부분에 한정)을 한번 적용해보았다. 우선 사물의 이름을 문단에서 찾아보게 했다. 기준은 하수 1~5개, 중수 6~10개, 고수 11~15개, 초고수 16~20개로 일련의 수준을 제시했다. 이렇게 제시하고 활동을 진행해보니 아이들 중 하수와 중수는 없었고, 고수 1명, 나머지 23명은 초고수의 영역에 들어가는 것을 볼 수 있었다.

　이후에는 '사물의 움직임을 나타내는 말'을 찾아내게 했는데, 이때는 좀 더 차이가 나는 수준을 제시해보았다. 즉 국어신 후보 영역은 21~60개, 국어신 영역은 100개 이상으로 제시한 것이다. 수업이 끝날 무렵 비록 양적인 부분이기는 하지만 국어신 영역에 도달한 학생이 5명 정도였다. 말할 것도 없이 국어신 후보 영역은 학생 대부분이 달성했다. 만약 이처럼 숫자로 수준을 제시해주지 않

목표 숫자에 도달하기 위해 아이들이 릴레이로 나와서 적극적으로 답을 적고 있습니다.

있다면 아이들은 그저 몇 개 정도 찾아내고 말았을 것이다.

1. 삽화, 표 등에서 정보를 찾는다. 그때 기준을 제시한다.
2. 구체적인 기준을 정해서 도전하고 싶은 욕구를 자극한다.
3. 찾은 정보를 릴레이로 나누거나 모둠 대결을 할 수 있다.
4. 혹시 빠진 부분은 교사가 채워준다.

 교사는 아이들로 하여금 도전하고 싶은 마음이 들게 만들어줄 필요가 있습니다. 스포츠에서도 순위가 있고, 무술에도 단이 있습니다. 수업 중에도 아이들에게 숫자를 제시해서 더 많이 더 깊이 생각하고 싶게 만드는 노력이 필요합니다. 여기서 유의해야 할 점은 아이들에게 달성해야 할 목표를 명확하게 제시해 주는 것입니다. 이왕이면 이름도 재미나게 붙여서 아이들이 즐거운 분위기 속에서 목표를 달성하게 만드는 식의 전략으로 한층 재미있게 공부할 수 있습니다.

나쌤의
재미와 의미가
있는 수업

34 선생님, 틀렸어요!

선생님은 언제나 정답만 이야기한다는 뻔한 생각에서 벗어나보자. 수업이 훨씬 긴장감 넘치게 전개되고 아이들도 집중하며 임하게 된다.

교사는 학생에게 있어 당연히 옳은 말만 하고, 옳은 내용만 알려주는 존재일 것이다. 물론 교사가 그러한 역할을 충실히 해주는 것이 학생들에게는 안정감을 주기도 한다. 하지만 어쩐지 재미있다는 생각은 들지 않을 수 있다. 재미는 아이들의 배움에 있어 결코 간과할 수 없는 중요한 요소이다.

그런 차원에서 발상을 한번 바꿔보기를 권한다. 말하자면 선생님이 알려주는 내용이 틀릴 수도 있다는 걸 보여주면 어떨까? 일부러 틀린 내용을 제시하고 학생들에게 찾아내도록 하는 것이다. 교사가 제시한 자료나 이미지 중에 틀린 곳이 있다면 아이들은 그것을 찾아내기 위해 훨씬 더 집중해야 하고, 나아가 그 과정에서 왜 틀렸는지에 대한 생각을 나누면서 자연스럽게 배워야 할 내용으로 옮겨갈 수 있다.

1. 의도적으로 틀린 부분이나 과장·축소해서 제시한다.
2. 개인적으로 찾고 모둠 내에서 토의를 해 모둠 의견을 결정한다.

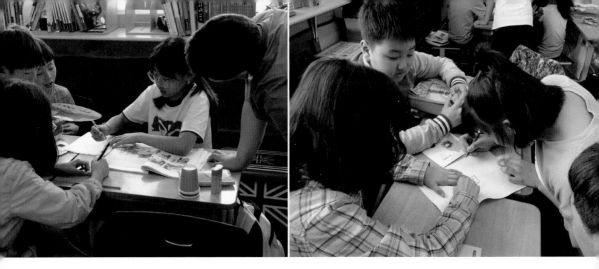

아이들이 머리를 맞대고 선생님이 '어디'를 '왜' 틀렸는지 찾아내고 있습니다.

3. 돌아가면서 모둠의 의견을 이야기하고 모둠에서 합의한 내용이 맞을 경우
   에는 10점, 모둠 의견이 되지는 못했지만 개인 의견에 포함되어 있으면 5
   점을 받는다.
4. 틀리거나 과장·축소한 부분에 대해 함께 이야기를 나누면서 공부한다.

 나쌤의 **LEARNING** +1

교사가 내는 것에서 틀린 것을 찾는 데 익숙해졌으면 모둠에서 돌아가
면서 틀린 부분을 넣어서 발표합니다. 틀린 것을 넣어서 발표 자료를
만들기 위해서는 배운 내용을 정확하게 알고 있어야 합니다. 너무 티가 나지 않게 바꿔
보는 과정에서 배움이 일어납니다. 또 친구들이 만든 틀린 내용을 찾아내기 위해 더욱
집중하는 모습도 볼 수 있을 것입니다.

나쌤의
재미와 의미가
있는 수업

35 우리의 최종 목적지는···

등산을 하다 보면, 코스 중간중간 정상까지 남은 거리를 안내하는 표지판이 있다. 수업에서도 목적지에 대한 구체적인 안내는 꼭 필요하다.

만약 목적지를 모르는 채 여행을 떠난다면 어떨까? 물론 사람에 따라서는 정처 없이 떠도는 여행을 좋아하는 사람도 있을지 모르지만, 대부분의 사람들은 그러한 여행 자체가 매우 불안하고 불편할 것이다.

사람은 본래 최종 목적지가 눈에 선명하게 그려질 때 더욱 열심히 나아갈 수 있는 존재다. 목적지가 분명해지면 부족한 부분이 어떤 부분인지 깨닫고, 주도적으로 채울 수 있게 된다. 《좋은 교사 되기》(해리 왕, 로즈매리 왕)를 보면 학습지침서를 만들어서 학생들이 성취해야 할 학습 목표를 늘 볼 수 있게 만들라고 조언한다. 새로운 단원에 들어갈 때 성취 기준(목표)과 주요 활동, 학생들에 평가받게 되는 내용과 관련한 핵심질문이 들어간 단원설명서를 만들면 좋다.

목적지가 분명할수록 하고 싶다는 의지와 욕구도 생기는 경우가 많다. 또 그래야 어느 정도까지 완성해야 하는지, 수행해야 하는지를 미리 알고 준비할 수 있다. 가능하면 배운 후의 모습을 상세하게 상상하고, 세부적인 계획을 함께 세우자. 그리고 완성된 상태를 글로 적어서 붙여둔다.

■ **목표(할 수 있고 설명할 수 있어야 하는 것)**
· 환경의 중요성을 근거와 사례를 들어서 설명할 수 있다.
· 당장 실천할 수 있는 것을 정해 실천한다.
· 학급에서 함께 실천할 것을 토의를 통해 함께 정해서 실천한다.
■ **주요 활동(핵심질문에 대한 모둠 토의토론, 조사발표)**
· 지식 채우기: 환경이란 무엇인지, 환경의 여러 가지 특성, 인간과 환경과의 관계, 국토 개발이 필요한 까닭, 바람직한 국토 개발의 방향, 친환경적인 태도
· 체험활동: 환경을 위한 기술과 제품 공모전, 만들기(천연 손 세정제, 천연 모기 퇴치제, 뮤직비디오, 캠페인 활동, 환경 놀이 활동)
■ **핵심질문(평가 항목/ 수행, 구술 및 서술 평가)**
1. 환경이 무엇이고, 어떤 특성을 가지고 있을까?
2. 환경과 인간은 어떤 관계에 있을까?
3. 바람직한 국토개발과 친환경적인 태도는 어떤 것일까?
4. 지속 가능한 발전은 무엇이고, 나와 우리가 실천할 것은 어떤 것일까?

글쓰기의 과정

· 목적 정하기
· 대상 정하기
· 쓸 내용 모으기
· 쓰기
· 피드백(좋-아)
· 고쳐 쓰기
· 상소문 올리기

1. 국(나) 253쪽 보고 처음-가운데-끝 부분 구상하고 자신의 글 쓰기
2. 국(나) 255쪽 처음 부분을 시작하는 방법을 알아보고 내 글 고쳐쓰기
3. 글 돌려쓰고 피드백(좋-아 피드백)
4. 친구들의 피드백을 보고 고쳐쓰기
5. 상소문 올리기+주장&별점 평가
6. 가장 좋은 상소문 골라서 실천하기

단원 설명서를 만들어두면 아이들의 의지와 학습동기를 자극할 수 있습니다.

1. 차시나 단원을 공부하면 할 수 있는 것, 만들 것을 미리 보여준다.
2. 과목별 '성취기준'(또는 '학습목표')을 표로 만들어 스스로 체크/평가할 수 있게 한다.
3. 학습목표(성취 기준), 핵심질문(찾은 답과 찾은 쪽수), 과제(제출 기한, 과제를 하는 이유와 방법, 분량 등)를 넣어서 단원 시작할 때부터 함께 활용한다.
4. 모두가 볼 수 있게 크게 게시(전지)하고 개인별로 책에 붙인다.

나쌤의 LEARNING THINKING +1

배우는 내용을 '왜', '어떻게' 공부할지 알려주고 언제든 다시 볼 수 있게 한다는 것은 목적지를 알고 그곳으로 길을 찾아가는 것과 같습니다. 저는 학생들과 함께 큰 그림을 그리는 것을 늘 꿈꿉니다. 교사 혼자 모든 것을 다 만드는 게 아니라 학생들과 함께 최종 목적지와 가는 방법, 가는 길에 해야 할 활동을 정하는 것입니다. 처음부터 어렵다면 일부분이라도 함께 정해볼 것을 추천합니다.

36 배움을 예열하라!

추운 겨울날 자동차 엔진 시동이 잘되게 하려고 미리 예열을 하는 것처럼 약간의 예열 활동은 배움을 앞으로 쭉쭉 나아가도록 도와준다.

처음부터 배움에 깊이 몰입할 수 있다면 좋겠지만, 안타깝게도 그런 능력을 타고난 사람들은 거의 손에 꼽을 정도다. 대체로 뭔가에 깊이 집중하기 위해서는 어느 정도 시간이 필요하다. 특히 아이들의 경우 다짜고짜 수업을 진행하려고 하면 집중은커녕 아예 수업 내용에 대한 흥미를 잃어버리기도 한다.

몇 가지 활동을 통해 본격적인 수업 이전에 아이들을 배움에 최적의 상태로 예열시킬 수 있다. 이러한 활동은 아이들이 수업 내용을 좀 더 적극적으로 흡수할 수 있게 도와줄 것이다. 다음과 같은 몇 가지 예열 활동을 추천하고 싶다.

■ 초성 퀴즈

"오늘 어떤 것과 관련된 것을 배울까요?"라고 발문을 하고 나서, 칠판에 초성 힌트를 적는다. 아이들은 그간 자신이 알고 있는 것과 이전 시간에 배운 것 등을 참고해서 오늘 배울 것에 대해 생각하게 된다. 그 과정 자체가 배움으로 아이들을 초대해준다. 스스로 노력해서 찾은 것을 소중하게 여기는 것이 뇌가 가

아이들에게 초성 자음을 제시해주고 핵심어를 알아맞히게 합니다.

지고 있는 특성 중 하나다. 초성 퀴즈로 수업을 시작하고 마무리하는 것은 교실에 출석자로 앉아 있는 아이들을 적극적인 참가자로 바꾸는 좋은 활동이다.

1. 관련 핵심어의 '자음' 또는 '모음'을 이용해 퀴즈를 내는 활동이다.
2. 처음에는 글자수, 한 글자 초성, 두 글자 초성 순서대로 조금씩 힌트를 주는 것이 좋다.
3. 배운 내용을 초성으로 정리하고, 정답을 종이 뒷장이나 책이나 공책 아래에 거꾸로 적어서 다시 풀어볼 수 있게 한다.

■ 1분 관찰&기억력

정해진 시간 동안 집중해서 관찰하고, 그것에 대해 이야기하는 것은 순간적인 몰입을 유도한다. 뇌 과학자들은 학습에 있어서 알고 있는 것과 자신의 생각을 자주 꺼내보는 게 큰 효과가 있다고 이야기하는데, 이것은 인출효과라고도 한다. 배울 내용을 짧은 시간 동안 보고 생각나는 것을 모두 이야기해본 후 다시

1분 동안 짝을 관찰한 후 변화된 곳을 찾아냅니다.

그 내용을 보면 더 자세하게 보게 된다. 또 구석구석에서 의미를 찾으려고 노력하는 모습을 볼 수 있다.

1. 집중해야 하는 상황에 인출효과를 함께 적용하는 활동이다.
2. 관련 내용을 1분 동안만 관찰하고, 1분 동안만 말하거나 적을 수 있다.
3. 예를 들면 "과학책 22~23쪽에서 동물을 1분 동안 관찰합니다!"라고 말한다. 정해진 시간이 지난 후에 "책을 덮고, 어떤 동물이 있었는지 말합니다. 관련된 경험을 이야기해봅시다"라고 말할 수 있다.
4. 관찰하고 기억하는 연습으로 수업 놀이 '명탐정! 바뀐 곳 찾기'[6]로 연습할 수 있다. 1분 동안 짝을 관찰한 후 변화된 곳을 찾아보는 활동이다.
5. 교과 내용으로 순간 집중하고 기억에 남는 것을 최대한 떠올려보는 연습을 한 후에 본 활동에 대해 공부하면 좋다.

---

6. 이 활동에 관한 자세한 방법은 《핵심역량을 키우는 수업 놀이(나승빈, 맘에드림)》의 2장에 소개되어 있습니다.

아이들이 좋아하는 내용을 배움에 연결시키면 쉽게 관심을 가집니다.

■ 취향저격 프로그램

아이들이 좋아하는 텔레비전 프로그램, 시사 내용, 드라마 등과 배울 내용을 연결할 수 있다면 아이들을 순식간에 배움으로 초대할 수 있다. 초등 교사들이 많이 이용하는 인디스쿨에서도 교과와 다양한 애니메이션이나 영화를 연계한 자료들이 인기가 많다. 다만 주의할 점은 관련된 내용을 더 잘 이해하고 공부하기 위해 제한적으로 사용해야 한다는 점이다. 그렇지 않으면 충분히 생각을 나누고, 고민하고, 문제를 해결해야 할 시간을 뺏기기 쉽다. 필자 개인적으로는 단한 장의 사진이나 짧은 영상 정도가 적합하다고 생각한다.

1. 관심이 있는 소재가 나올 때 아이들은 더욱 집중하고 몰입할 수 있다.
2. 시사적인 내용, 예능과 드라마와 연계하여 스토리를 만들거나 연결시켜서 수업을 전개하면 좋다.
3. 이야기하고 싶은 내용을 한 장의 사진이나 글귀로 시작하거나 마무리하는 방법이 좋다.

아이들과 함께 '함행우 신비한 동물 사전'을 만들어보았습니다.

4. 억지로 짜 맞추려고 하면 배움보다는 일회성 즐거움만 남을 수 있다는 점에 주의한다.
5. 관련 내용을 끝까지 보여주거나 억지로 결론을 지을 필요는 없다.

'함행우 신비한 동물 사전'을 만들어보기로 했습니다. 무작정 만들기보다는 〈신비한 동물 사전〉이라는 영화를 조금 보고 관련된 내용을 참고할 수 있게 했습니다. 모두가 완성하고 발표하는 것을 학급 공동의 목표로 세우고, 모두가 발표를 하면 〈신비한 동물 사전〉 영화를 이어서 보기로 했습니다. 발표는 평가자가 되어서 듣는 방식으로 했습니다. A4종이를 4번 접어서 16칸을 만들어서 앞뒤면 32칸을 이용해서 체크를 하면서 들었습니다. 이름, 발표한 동물 이름, 잘한 점이나 궁금한 점을 적게 했습니다. 비록 수준의 차이는 있었지만, 아이들 모두 발표에 참여한 의미 있는 수업이었습니다.

37 66일 핵심습관 만들기

습관은 제2의 천성이라고 한다. 우리 속담에는 세 살 버릇 여든까지 간다는 말도 있다. 좋은 습관은 인생의 중요한 자산이 된다.

17세기 영국의 시인이자 극작가 겸 비평가인 존 드라이든(John Dryden)은 이렇게 말했다. "처음에는 우리가 습관을 만들지만, 그 다음에는 습관이 우리를 만든다."

이 말을 곰곰이 생각해보면 자신이 만든 습관이 결국 자신의 미래를 좌우할 만큼 지대한 영향을 미칠 수 있다는 것을 의미한다. 그만큼 습관의 위력은 실로 대단한 것이다. 한번 만들어진 습관은 쉽게 바꾸기 어렵기 때문에 부모와 교사는 아이들이 좋은 습관을 만들어갈 수 있도록 평소 가정과 학교에서 도와주어야 한다.

하지만 아마도 방법이 문제일 것이다. 말로만 가르치려고 하거나 잘 안 되면 지적하거나 혼내는 것은 분명 한계가 있다. 단순한 잔소리로만 인식하거나 설사 당장에는 달라진 것처럼 보일지라도 근본적인 문제해결에는 이를 수 없는 경우가 대부분이다.

잘못된 습관에 대해 무작정 으름장을 놓을 게 아니라 왜 좋은 습관을 만들어

핵심습관을 시각화하여 관리합니다.

야 하는지, 또 만들려면 어떻게 해야 하는지 등에 대해 아이들에게 알려주고 함께 노력해야 할 필요가 있다.

1. 습관과 핵심습관에 대해 알아본다. "습관은 무엇일까요?"라는 질문으로 평소 생각을 나눈 후 그중에서 가장 중요하게 습관으로 만들어서 평생 유지할 것을 핵심습관으로 만든다.
2. 성공하고 행복한 사람들의 핵심습관 3가지를 알아본다. 첫 번째로 주변을 정리하고, 오늘의 할 일을 적는다. 두 번째로 몸과 마음을 관리한다. 세 번째로 독서와 공부를 한다.
3. 핵심습관을 만들기 위해서는 마음을 먹는 것도 중요하지만, 그것을 시각화해서 관리할 수 있는 장치가 필요하다. 공부의 신 강성태는 '66일 습관 달력'을 만들어서 활용할 것을 권장하고 있다.
4. 아이들과 함께 66일 동안 함께 도전할 습관을 구체적으로 적은 후 모두가 들을 수 있도록 발표한 후 잘 보이는 곳에 게시해둔다.

5. 66일이 지난 후에 얼마나 달성했는지 피드백하고 함께 격려해준다.

좋은 습관을 만드는 활동을 할 때 '성공 방정식'이야기를 함께 들려주면 좋습니다.

어느 날 한 신사가 기업가를 찾아왔다. 신사는 편지 봉투 하나를 내밀더니 이렇게 말했다. "선생님, 이 편지 봉투 안에는 '성공 방정식'을 적은 편지가 들어 있습니다. 이 방정식을 25,000달러를 받고 기꺼이 선생님에게 팔고 싶습니다." 이에 기업가가 답했다. "저는 봉투 안의 내용이 무엇인지 모릅니다. 하지만 먼저 그 내용을 보여준 뒤 내 마음에 든다면 기꺼이 사지요."

신사는 동의했다. 그리고 봉투를 기업가에게 건넸고, 기업가는 편지 봉투에서 한 장의 종이를 꺼냈다. 한눈에 글을 읽은 기업가는 아무 말 없이 약속한 대로 25,000달러를 지불했다. 그 편지에는 다음과 같은 내용이 적혀 있었다.

'성공 방정식'
1. 매일 아침 그날 해야 할 일의 목록을 적어라.
2. 그 목록대로 실천하라.

세계적인 금융회사인 〈JP모건〉의 창업자 모건에 대한 이야기입니다.

38 실수 축제를 열어라!

미국의 시인 롱 펠로우는 이렇게 말했다. "때때로 우리들은, 한 사람의 인간의 덕(德)에서보다도 실패에서 더 많은 것을 배운다."

인간이라면 누구나 늘 실수를 한다. 교사들도 그렇고, 아이들은 더 말할 것도 없다. 실수는 배움의 멋진 기회라고 여겼던 알프레드 아들러(Alfred Adler)의 지혜를 마음 깊이 새기며, 필자 또한 교실 속에서 뭔가 실수가 발생하면 이를 소중한 배움의 기회로 여기게 되었다.

실제로 프랑스 파리의 어느 명문 대학원에서는 실수 축제(Festival of Errors)를 개최한다고 한다. "실수는 건설적인 부분이며, 실패가 아니라 노력의 표시"라는 의미로 축제를 연다는 것이다. 샌프란시스코에서 열리는 실패 컨퍼런스인 '페일콘(FailCon) 또한 실패에서 배움을 얻는 대표적인 모임이다. 여기에서는 사업 전략을 바꾸어 성공하는 데 필요했던 결정적인 통찰력을 얻은 실패에 대한 연구를 해서 실수를 반복하는 것을 줄이고, 실수로부터 배움을 찾는다고 한다. 이러한 사례들을 살펴보면서 교실에서도 어느 정도 실수의 사례가 모이면 그러한 실수를 통해 배운 점과 다짐을 나누며 격려 파티를 열면 좋겠다고 생각했다.

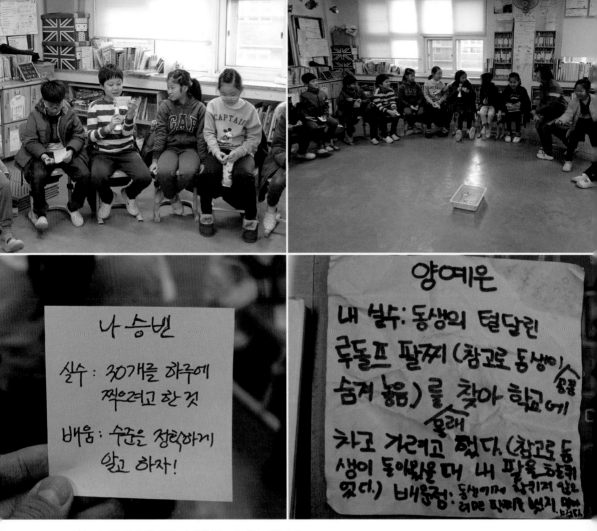

실수 파티를 통해 한 걸음 더 성장하는 계기를 만듭니다.

1. 실수 기록장이나 실수 게시판을 만든다.
2. 만약 실수를 하면 그곳에서 어떤 실수를 했는지를 적는다. 또한 그러한 실수로 부터 어떤 점을 배웠는지, 그리고 앞으로는 어떻게 할 것인지를 다짐으로 적는다.

나쌤의
재미와 의미가
있는 수업

3. 친구가 적은 실수에 대한 고백에 응원과 격려의 댓글을 달아준다.

4. 일정 기간 또는 실수의 수를 정해두고 모아서 실수 파티를 연다.

5. 맛있는 것을 함께 나눠 먹으면서 실수에서 배움을 발견하는 문화를 만들 수 있다.

나쌤의 THINKING +1
LEARNING

교사의 실수를 먼저 고백하는 것이 아이들이 용기를 내는 데 큰 도움이 됩니다. 또 아들러의 멋진 지혜인 "실수는 배움의 멋진 기회, 문제는 성장의 멋진 기회"를 함께 들려주면 더욱 좋습니다. 실수에서 찾은 배움을 나눌 때는 서로에게 힘차게 박수를 쳐주면 용기를 얻어서 다음에 다시 도전할 수 있게 됩니다. 실수 게시판에 실수와 실수에서 찾은 배움을 기록해서 같은 실수를 친구들이 반복하지 않도록 나눌 수 있게 하는 활동을 추천합니다.

39 명예의 전당

적절한 피드백은 배움의 동기를 자극한다. 특히 결과 중심이 아니라 과정 그 자체를 격려해주는 피드백은 학생들을 자발적인 배움으로 이끌어줄 것이다.

오직 보상 그 자체가 목적이 되어 뭔가를 하게 만드는 것은 개인적으로 별로 좋은 방법이 아니라고 생각한다. 하지만 보상 자체가 목적이 아닌 수단이라면 꽤 괜찮은 피드백 수단이라고 생각한다. 특히 결과만을 놓고 평가하는 게 아니라 과정 전체를 두고 적절한 피드백을 해주면 아이들의 자발적인 학습동기를 자극하는 데 큰 도움이 된다.

함행우 교실에서는 명예의 전당이라는 긍정적인 피드백을 통해 아이들의 동기를 자극하고 있는데, 아이들은 명예의 전당에 오르는 것에 관심을 갖고 기대한다. 예컨대 프로젝트 학습 후에 끝까지 완성한 것을 기념하는 의미로 명예의 전당에 올린다. 또는 친구들의 발표를 잘 들은 친구를 뽑아서 명예의 전당에 올려준다. 성적이 좋은 사람, 수행 결과가 뛰어난 사람만 주목을 받는 게 아니라 열심히 노력한 과정을 격려하는 의미로 명예의 전당에 올리는 것이다. 1년 동안 교실 뒤의 게시판 위에 명예의 전당을 만들고 활용하면 좋다. 각 교실에서 쉽게 적용해볼 수 있는 명예의 전당 활동 방법을 소개하면 다음과 같다.

교실 게시판에 만든 명예의 전당. 명예의 전당에 이름을 올리기 위해 아이들은 좀 더 자발적으로 수업 활동에 참여하고 있습니다.

1. 활동을 시작하기 전에 명예의 전당에 올라갈 수 있는 조건을 이야기해준다.
2. 결과보다는 과정에서 의미 있게 기여한 부분이나 참여하는 태도를 중심으로 하는 것이 좋다.
3. 명예의 전당에 올라간 것을 숫자로 세어 공동의 목표로 정하고 즐거운 시간을 계획하는 것도 좋다.
4. 명예의 전당에 오르기 위해 어떤 노력을 했는지, 비법을 나눌 수 있다.

나쌤의 T H I N K I N G +1
L E A R N I N G

물질적 보상으로 행동을 지속하게 만드는 데는 분명 한계가 있습니다. 왜냐하면 계속해서 더 많은 물질적 보상을 바라게 마련이니까요. 우리 함행우 교실에서는 명예의 전당에 오르는 것을 최고의 상으로 여기는 문화가 있습니다. 교실 뒤에 판을 붙이고 오며 가며 늘 볼 수 있도록 게시해놓는 것이 가장 효과적입니다. 1년간 게시하고 상장 용기에 인쇄해서 평생 보관할 수 있도록 선물해주면 좋습니다.

"아이들이 배움에 적극적으로 참여할 준비가 되었나요?"

교사가 아무리 좋은 것을 주고 싶어도, 아이들에게 흡수할 준비가 되어 있지 않으면 아무런 소용이 없는 게 안타까운 현실입니다. 여기에서 제안한 활동들은 아이들이 배움에 적극적으로 참여하게 만드는 데 도움이 되는 것들입니다. 하지만 이 책을 읽고 계신 선생님들 나름의 방식으로 개선 또는 발전시켜나가기를 바랍니다.

배움이란 어떻게 완성되는 것일까요? "필기는 정확한 사람을 만들고, 담론은 재치 있는 사람을 만들며, 독서는 완성된 사람을 만든다." 프랜시스 베이컨의 말에서 그 힌트를 얻을 수 있을 것입니다.

제대로 공부하기 위해서는 자신의 생각을 정리해서 기록하고, 말로 표현해봐야 합니다. 그리고 부족한 부분을 책에서 찾아서 채우는 과정을 통해서 비로소 배움을 완성할 수 있습니다.

수업 중에 생각을 만들고 정리하는 연습은 꼭 필요합니다. 문장의 구조, 교구나 상황 조성 등을 통해서 짧은 시간 안에 자신의 생각을 만들어보는 연습을 하는 과정에서 생각하는 힘이 자라납니다. 처음부터 완벽한 생각은 없습니다. 생각을 하면서 또 그 생각을 자신의 언어로 정리하면서 또 다른 생각들이 떠오르게 됩니다.

이제부터 생각을 만들고 정리하는 재미있고 의미 있는 활동들을 소개할 것입니다. 각자의 개성에 맞게 학생들의 필요와 요구에 따라 다양하게 적용해보실 것을 추천합니다.

STAGE 02
생각 만들고 정리하기

진정한 배움은 생각을 정리해서 표현할 때 이루어진다!

01 좁히면 생각이 솟아나요!

막연함만큼 아이들을 답답하고 힘들게 하는 것도 없다. 교사는 우선 아이들의
생각 범위를 좁혀주어야 한다.

우리 아이들을 편협한 사고의 틀에 갇히게 해서는 안 될 것이다. 교사는 아이들
이 마음껏 생각의 나래를 펼칠 수 있도록 배려해주어야 한다. 하지만 수업은 뚜
렷한 목표를 세우고 이를 제한된 시간 내에 달성하기 위한 여정이다. 따라서 교
사가 어느 정도의 방향과 범위를 제시해줄 필요는 있다. 때로는 아이들에게 자
유롭게 마음껏 생각해보게 하는 것도 좋지만, 범위가 너무 막연하면 자칫 혼란
만 가져올 것이다. 이럴 때 교사가 먼저 학생들에게 글을 쓰는 문형을 제시하여
생각의 범위를 좁혀주면 도움이 된다. 이렇게 범위를 좁혀주면 학생들이 떠올려
야 할 내용에 좀 더 집중할 수 있기 때문이다. 예컨대 다음과 같이 문형을 제공
해주는 것만으로 조금 더 집중해서 생각할 수 있다. 만약 이 방법에 익숙하다면
비유(메타포)를 사용해서 생각을 정리하면 더욱 좋다.

■ "~는…다. 그렇게 생각한 이유는…이다"의 구조 : 비유(메타포)로 표현하기

　1. 칠판에 "~는…다"의 형태로 자신의 생각을 떠올릴 수 있도록 안내한다.

문형에 맞게 생각을 정리해봅니다.

2. 포스트잇에는 단어만 적고 발표를 할 때 이유까지 함께 말하는 방법으로 활용할 수 있다.

3. 비유(메타포)로 표현해서 그 뒤 문장을 상상해볼 수 있도록 만들면 좋다.

범위 좁히기의 꿀팁

조건을 제한하라!

뭔가를 생각해서 적으라고 하면 막연합니다. 언제까지, 어느 정도의 분량으로 해야 하는지에 대해 생각하게 됩니다. 정작 중요하게 집중해야 할 것에 쓸 에너지가 줄어들 수밖에 없습니다. 차라리 처음부터 조건을 제한하는 것이 좋습니다. 적어야 하는 글자의 수를 제한하면 조금 더 깊이 생각하게 됩니다. 그리고 생각하는 과정에서 많은 공부가 됩니다. 또 시간을 제한할 수 있습니다. "글을 읽고 1분 동안 생각합니다. 2분 동안 글에 대한 생각을 적습니다." 등으로 지시하는 것입니다. 시간이 제한되어 있기 때문에 가장 중요하다고 생각하는 것을 적게 됩니다. 조건을 제한하면 집중하고 몰입하게 됩니다. 또 더 핵심적인 생각을 적고 공유할 수 있는 시간이 확보됩니다.

- "만약(IF)…왜냐하면(Because)…"의 구조

1. 문장을 "만약…"으로 시작해서 "왜냐하면…"로 마무리한다.

2. 내용의 현실성이나 적합성 등은 나중에 함께 검토한다.

나쌤의 +1

LEARNING THINKING

2010년부터 함께 공부하고 있는 솔빛연구회와 존경하는 한형식 선생님 (한국수업기술연구회 소장)의 특강에서 조건을 제한하는 것의 의미에 대해 배웠습니다. 또 2012년부터 참여하고 있는 한일 수업교류회 때 문장의 구조를 제한할 때 조금 더 집중해서 생각을 정리할 수 있다는 것을 알게 되었습니다. 다양한 생각으로 확장할 때는 되도록 제한사항을 줄이는 것이 좋겠지만, 정해진 시간 동안에 의미 있는 활동을 하려면 문장의 구조에 맞춰서 적어보거나, 시간이나 글자 수를 제한하는 것이 좋습니다.

02 이야기 돌려쓰기

바야흐로 협동의 시대, 혼자 생각하는 것보다 여러 명이 함께 생각을 나눌 때 시너지를 낼 수 있다는 경험을 쌓게 하자.

한때 남에게 의존하지 않는 독립심 강한 아이로 길러야 한다는 주장이 지배하던 시절이 있었다. 하지만 어차피 인간은 혼자서는 살아갈 수 없는 존재이며, 현대사회에서 협력과 의존, 공생은 불가피한 선택이다. 서로 의지하고 협동할 수 있는 능력이야말로 미래사회를 살아갈 아이들에게 꼭 필요한 능력일 것이다. 이에 수업 중에도 아이들이 친구들과 함께할 때 더 나은 결과를 가져올 수 있다는 경험을 하게 해줄 필요가 있다.

사실 혼자서 모든 것을 생각해내야 한다는 것은 학생들에게도 큰 부담이 된다. 게다가 학생들이 혼자 생각하는 것에 대한 부담감을 떨쳐낸다고 해도, 혼자만의 생각은 어느 한 개인의 경험과 고정관념 등의 범위 안에 머물 수밖에 없다. 따라서 여러 명의 경험과 비교할 때 매우 한정되어 있는 경우가 대부분이다. 하지만 학생들이 한 단어나 문장을 돌아가면서 함께 생각하거나 글을 쓰면 혼자서 생각할 때와는 다른 전혀 새로운 생각들이 탄생한다. 이를테면 다음과 같은 활동을 제안한다.

모둠원들과 돌아가면서 글을 쓰고, 완성된 작품을 친구들에게 소개합니다.

1. 4명을 한 모둠으로 구성한다.
2. 책이나 공책에 제목이나 첫 문장을 쓰고, 시계 방향으로 돌린다.
3. 정해진 시간 동안에 최대한 어울리거나 기발한 생각을 쓴다.
4. 다시 시계 방향으로 돌린다.
5. 다시 원래 주인에게 돌아올 때까지 이 과정을 반복한다.
6. 전체에게 소개하고 마음에 드는 부분을 찾아서 격려한다.

나쌤의 THINKING +1
LEARNING

친구들이 적어준 내용을 그대로 사용하는 것도 좋지만, 그것을 활용해서 발전시키는 것이 더 좋습니다. 종이를 돌릴 때 절반으로 나눠서 왼쪽에만 적게 합니다. 나중에 종이가 돌아왔을 때 왼쪽에 친구들이 적어준 내용 중에 참고하고 싶은 부분과 그것을 보고 떠오른 자신의 생각을 더해 오른쪽에 최종적으로 정리합니다. 완성 후 발표를 할 때 영향을 받은 생각의 흐름을 함께 넣어서 이야기하는 것이 좋습니다.

03 쓰면서 정리하라!

아이가 머릿속에 생각은 많은데 이것을 제대로 표현하지 못한다면 대체로 정리의 문제다. 그리고 복잡한 생각을 정리하는 데 쓰기는 대단히 유용한 방법이다.

기록을 이기는 기억은 없다는 말이 있다. 그만큼 인간의 기억은 한정되어 있기 때문에 중요한 내용을 그때그때 기록해두지 않으면 정작 필요한 순간에는 머릿속에서만 맴돌 뿐, 제대로 인출해내지 못할 수도 있다. 영리한 기록은 뇌의 보조 장치로서의 역할을 충분히 해낼 수 있다. 하지만 무작정 써놓는 데 의의를 둔다면 결코 좋은 기록이라고 할 수 없을 것이다. 좋은 기록이라면 필요한 내용을 필요한 때 제대로 인출해낼 수 있는, 즉 자신의 생각을 잘 정리해줄 수 있는 것이어야 한다.

■ KWLM 정리

다양한 기록 방법 중에 읽기 전, 중, 후를 연계해서 기록할 수 있는 방법이 있다. 바로 'KWLM 정리 방법'이다. 이 방법은 이미 알고 있는 것, 알고 싶은 것, 공부한 결과 알게 된 것, 앞으로 더 알고 싶은 것으로 구분해서 생각을 정리할 수 있다는 장점이 있다.

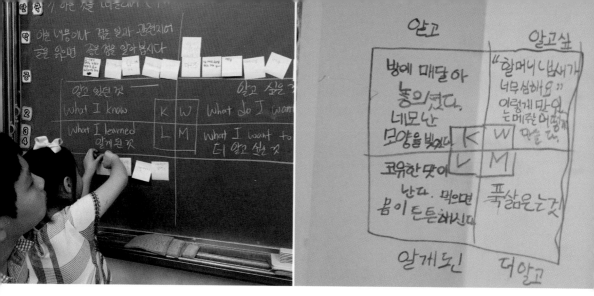

KWLM 차트에 맞게 내용을 정리해봅니다.

1. K(What I Know): 알고 있는 것을 적는다.

2. W(What do I Want or Need to know): 알고 싶은 것을 적는다.

3. L(What I Learned): 알게 된 것을 적는다.

4. M(What I want to know More): 더 알고 싶은 것을 적는다.

5. K와 W는 배우기 전, L과 M은 배우는 과정과 후에 기록하면 좋다.

쓰기와 관련된 유용한 생각 정리 방법 중 한 가지 더 소개하고 싶은 것이 있다. 바로 코넬 공책 정리이다.

■ 코넬 공책 정리

이 방법은 1950년대에 코넬대학교 교육학 교수인 월터 포크(Walter Pauk)가 학생들에게 도움을 주기 위해 만든 공책 정리 방법이다. 코넬 공책 정리는 다음의 4개의 영역으로 공책을 나눠서 활용한다.

나쌤의
재미와 의미가
있는 수업

1. 제목 영역: 날짜, 교과명, 단원, 학습 문제 등을 기록한다.
2. 내용 정리 영역: 배운 내용 중에서 중요한 내용을 자신만의 정리 방법으로 기록한다.
3. 핵심단어 영역: 내용 정리 영역 중 핵심단어나 핵심단어의 초성으로 기록한다.
4. 요약 영역 : 내용을 요약하고, 궁금한 점을 기록한다.

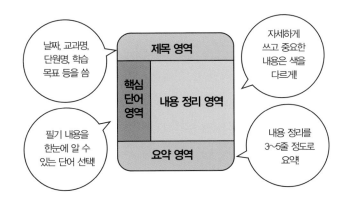

위 그림과 같이 영역을 나누어 정리하면 어지럽게 흩어져 있던 생각들을 정리하는 데 큰 도움이 된다. 그런데 코넬 공책 정리법을 조금 더 효과적으로 활용하는 데 참고할 만한 것이 있다. 바로 5R이다. 5R이란 기록(Record), 축약(Reduce), 암송(Recite), 성찰(Reflect), 복습(Review)을 의미한다. 다음에 요약한 5R의 내용을 염두에 두고 기록한다면 좀 더 수월하게 정리할 수 있을 것이다.

1. Record(기록): 중요한 단어 중심으로 간략하게 기록한다.
2. Reduce(축약): 내용 정리 영역을 축약해서 핵심단어 영역에 기록한다.

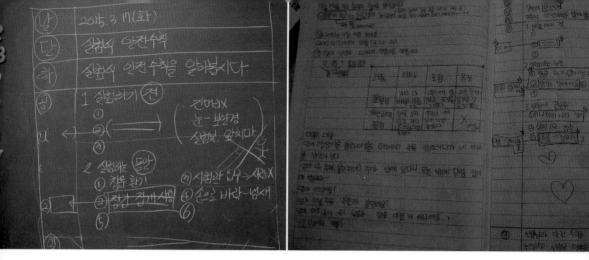

코넬 공책 정리 방법을 알려준 후에 코넬식으로 변화한 공책 정리 모습입니다.

3. Recite(암송): 핵심난어 영역만 보고 내용정리 영역을 떠올린다.

4. Reflect(성찰): 배운 내용을 되돌아보고, 궁금한 점, 발전시킬 점 등을 떠올린다.

5. Review(복습): 정리한 내용을 복습한다.

기록은 분명 복잡한 머릿속을 정리해주는 좋은 방법입니다. 하지만 분명한 건 쓰기 그 자체가 목적이 되어서는 안 된다는 점입니다. 가끔 노트를 예쁘게 꾸미는 데 집중하는 아이들이 있습니다. 물론 잘 편집된 노트는 훗날 필요한 순간 기억해야 할 내용을 찾아내는 데 도움이 됩니다. 하지만 노트 정리 그 자체에 너무 초점을 맞추다 보면 정작 중요한 '생각 정리'는 어느덧 까맣게 잊고 맙니다. 경우에 따라서는 자신이 필기했다는 사실조차 잊어버리기도 하지요. 중요한 것은 필기는 수단에 불과하며, 목표는 생각을 정리하는 데 있다는 점을 잊지 않는 것입니다.

04 내가 진짜로 하고 싶은 말은…

자신의 생각을 자신의 의도대로 상대에게 정확하게 전달하는 능력은 매우 중요하다. 이는 나아가 토론 능력으로도 이어진다.

내가 하고 싶은 말은 'A'인데, 만약 상대가 내 말을 'B'라고 알아듣는다면? 또한 내가 강조하고 싶었던 것은 'C'인데, 상대방은 엉뚱하게 'D'를 가지고 꼬투리를 잡는다면? 다소 어처구니없게 들리겠지만, 실제로 종종 벌어지는 일이다. 이것은 말재주의 문제일 수도 있지만, 머릿속이 복잡해 스스로도 진짜로 하고 싶은 말이 뭔지 제대로 정리되지 않은 상태였기 때문일 가능성이 높다.

여기에 머릿속을 명쾌하게 정리해 논리적인 말하기나 글쓰기를 가능하게 해주는 방법을 소개하려 한다. 바로 PREP 방법이다. 영국의 전 총리였던 윈스턴 처칠이 즐겨 사용했다고 해서 처칠식 말하기 기법이라고도 불리는 방법이다. 떠오르는 생각을 PREP의 양식에 맞춰서 정리하면 논리적이면서도 설득력 있는 글쓰기나 말하기로 연결시킬 수 있다.

1. Point(주장): 전달하고자 하는 핵심 메시지를 적는다. 첫 문장을 보고 다음 내용을 볼 것인지 결정하게 된다. 명확하게 주장하는 것을 적는다.

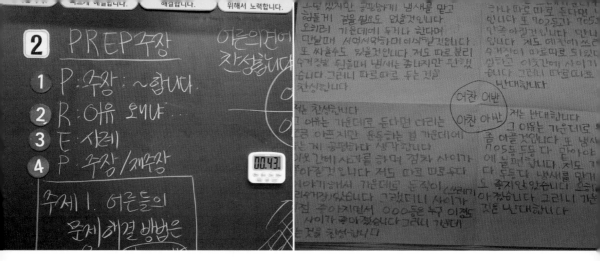

PREP에 대한 설명을 하고 PREP를 활용해서 주장하는 글을 씁니다.

2. Reason(근거): 주상에 대한 근거를 적는다. 주장을 뒷받침하는 자신의 생각을 정리한다. 이 부분은 감정에 호소하는 내용으로 넣어도 좋다.

3. Example(예시): 근거에 힘을 실어주는 통계, 인용, 비유, 경험, 유사한 사례 등을 적는다. 이 부분은 이성에 호소하는 내용이어야 효과적이다.

4. Point(재주장): 다시 한 번 전달하고자 하는 핵심 메시지로 마무리한다.

나쌤의 THINKING +1 LEARNING

저와 함께 공부하는 선생님 중 한 분은 아이들에게 PREP로 생각을 정리하는 것을 알려주십니다. 이후 교사에게 하고 싶은 말을 할 때도 PREP를 반영해서 하도록 연습한다고 합니다. 예를 들면 "(주장) 선생님, 지금부터 쉬면 좋겠습니다. (근거) 공부를 너무 많이 해서 머리에 들어오지 않습니다. (예시) 충분한 휴식이 더 집중해서 공부할 수 있게 해준다는 연구 결과가 있습니다. (재주장) 지금부터 쉬면 좋겠습니다."라고 말할 수 있습니다. 아이들이 논리적으로 생각하고 말하고 글을 쓸 수 있도록 평소에도 즐겁게 연습해보는 것은 어떨까요?

05 생각 지도를 만들어봐!

사람마다 취향이 제각각이듯 정보를 처리하는 능력 또한 제각각이다. 각자가
선호하는 방식으로 생각을 정리할 수 있다면 머릿속이 한결 시원해질 것이다.

여러 가지 정보나 개념이 서로 복잡하게 얽혀 있는 경우, 이를 무작정 서술형으
로 나열하려고만 한다면 뭐가 뭔지 도저히 정리가 되지 않을 것이다. 개념을 정
의한다거나, 같은 것 혹은 다른 것끼리 분류한다거나, 공통점과 차이점을 찾아낸
다거나, 인과관계를 규명하는 식으로 정리를 할 수 있다면 한결 정보를 처리하
기가 쉬워진다.

이를 위해 미국 데이비드 하이엘(David Hyerle) 박사가 인간의 사고 유형 8가
지를 분류해서 정리하는 방법으로 씽킹맵(Thinking Maps)을 제안했다. 각각의 방
법에 익숙해질 때까지는 8가지를 다양하게 활용하는 연습을 해보는 것이 좋고,
익숙해진 후에는 관련된 내용을 듣거나 읽은 후 스스로 8가지 레이아웃 중에서
어떤 것을 선택할지 스스로 선택하면 된다. 각자가 선택한 것으로 정리한 결과
를 공유하면서 서로의 생각을 보고 배울 수 있다. 8가지 레이아웃 각각에 대한
간략한 설명과 예시를 살펴보면 다음과 같다.

주제와 관련된 생각 및 문장

써클 맵 이중의 원 안에 자신의 이름을 적어 넣고 자신에 대해 관계 되는 여러 가지 사실들을 적어보는 등으로 활용합니다.

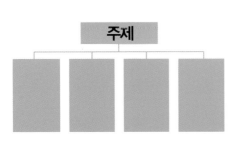

트리 맵 주로 그룹을 만들거나 조직도를 그리는 기법입니다.

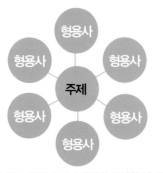

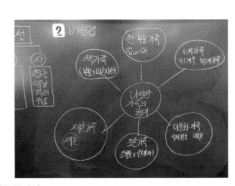

버블 맵 주로 글을 쓰거나 작품을 구성할 때 많이 활용합니다.

나쌤의
재미와 의미가
있는 수업

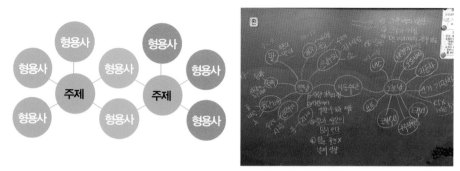

더블 버블 맵 공통점과 차이점 찾기, 두 가지를 놓고 서로 대조해보는 데 편리한 기법입니다.

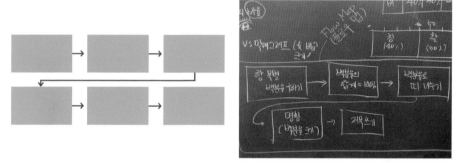

플로우 맵 학습의 전개 과정이나 경영전략 등을 수립할 때 활용하면 편리합니다.

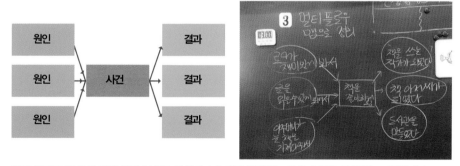

멀티 플로우 맵 일에 대한 원인 분석과 영향이나 효과를 규명하는 경우에 주로 사용하는 기법입니다.

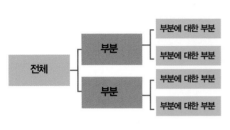 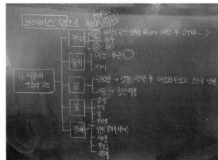

브레이스 맵 생물의 분류 체계와 유사합니다.

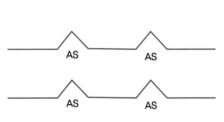 

브릿지맵 한 가지 정보가 가지고 있는 기준과 원리가 또 다른 정보에도 적용될 수 있는지 유추해볼 때 주로 활용됩니다.

- 써클 맵(Circle Map): 개념 정의하기에 주로 사용되며, 어떠한 개념이나 용어에 대해 정의를 내리거나 사실관계를 나타내는 기법
- 트리 맵(Tree Map): 분류하기에 주로 사용되며, 여러 가지 사물이나 지식을 일정한 기준에 따라 분류하는 기법
- 버블 맵(Bubble Map): 묘사하기에 주로 사용되며, 어떠한 사물이나 지식에 대해 묘사하는 기법
- 더블 버블 맵(Double Bubble Map): 비교/ 대조하기에 주로 사용되며, 서로 다른

사물이나 개념을 비교하는 기법

- **플로우 맵**(Flow Map): 순서 정렬하기에 주로 사용되며, 순서를 정해 일정한 규칙과 기준에 따라 정렬하는 기법

- **멀티 플로우 맵**(Multi Flow Map): 원인/ 결과 분석하기에 주로 사용되며, 사건이나 현상에 대해 인과관계를 찾아내는 사고기법

- **브레이스 맵**(Brace Map): 부분과 전체 파악하기에 주로 사용되며, 부분과 전체에 대한 관계를 파악하기 위한 사고기법

- **브릿지 맵**(Bridge Map): 유추하기에 주로 사용되며, 한 가지 사실을 통하여 또 다른 사실을 유추하는 사고기법

나쌤의 THINKING +1 LEARNING

최근 씽킹 맵에 대한 관심이 높아져서 많은 교실에서 적용하고 있습니다. 한 번에 다 가르치려면 힘이 듭니다. 그 시간에 가장 적합한 것으로 연습한 후에 각자 다시 활용해볼 수 있도록 씽킹 맵을 인쇄해서 나눠주면 좋습니다. 함께 공부하는 박현희 선생님은 책갈피로 만들어서 아이들에게 나눠주고, 책상 모서리에 붙여서 언제든지 다시 보면서 활용할 수 있게 하고 계십니다. 생각을 정리하는 8가지 씽킹 맵을 아이들과 함께 연습하고 활용해보실 것을 추천합니다.

06 내 머릿속이 보여요!

한때 장난처럼 유행하던 '뇌구조'를 보면 누군가의 머릿속을 한눈에 알 수 있다.
몇 가지 시각화 방법만 알면 우리의 생각도 이처럼 명쾌하게 정리할 수 있다.

생각을 정리하는 데는 복잡한 내용을 단순하게 시각화할 수 있는 방법이 유용
하다. 여기에서는 정보 시각화의 대표적인 방식인 마인드 맵, 생선뼈, 인포그래
픽, 비주얼씽킹을 소개하려 한다.

■ 마인드 맵

마인드 맵(mind map)은 생각의 지도라고도 한다. 가로의 백지 위에 하나의 개념
주제를 적고 수많은 사고의 가지를 뻗어나가 생각의 합리성을 높이는 방사 사
고(radiant thinking)를 할 수 있게 해준다. 마인드 맵은 핵심어, 이미지, 색상, 기
호를 사용함으로써 사고력, 창의력 및 기억력을 높이는 두뇌 개발 및 사용 기법
이다. 그림, 도형, 도표를 곁들이면 집중력이 높아지고, 기억을 더 오래가게 해
준다.

　마인드 맵을 그릴 때는 칸이 없는 빈 종이를 가로로 놓은 상태에서 그리는 것
이 좋다. 또한 좌뇌와 우뇌를 고루 활용하기 위해서 단어와 그림을 모두 사용해

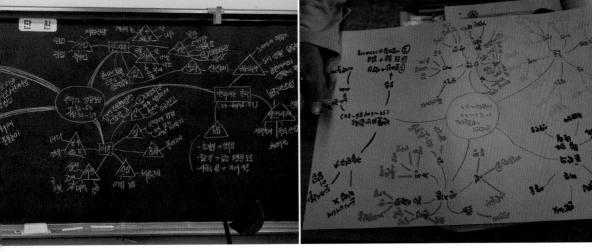

마인드 맵으로 판서를 하고, 생각을 마인드맵으로 정리합니다.

서 표현하는 것이 좋다. 생각이 끊어지지 않고 연결되는 것을 마치 가지들이 끊어지지 않고 서로 연결되는 모습으로 표현한다. 중심 이미지에서 더 멀어질수록 가지의 두께는 얇아지는 형태로 표현한다. 구체적인 활동 방법은 다음과 같다.

1. 마인드 맵을 그릴 때 가장 먼저 할 일은 주제를 정하는 것이다. 한 가운데 중심 이미지를 그리거나 핵심어를 정한다.
2. 중심 이미지에서 뻗어나가는 주 가지를 그린다.
3. 주 가지에서 뻗어나가는 부 가지를 그린다.
4. 부 가지에서 뻗어나가는 세부 가지를 그린다.
5. 가지 위에는 핵심어를 중심으로 짧게 쓰거나 어울리는 이미지를 그린다.
6. 각 가지는 서로 이어지게 그리고, 같은 색으로 표현한다.

■ 생선뼈

마인드 맵과 함께 생각을 정리하는 데 유용한 또 다른 방법이 바로 생선뼈(fish

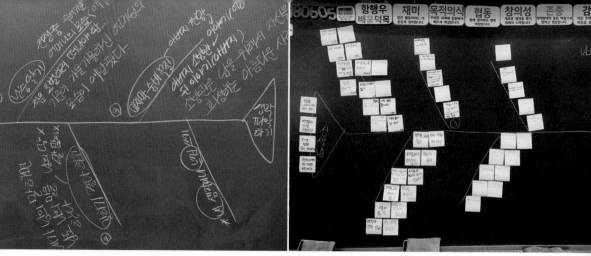

생선뼈 방식으로 판서를 하고, 생선 가시에 중요한 원인을 적어 붙입니다.

bone) 방식이다. 이것은 이시가와 카오루(石川薰, 1985)가 개발한 것으로 원인과 결과로 정리할 때 사용하면 편리하다. 생선의 머리에 결과를 적고, 꼬리부터 생선 등뼈를 중심으로 원인들을 적는다. 등뼈를 중심으로 큰 가시에는 중요한 원인을 적고, 큰 가시의 원인이 되는 작은 가시를 만들어서 적는다.

1. 생선 등뼈(backbone)을 그린다. 생선의 머리에 최종 결과를 적는다.
2. 등뼈를 중심으로 사선(45도)으로 가시(spur)를 그린다.
3. 가시에는 최종 결과에 다가가는 원인을 찾아 적는다.
4. 최종적으로 생선뼈 그림을 정리하고 공유한다.

■ 윈도우 패닝

마인드 맵이나 생선뼈와는 조금 결이 다른 방법이기는 하지만, 사고를 시각화함으로써 정리를 해준다는 측면에서 소개하고 싶은 방법이 또 하나 있다. 바로 윈도우 패닝이다. 윈도우 패닝은 창틀 채우기라는 말로도 쓰인다. 정리해야 할

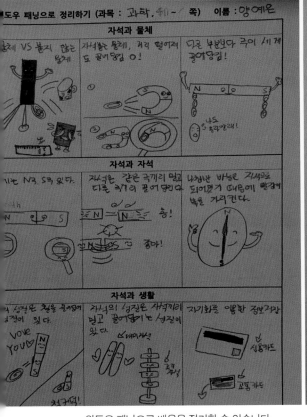

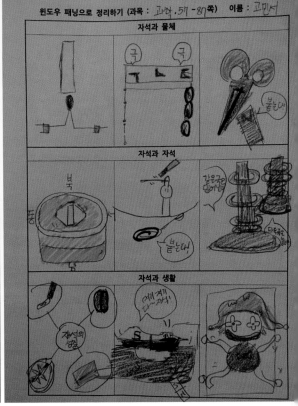

윈도우 패닝으로 배움을 정리할 수 있습니다.

요소의 수에 따라 상자의 수를 정한다. 되도록 이미지로 표현하고, 핵심단어로 정리하면 좋다.

1. 9개의 칸에 학습한 것을 오래 기억하기 위해 학습한 내용을 떠오른 대로 그림과 단어를 이용해서 나타내는 사고 기법이다.
2. 칸은 다양하게 나눌 수 있고, 마지막 한 칸에는 소감을 적으면 좋다.
3. 단원정리를 할 때나, 여행 계획을 세울 때, 요리를 준비할 때 등에 활용하면 좋다.

비주얼씽킹으로 생각을 정리합니다.

■ 인포그래픽과 비주얼씽킹

그 밖에도 정보를 시각화할 수 있는 여러 가지 방법이 있다. 그중에도 대표적인 방법으로 '인포그래픽'과 '비주얼씽킹'을 빼놓을 수 없는데, 여기에서 간략히 소개하면 다음과 같다.

먼저 인포그래픽은 'information'과 'graphic'의 합성어로 많은 양의 정보를 차트, 지도, 다이어그램, 로고, 일러스트레이션 등을 활용해 쉽고, 빠르고, 정확하게 전달할 수 있게 디자인하는 것이다.

그리고 비주얼씽킹은 글과 그림을 함께 이용해 정보, 생각을 표현하고 기록하는 것이다. 생각을 빠르고 간단하게 그리는 것을 원칙으로 하고 있다. 우리가 정보를 입수하는 5가지 감각 중에서 가장 많은 비중을 차지하는 감각인 시각을 이용하는 기술이다.

개인적으로 시중에 나와 있는 비주얼씽킹 책과 자료 등을 이용해서 5차시 정도 기본 연습을 먼저 해볼 것을 추천한다. 그리고 나면 공책 정리를 하거나 보고서 등을 만들 때 아이들이 직접 활용해보는 모습을 볼 수 있을 것이다. 이후에는 관련 책들을 마련해서 학급 문고에 두고 필요할 때 언제든 활용할 수 있게 하면 더욱 좋다.

나쌤의 THINKING +1
LEARNING

생각의 흐름을 이미지로 표현하는 과정 자체가 우뇌를 자극하는 데 매우 좋은 학습법이라는 연구 결과가 있습니다. 그런데 처음부터 이미지로 표현하는 것은 그리 쉽지 않습니다. 시중에 나온 비주얼씽킹 책을 활용해서 아침 시간, 창체 시간 등을 이용해서 기본적인 내용을 함께 알아본 후 언제든지 참고할 수 있도록 책을 교실에 비치해둔다면 지속적으로 수준이 높아지는 것을 경험할 수 있습니다. 무엇보다 교사도 칠판에 판서와 수업 자료를 이미지로 준비해서 함께 우뇌를 발달시키면 좋습니다.

07 카드로 생각을 끄집어내라!

아이디어가 머릿속에서 잡힐 듯 잡히지 않는 때가 있다. 그럴 때면 머릿속을 활짝 열어서 필요한 생각을 쏙 끄집어내고 싶을 것이다.

어느 순간 운 좋게 멋진 아이디어가 꼭 필요한 시점에 번뜩 떠오를 때도 있을 것이다. 하지만 항상 운이 좋으리란 법은 없지 않은가? 관건은 어떻게 하면 머릿속에서 맴돌고 있는 수많은 생각들 중에, 지금 이 순간 꼭 필요한 생각을 떠올려내느냐이다. 다음에 소개할 방법을 잘만 활용하면 생각을 떠올리는 데 유용할 것이다.

우선 생각을 떠오르게 하는 여러 가지 방법 중에서 같은 것을 봐도 생각이 서로 다르다는 것을 알 수 있는 좋은 방법이 있다. 그것은 바로 생각카드, 프리즘카드 등 이미지를 활용하는 것이다. 이 방법의 요지는 핵심주제에 대한 자신의 생각을 이미지와 연결해서 정리하는 것이다. 같은 이미지 카드를 골라도 사람마다 전혀 다른 생각을 가지고 있는 경우도 많이 있어서 더욱 재미있다.

1. 생각이 잘 떠오르지 않을 때나 비유적으로 표현해야 하는 상황일 때 활용할 수 있다.

생각카드를 이용해서 자신의 생각을 정리하고, 친구들과 나눕니다.

2. 주제에 대한 생각을 떠올릴 때 활용할 수 있다.
3. 3장의 카드를 골라서 이야기를 할 때 넣어서 말한다.
4. 이미지에 자신의 생각을 포스트잇에 적어 붙여둔다.

나쌤의 **THINKING** +1
LEARNING

 이미지카드, 생각카드, 프리즘카드 등 다양하게 비유적으로 사용할 수 있는 자료들이 시중에 많이 나오고 있습니다. 이미지 검색을 통해 관련 이미지를 컬러 프린터로 인쇄하고 코팅해서 활용하는 분들도 있습니다. 창의성 관련 워크숍에서 자주 하는 패션이나 미용 잡지 등을 구한 후 잘라서 활용하는 기법도 같은 원리라는 생각입니다. 생각을 이미지에 빗대어서 표현하는 것입니다. 모둠이나 학급에서 같은 이미지를 고르는 경우도 있습니다. 이미지는 같아도 생각은 다른 경우가 많아서 더 좋다는 생각입니다. 무리해서 많은 양의 카드를 한 번에 구입하기보다는 1세트를 준비해서 칠판이나 교실 바닥에 놓고 다 함께 활용하는 것에서부터 출발하는 것을 추천합니다.

08 나만의 목표 달성표

목표가 무엇인지 정하는 것은 중요하다. 하지만 그 못지않게 중요한 것이 어떻게 해야 그 목표를 달성할 수 있는지에 관해서다.

만다라트 기법은 가장 큰 주제를 먼저 세워두고, 이에 관한 아이디어나 생각들을 who, why, what, where, when을 통해 확장시켜나가는 방식이다. 스스로 달성해야 할 목표를 관리한다거나 뒤엉킨 생각을 정리하는 데 매우 유용하다.

이 만다라트는 일본의 디자이너 이마이즈미 히로아키(今泉浩晃)가 개발한 발상 기법으로 'manda' + 'la'+ 'art'가 결합한 용어로 'manda' + 'la'는 '목적을 달성한다'는 뜻이며, 'manda' + 'art'는 '목적을 달성하는 기술'을 의미한다. 우리나라에는 현재 메이저리그에서 활약 중인 일본인 괴물 투수 '오타니 쇼헤이'가 고등학교 1학년 때 세운 목표 달성표가 화제를 일으키면서 많이 알려졌다. 개인 목표, 모둠 의견, 학급 전체의 생각을 모을 때 활용할 수 있는 기법이다.

1. 정사각형 9개로 이루어진 표(만다라트)를 그린다.
2. 가운데 칸에 핵심주제를, 나머지 8칸에 핵심주제와 관련되 생각을 써넣는다.
3. 8칸의 단서를 주제로 삼아 다시 8개의 만다라트를 그린 다음에 8칸 중 하

나쌤의
재미와 의미가
있는 수업

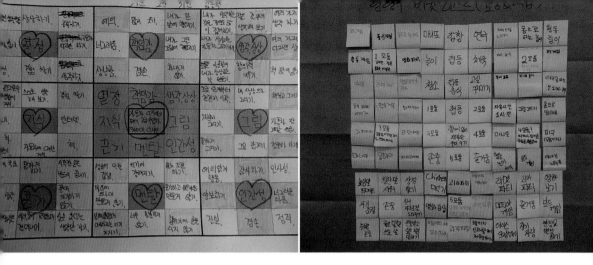

만다라트 기법으로 복잡한 생각을 정리할 수 있습니다.

나의 주제를 가지고 다시 만다라트를 그린다.

4. 이런 식으로 8개의 만다라트를 그리면 핵심주제와 관련된 아이디어는 무려 64(8X8)개에 이른다.

나쌤의 THINKING +1 LEARNING

처음에는 혼자하면 시간도 많이 걸리고, 생각이 많이 떠오르지 않아 어려울 수 있습니다. 모둠에서 하나의 주제로 만다라트 활동을 하면 좋습니다. 모둠을 새롭게 구성하고 모둠에서 지킬 것과 학급 전체가 함께 지킬 것으로 8칸을 채웁니다. 6모둠이면 모둠별로 1칸씩, 2칸은 학급 전체가 함께 지킬 것을 적습니다. 각 모둠에서 지키거나 함께 노력할 8가지를 정하면서 연습할 수 있습니다. 익숙해지면 생각의 규모에 따라서 만다라트의 크기를 조정하면서 활용할 수 있습니다. 간단하게 활용하려면 핵심주제를 가운데 적고, 8개의 핵심주제를 설명하는 키워드를 적는 대신에 4개만 적는 것으로 간단하게 활용할 수 있습니다. 어떤 활동이든 익숙해질 수 있는 시간을 가질 필요가 있습니다.

09 글로 생각을 움켜쥐다

> 때로는 머릿속에 떠오른 생각을 글로 적어두는 것만으로도 허공에 떠돌던 생각들이 한결 정리되었다는 것을 느낄 수 있다.

세계 최대의 통신기업 AT&T사의 홍보부 부사장을 지낸 윌리엄 올리버(William Oliver)는 이렇게 말했다고 한다. "명료한 글은 명료한 사고를 반영한다."[1] 다시 말해 생각이 정리되지 않으면 좋은 글을 쓰기 어렵다는 뜻이다. 글을 쓰는 과정에서 스스로에게 질문을 하고 답을 찾다 보면 어느새 산만한 생각들이 정교해지는 것을 스스로 깨달을 수 있다.

■ 짧은 글 짓기

평소 학생들에게 장문의 글짓기까지는 아니라도 짤막한 글을 자주 써볼 기회를 제공해주면, 생각을 정리하는 힘을 기르는 데 큰 도움이 된다. 수업시간에 학생들에게 자료나 영상을 보여주거나 설명을 들려준 후 생각을 나누기 이전에 먼저 글로 써보게 한다. 글로 써보는 동안 아이들은 더 많은 것을 생각하게 되고,

---

1. 케빈 라이언, 《이렇게 써야 보스가 주목한다》, 권오열, 길벗, 2007

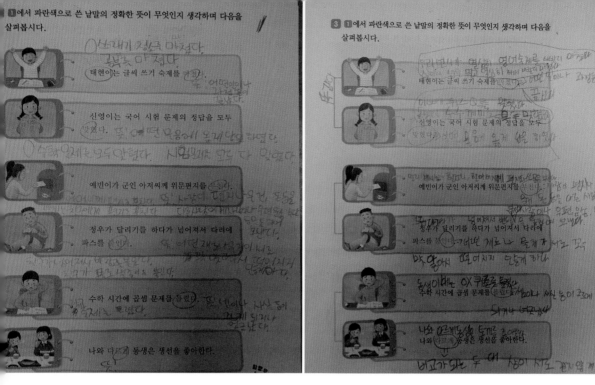

짧은 글 짓기로 낱말의 의미를 정확하게 찾고 활용할 수 있습니다.

그 과정에서 생각이 확장되어 한층 더 좋은 생각을 떠올리게 된다.

1. 주어진 자료나 질문에 대한 자신의 생각을 공책에 써보는 활동이다.
2. 글로 적는 과정에서 생각이 만들어지고 정리된다. 또한 적는 과정에서 무엇을 얼마나 스스로 잘 모르고 있었다는 것을 알게 된다.
3. 짧은 글 짓기를 할 때는 아이들에게 주제, 글을 쓰는 시간 등을 안내해주는 것이 중요하다.
4. 시간을 짧게 하고, 필요할 때 추가적으로 시간을 더 주는 것이 좋다.
5. 짝-모둠 내에서 공유하고 필요하다면 전체적으로 공유한다.

최상과 최하의 상황을 떠올려라!
생각을 정리할 때는 극단적인 상황을 떠올려보는 것이 도움이 되기도 합니다. 최상의 상황으로 글을 써보고, 최하(악)의 상황으로 글을 써보는 것입니다. 이후 자신의 생각을 정리하면 양쪽의 입장에서 모두 생각해봤기 때문에 조금 더 명확하게 자신의 생각을 정리할 수 있습니다. 최하를 -10으로 하고, 최상을 10으로 해서 자신의 글이 어느 정도의 위치에 있는지 그 수치도 함께 표현하게 할 수 있습니다. 그렇게 하면 자신의 생각을 좀 더 명료화할 수 있습니다.

글쓰기의 장점은 또 있다. 우리는 가끔 이런 생각을 한다. '생각을 붙잡아둘 순 없을까?' 누구나 좋은 생각이 떠올랐는데, 정작 그 생각을 써먹으려는 찰나 이미 머릿속에서 허무하게 사라져버린 경험이 있을 것이다. 기록이 아쉬운 순간이다. 여기에 생각을 붙잡아두는 데 아주 유용한 글쓰기 방법이 있다. 바로 포스트잇을 이용한 방법이다.

■ 포스트잇 4절 스케치북 글쓰기

교사는 수업시간에 중요한 내용을 칠판에 적는다. 하지만 칠판에 남긴 기록은 영원할 수 없다. 다음 시간을 위해서는 지워야만 하기 때문이다. 이에 도움이 될 만한 활동을 하나 제안하고 싶다. 수업시간에 나온 좋은 생각들을 포스트잇에 적는 것이다. 그냥 적는 것으로 끝나는 게 아니라 발표를 통해 공유하고, 4절 스케치북에 붙여둔다면 언제든지 필요할 때 다시 꺼내서 볼 수 있다. 다음에 다시 활용할 수도 있고, 다른 수업을 할 때도 연계해서 진행할 수 있다. 포스트잇을 활용한 4절 스케치북 글쓰기 활동 방법을 간략히 정리하면 다음과 같다.

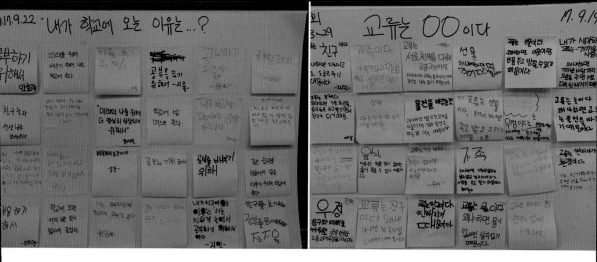

포스트잇에 글을 써서 4절 스케치북에 붙여서 게시합니다. 언제든지 필요할 때 꺼내서 다시 볼 수 있습니다.

1. 주제에 대한 자신의 생각을 포스트잇에 적는다.

2. 잘 보이도록 매직으로 크고 또박또박 적게 하는 것이 좋다.

3. 4절 스케치북에 붙이고 함께 본다.

4. 주제별로 다시 볼 수 있게 전시해둔다.

나쌤의 THINKING **+1**
LEARNING

글로 생각을 정리해보면 스스로 무엇을 얼마나 잘 모르고 있다는 것을 깨달을 수 있습니다. 이는 말로 하는 것과는 또 다른 의미를 가집니다. 정확한 문장을 쓰려고 하는 과정 자체가 큰 도움이 됩니다. 완벽하게 하나의 글을 쓴다는 것은 사실 성인에게도 어려운 일입니다. 따라서 짧은 글 짓기로 연습하는 것이 좋습니다. 처음에는 한 줄이나 한 문장 정도 분량으로 출발해서 늘려나가는 것이 쓰는 입장에서도 보는 입장에서도 부담이 없습니다. 포스트잇에 글을 쓰고 공유하기 위해서는 76x76mm 크기가 적당합니다. 4절 도화지에 제목을 적고 24장을 붙여서 활용할 수 있습니다.

10 작전타임, 뒤를 돌아봐!

과거에는 끝까지 쉬지 않고 달리는 게 미덕이었지만, 잠시 쉬어가면서 달려온
방향을 점검하는 게 때론 더 나은 결과를 가져온다.

학생들 간에 치열한 경쟁을 조장하는 것만이 성장을 이끌어내는 길이라고 믿던
시절에는 학생들끼리 서로 견제하기 바빴다. 하지만 이제 시대가 바뀌었다. 서
로가 서로에게 영감을 줄 수 있는 존재라는 점을, 혼자서 할 때보다 함께 머리
를 맞대면 더 나은 결과를 가져올 수 있다는 것이 이미 여러 연구를 통해 밝혀
진 것이다.

그리고 또 하나, 학생들은 획일적인 교육 대상이 아닌 각자 개성을 가진 고유
한 존재라는 점도 간과할 수 없다. 교사가 아이들 각자가 소유하고 있는 고유한
개성들을 존중하고 인정해주는 것은 중요하다. 하지만 그러한 존중과 인정을
넘어 서로 다른 개성들이 만나서 교류하고, 이러한 과정을 통해 긍정적인 시너
지 효과를 불러일으킬 수 있도록 다양한 기회를 마련해주는 것 또한 중요하다
고 생각한다.

수업시간에 학생들에게 글쓰기나 만들기 등 활동 과제를 제시해보면, 학생들
간에 여러모로 차이가 나는 경우를 쉽게 발견할 수 있다. 또 교사의 입장에서

작전타임에 친구들의 작품을 보면서 좋은 점을 찾아 배웁니다.

볼 때는 집중해서 매달려도 시간이 부족할 것 같은데 뭔가 시간계산을 잘못한 것처럼 세상 느긋하게 여유를 부리는 아이도 있다. 때로는 아이디어를 제대로 떠올리지 못해 활동에 진전이 없는 아이도 있다. 그래서 필자는 얼마 전부터 활동이 시작되고 중간 정도 지났을 때 아예 '작전타임'을 주어, 아이들이 잠시 현 상황을 돌아볼 수 있도록 하는 시간을 마련해준다.

작전타임이라는 말은 거창하지만, 그저 자유롭게 1~2분 동안 다른 친구들의 작품을 돌아보면서 작업 속도를 조정한다거나 아이디어 얻어서 자신의 작품을 보완하는 시간을 갖는 것이다. 다만 친구가 내 것을 본받아서 하면 기뻐하고, 본받아서 사용할 때는 진심으로 고마운 마음을 갖고 그 마음을 충분히 전달한 후에 사용하는 것으로 약속하고 활동을 시작한다.

활동을 마친 후에 전체 공유의 시간을 가질 수 있다면 어떤 부분을 누구의 작 품에서 본받았는지 이야기를 하도록 하면서 서로 격려하고 칭찬하는 시간이 되도 록 하고 있다. 주로 "~를 본받게 해줘서 고마워", "내 작품을 좋게 봐줘서 더 고 마워" 등의 이야기를 주고받는다.

1. 참고 작품: 최종 완성된 상태를 보여줍니다. 이전에 비슷한 활동을 했을 때 잘 완성한 작품을 미리 보여줍니다.

2. 작전타임: 주어진 시간의 1/3 지점, 2/3 지점에서 작전 타임을 1~2분 정도 줘서 자유롭게 돌아다니며 친구들의 작품을 참고할 수 있게 합니다.

3. 노하우 나눔: 잘 만든 친구들의 노하우와 함께 망친 친구들의 실패담도 들 어봅니다.

나쌤의 THINKING +1 LEARNING

아이들은 기본적으로 모두 잘하고 싶어 합니다. 만약 잘한다는 기준이 스스로에게 있지 않다면 매번 확인을 받아야 합니다. 가정에서는 부모님에게, 학교에서는 선생님에게 확인을 받습니다. 건강한 자존감을 가진 사람으로 성장하려면 내적인 목표인 스스로 만족할 수 있도록 자기 자신이 기준이 되어야 한다는 생각입니다. 그렇게 될 수 있도록 계속 도와줄 것입니다. 활동 중간에 '작전타임'을 주어 더 나은 방향으로 나아갈 수 있는 기회를 주고 있습니다. 저는 매달 만나서 함께 공부했던 이환규 선생님의 실천사례를 보고 교실에 적용해본 이후 자주 사용하고 있습니다. 친구들의 작품을 공식적으로 보고, 배워서 내 작품에 적용하고 싶은 부분을 찾아서 전체적으로 완성도를 높입니다. 이 활동을 통해 아이들은 진지하게 친구들의 작품을 바라보게 됩니다. 어느덧 작전 타임이 끝나고, 자신의 자리로 돌아가서 집중하기 시작합니다.

11 왜요, 왜요, 왜요, 왜요, 왜요?

질문은 생각을 정리하는 데 매우 유용한 방법이다. 끊임없이 '왜'라고 묻는 과정
에서 점점 더 생각의 본질에 가까워질 수 있기 때문이다.

어떤 상황에 대해 의문을 갖는다는 것은 문제를 해결하기 위한 실마리를 제공
한다. 만약 모든 상황을 아무런 의문 없이 받아들인다면 현재 상황에서 더 발
전될 가능성은 아마도 희박할 것이다. 문제를 해결하여 의문을 해소하려면 '왜'
이러한 일이 벌어진 것인지에 관해 질문하며 논리적으로 생각해보아야 한다.

5WHY 기법이란 어떤 문제에 대한 근본적인 원인을 찾아내기 위한 5번의 질문
을 말한다. 즉 '왜'라고 하는 반복적인 물음을 통해서 문제해결을 위한 생각의
고리를 이론화한 방법인데, 일본의 자동차 회사인 도요타의 품질관리 기법으로
잘 알려져 있다.

학생들 스스로 "왜?"라고 반복해서 물어보면서 그것에 대한 답을 생각하다 보
면 좀 더 깊은 생각 그리고 더욱 본질적인 것을 떠올리게 된다. 5WHY의 방법
으로 문제를 해결한 대표적인 사례로 꼽히는 것이 바로 미국의 제퍼슨 독립기
념관의 사례이다. 제퍼슨 독립기념관은 외벽 손상이 심해서 해마다 많은 비용
을 들여 새로 페인트칠을 해야 했는데, 그 문제를 5WHY의 방법으로 해결한 것

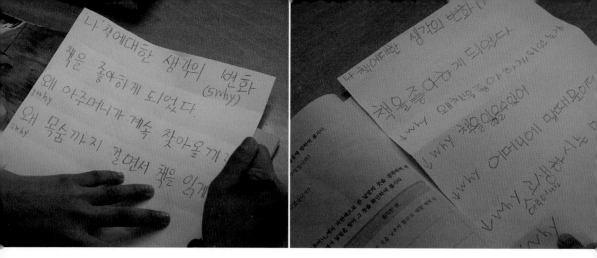

반복적으로 '왜?'라고 물어보면서 좀 더 근본적인 해결책을 생각하게 됩니다.

으로 널리 알려져 있다.

'왜'라는 질문을 통해 외벽의 부식이 심한지 생각해보니 합성세제를 너무 많이 사용해서 청소를 했기 때문이었다. '왜' 합성세제를 많이 사용하는지 알아보니 비둘기의 배설물이 많이 묻어서 이를 제거하기 위해서였다. '왜' 비둘기의 배설물이 그렇게 많은지 알아보니 비둘기의 먹이인 거미가 많아서였다. '왜' 거미가 많은지 알아보니 그건 거미의 먹이인 불나방이 많아서였다. '왜' 불나방이 많은지 알아보니 그 이유는 가로등을 너무 일찍 켜기 때문이었다.

즉 반복적으로 '왜'라는 질문을 던짐으로써 건물의 외벽을 깨끗하게 관리하는 방법은 불나방의 활동시간인 오후 7시 이후에 가로등을 켜는 것이라는 간단한 해결책을 밝혀낸 것이다. 교실에서 적용해볼 수 있는 5WHY의 활동 방법을 간략하게 정리하면 다음과 같다.

1. 해결해야 할 사항을 한 문장으로 적는다.
2. 그것을 왜 해결해야 하는지(A)를 바로 밑에 적는다.

3. 그런 다음 A를 왜 해야 하는지(B)를 그 아래에 적는다.

4. B를, C를, D를 왜 해야 하는지를 계속 적어본다.

5. 5번 왜(WHY)를 반복하다 보면 최초의 문제를 해결할 수 있는 근본적인 대안이 나올 수 있다.

무조건 5번 '왜'라고 물어야 하는 법은 없습니다. 처음에는 2번, 3번으로 연습해서 최대한 깊게 파고 들어가 보는 연습을 해보는 것이 좋습니다. 이 활동 역시 처음에는 교과 내용보다는 우리 주변에서 벌어지는 일에서 출발해서 '왜'를 여러 번 외쳐보면서 그 의미를 체험해볼 것을 추천합니다. 익숙해지면 수업 중에 원인, 제재 글이나 삽화 속에 숨은 의미를 파악할 때 사용하면 좋습니다. 처음에는 관련 내용을 활용하지만, 어느새 자신의 생각을 최대한 활용하게 될 것입니다.

12 글쓰기 근육을 키워라!

몸에 근육이 적당히 붙으면 신진대사도 활발해지고, 활력이 넘친다. 글쓰기도 마찬가지다. 하지만 글쓰기 근육이 저절로 생기는 건 아니다.

사람들은 몸을 튼튼하게 만들기 위해서 운동을 한다. 운동을 시작하면 처음에는 여기저기 쑤시고 아프다. 하지만 꾸준히 운동을 계속하다 보면 어느새 몸에 조금씩 근육이 생긴다. 처음에는 10Kg을 들기도 어려웠는데, 어느덧 20Kg도 쉽게 들게 되는 것이다. 필요한 근육이 발달했기 때문이다. 생각과 글쓰기도 마찬가지다. 생각을 떠올리고 적는 것과 관련된 생각 근육과 글쓰기 근육도 연습을 하면 얼마든지 기를 수 있다.

그런데 운동을 처음 시작할 때 욕심만 앞서서 무리하면 오히려 역효과가 나거나 자칫 부상의 위험이 있다. 글쓰기도 마찬가지다. 처음부터 무리해서 목표를 높이 잡을 필요는 없다는 뜻이다. 우선 적절한 단어를 떠올리는 것부터 시작해서 한 문장 적기, 한 문단 적기, 하나의 주제로 글 한 편 적기 등으로 순차적으로 노력하다 보면 어느새 글쓰기 근육을 갖게 된다. 질적으로 좋은 글을 쓰기 위한 좋은 방법으로는 글을 많이 써보게 할수록 좋다. 따라서 교사는 적절한 피드백을 제공하면서 아이들이 많이 써볼 수 있도록 기회를 만들어줄 필요가 있다.

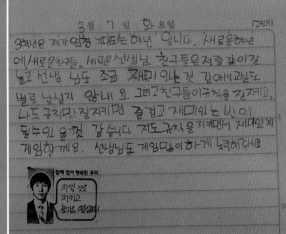

글쓰기 근육을 키울 수 있는 시간을 만듭니다.

교실에서 단계적으로 아이들의 글쓰기 근육을 단련시켜줄 만한 방법을 소개하면 다음과 같다.

1단계: 공책에 친구들과 선생님의 사인 받기

2단계: 주제 글쓰기 : 주 1~2회

 - 선생님에게 듣고 싶은 말과 그 이유

 - 친구들에게 듣고 싶은 말과 그 이유

 - 우리 반의 장점과 그렇게 생각하는 이유

 - 우리 모둠과 모둠원을 소개합니다.

3단계: 다칭감용사 글쓰기 : 주 1회

 - 다행, 칭찬, 감사, 용서, 사과 할 것 중에 1개 쓰기

4단계: 나의 다짐 실천 글쓰기 : 주 1회

 - 손바닥 다짐을 실천 글쓰기

5단계: 미덕 실천 일기 작성하기

6단계: 배움 덕목 실천 일기 작성하기

쓴 글의 말머리와 함께 숫자를 적어두면 좋다. 숫자가 주는 힘은 생각보다 강력하다. 숫자를 적어두면 관련된 글을 몇 번째 쓰고 있는지 알 수 있고, 나중에 찾아볼 때도 도움이 될 것이다.

운동을 꾸준히 하면 근육이 길러지듯이 글쓰기에도 근육이 생긴다는 말이 있습니다. 꾸준히 글쓰기 근육을 키우다 보면 글을 쓰는 능력을 충분히 키워갈 수 있습니다. 처음에는 1줄 쓰기에서 시작해서 2줄, 3줄로 분량을 늘려가는 것이 좋습니다. 활동이 끝난 후 한 문장으로 정리해보는 습관은 배움을 완성시키는 좋은 습관입니다. 또한 쓴 글을 다시 읽어보거나 발표하는 기회를 통해서 서로 영향을 주고받을 수 있도록 하면 조금씩 글을 쓰는 수준이 향상될 수 있습니다.

13 나도 백과사전!

처음부터 완벽한 것은 없다. 여러 가지 단서와 아이디어들을 차근차근 보태고
빼는 과정에서 좋은 생각으로 정리되는 것이다.

처음부터 완벽한 생각을 떠올릴 수는 없다. 처음에는 비록 어설프고 엉성해 보
이더라도 때로는 추측하기도 하고, 여러 단서를 이용해서 유추도 하면서 조금
씩 발전시켜나가게 된다.

　스스로 백과사전이 된다는 생각으로 가지고 있는 정보를 최대한 활용해서 생
각을 적어보는 방법도 추천한다. 백과사전이란 학문, 예술, 문화, 사회, 경제 따
위의 과학과 자연 및 인간의 활동에 관련된 모든 지식을 압축하여 정리하고 풀
이한 책을 말한다. 마치 백과사전이 된 것처럼 수많은 의견들을 종합해보는 활동
은 생각을 정리하는 데 크게 도움이 될 것이고, 아울러 좀 더 깊이 있는 탐구를
도와준다. 다음은 활동 방법을 간단히 정리한 것이다.

1. 낱말의 의미를 정확하게 알아야 할 때 할 수 있는 활동이다.
2. 낱말의 의미를 개인별로 추측해서 적고, 모둠 내에서 협의해서 집단지성
　으로 하나의 모둠 의견을 만든다.

낱말의 정확한 의미를 찾기 위해 토의하고, 모둠에서 토의해서 결정한 내용을 공유합니다.

3. 모둠 의견 중에서 낱말의 의미와 같거나 가장 비슷한 의견이 점수를 받는
   형태와 모둠 의견과 정답을 섞어서 그중에서 고르는 방식 중 선택해서 운
   영할 수 있다.

모든 초고는 쓰레기라는 대문호 헤밍웨이의 말이 있습니다. 처음 생각은
당연히 부족합니다. 생각을 발전시켜나가는 과정 자체가 소중한 것입니
다. 누군가가 의미를 알려주고 그것을 기억하는 식으로 공부를 하는 시대는 이미 오래 전
에 끝났다는 생각입니다. 스스로 생각해보고 개념 짓고, 그것을 삶에 활용하는 것이 중요
한 역량으로 간주되고 있습니다. 또 자신이 어렵게 고민한 것에 대해서 비교하면서 공부
할 때 더욱 의미 있게 느껴집니다.

14 단어를 저축하세요~

어휘력은 사고력과 깊은 관계가 있다. 풍부한 어휘력을 길러주는 활동은 곧 생각을 정리하는 힘을 길러주는 활동으로 이어진다.

생각의 크기는 알고 있는 단어, 즉 어휘에 비례한다는 말이 있다. 어휘력이 풍부한 아이일수록 자기 생각을 좀 더 조리 있고 명쾌하게 전개할 수 있다. 비교적 짧은 시간을 투자해서 아이들의 어휘력을 길러주는 좋은 활동이 있다. 수업 중에 새로운 낱말이 나오면, 그냥 넘어가는 게 아니라 어휘저축통장에 적어두는 것이다. 개인별이 아니라 학급 전체 차원에서 어휘 사전을 만들어서 활용해도 좋다. 일정한 기간 동안 새롭게 배운 단어를 모아서 골든벨이나 글짓기 등에 적용할 수도 있다. 활동 방법을 간단히 정리하면 다음과 같다.

1. 교과서 등에 나온 낱말 중 잘 모르는 것을 그냥 넘어가지 않는 것이다.
2. 어휘저축통장에 순서대로 적는다(번호, 낱말, 낱말의 의미, 반대말, 비슷한 말, 짧은 글 짓기, 관련 쪽수 적기).
3. 수업을 하는 도중에 관련된 낱말을 적고, 집에 가기 전에 함께 점검한다.
4. 잘 보이는 곳에 게시해두고, 주기적으로 어휘에 대해 다시 볼 수 있게 한다.

어휘력을 높이자. 제대로 알자!

( )번 이름 ( )

번호	새로 나온 낱말	뜻	짧은 글 짓기	반대 말/비슷한 말
1	희끗희끗 국어 나 189쪽	군데군데 흰 모양	아버지의 머리가 희끗희끗하시다.	
2	산들거리는 국어 나 189쪽	바람에 물건이 가볍고 보드랍게 자꾸 흔들리는		
3	방어 국어 나 191쪽	상대편의 공격을 막음	전쟁에서 화살을 방패로 방어한다.	반)공격 비)변호
4	특정한 국어 나 191쪽	특별히 정하여져 있는		
5	소음 국어 나 193쪽	불규칙하게 뒤섞여 불쾌하고 시끄러운 소리	밤 늦게 피아노를 치면 소음처럼 들린다.	
6	하물며 국어 나 193쪽	그도 그러한데 더욱이		비)심지어, 더군다나
7				
8				
9				

어휘저축통장을 만들어 잘 모르는 어휘를 다시 볼 수 있게 합니다.

함. 행. 우. 어휘사전

1. 서성적 : 정성을 듬뿍 담고 있는
   (듬-듬--)

2. 기교 : 기술이나 솜씨가 아주 뛰어난

3. 구성지다 : 천연스럽고 구수하며 멋지다

4. 독자적 : 다른 것과 구별되게 혼자만의
   독특한.

5. 분비하는 : 샘세포의 작용에 의하여 만들어진
   액즙을 배출관으로 보내는

6. 유인하다 : 주의나 흥미를 일으켜
   꾀어 냅니다.   /02

7.

나쌤의 THINKING +1 LEARNING

플래너를 만들어서 활용하고 있다면 뒷장부터 'ㅇㅇ이의 단어사전' 식으로 만들어서 활용하면 좋습니다. 단어 사전에는 번호를 붙이면 나중에 점검할 때 도움이 됩니다. 또 비슷한 말, 반대말, 활용해서 짧은 글 짓기 등을 함께 한다면 소중한 자료가 됩니다. 교사도 아이들과 함께 수업을 하면서 새로 나온 낱말을 종이에 순서대로 누적해서 게시하고 활용해볼 것을 추천합니다.

15 답은 한 개가 아니야!

한때 교육은 하나의 정답만을 강요하는 방식으로 이루어졌다. 하지만 고차원적
문제해결 능력을 길러주는 현대의 교육은 달라야 한다.

수업에서 정답이 딱 하나인 경우에는 정확한 답이라는 확신이 있는 경우가 아
니면 선뜻 입을 열기 어렵다. 또는 정답을 말할 자신이 있는 몇 명에게만 기분
좋은 시간이 될 것이다. 과거 수업은 딱 떨어지는 하나의 정답을 찾아내기 위한
여정이었다. 하지만 복잡한 현대사회에서 하나의 정답만 가지고 해결할 수 있
는 문제는 없다. 그래서 다양한 관점에서 나름의 다양한 답을 이끌어내 볼 수 있
는 활동을 제안한다.

　활동 방법은 간단하다. 1~3순위로 나눠서 답을 적는 것이다. 물론 1순위가
더 높은 점수를 받지만, 2순위와 3순위도 틀린 답은 아니다. 정답이 확실한 경
우에는 1번의 찬스를 써서 2배의 점수를 받아 역전을 할 수도 있다.

1. 해당하는 주제에 대한 키워드에 연상되는 것을 3가지 순서대로 적는다.
2. 맞혔을 때 점수의 배당이 다르다. 1순위에 썼는데 정답이면 5점, 2순위는
   3점, 3순위는 1점을 받는다. 순위에 없으면 0점을 받는다.

모둠원들과 토의해서 3순위를 결정합니다. 높은 순위에 답이 있을 때 더 높은 점수를 받을 수 있습니다.

3. 팀별로 1번 찬스를 쓸 수 있고, 찬스는 2배의 점수를 받는다. 누적 점수가 1등인 팀은 찬스를 사용할 수 없는 규칙을 넣으면 나머지 팀에게 역전의 기회가 주어진다.

4. 최종 누적 점수가 더 많은 팀이 승리한다.

5. 승리한 팀은 높은 점수를 받게 된 비결을 나누면서 마무리한다.

 +1

수업에서는 BEST 3 퀴즈라는 이름으로 활용했습니다. 정답이라고 생각하는 것을 순서대로 3개 적습니다. 3가지 중에 답이 있어야 점수를 받습니다. BEST 5로 늘려서 총 5가지로 하면 적은 점수지만 점수를 받을 가능성이 높아지게 할 수 있습니다. 또 문제마다 점수를 다르게 배점해서 언제든지 역전의 기회가 있도록 하는 것이 끝까지 아이들이 포기하지 않고 참여할 수 있게 만드는 방법입니다. 예를 들어 첫 문제는 30-20-10점을 주었다면, 다음 문제는 40-30-20점을 줍니다. 마지막 문제는 200-100-50점과 같은 식으로 점수를 높여주는 식입니다.

16 뇌새김 읽기

학습 자료의 대부분은 문자 중심으로 이루어져 있다. 그냥 읽고 끝내는 것이 아니라 제대로 머릿속에 남길 수 있어야 한다.

수업 중에는 관련된 내용을 읽어야 하는 상황이 많다. 그런데 읽어야 할 글의 내용이 길면 길수록 읽는 과정 자체가 지루해질 수 있다. 지루함은 곧 집중력의 저하로 이어진다. 그 결과 아무리 읽어도 머릿속에는 아무것도 남지 않게 되는 것이다. 읽은 내용을 머릿속에 제대로 새길 수 없다면 읽기는 별 의미 없는 활동으로 끝나버리고 만다.

조금 더 재미있게 내용을 파악하고, 아울러 내용을 오래도록 머릿속에 기억할 수 있는 읽기 방법은 없을까? 수업시간에 도움이 될 만한 여러 가지 재미있는 읽기방법을 간략히 소개하면 다음과 같다.

1. 동시에 함께 읽기: 읽어야 할 내용이 많지 않다면 전체가 같은 목소리로 읽는다.
2. 모둠별로 돌아가며 읽기: 모둠별로 돌아가면서 읽는다.
3. 모둠 번호 읽기: 모둠별로 1, 2, 3, 4번을 지정하고 모둠 번호별로 일어나서

읽는다.

4. 릴레이 1줄 읽기: 의자에 앉은 순서나 학급 번호 순서대로 한 줄씩 돌아가며 읽는다.

5. 최대 3줄 정확하게 읽기: 순서대로 읽고 틀리면 바로 다음 사람이 읽는다. 틀리지 않더라도 최대 3줄과 같은 식으로 제한을 둔다.

6. 메기고 받는 읽기: 순서대로 읽는 데 한 문장을 2명이 나누어 읽는다. 앞 사람이 많이 읽으면 뒷사람은 조금 읽게 되는데, 집중하지 않으면 흐름이 끊기게 된다.

7. 눈치 보며 읽기: 전체의 내용을 다 같이 읽는데, 읽고 싶은 사람은 자리에서 일어난다. 여러 명이 일어나서 읽기 시작하면 1명만 남도록 서로 양보를 하며 앉는다. 읽고 싶은 부분까지 읽고 자리에 앉으면 다음에 읽고 싶은 사람이 자리에서 일어나면서 같은 과정을 반복한다.

읽기의 꿀팁

문제를 먼저 확인하고 추리하라!
일반적으로 관련 내용을 보거나 읽은 후에 문제를 확인합니다. 그렇기 때문에 읽거나 보는 과정에서 집중하지 않거나 생각을 정리하기 어려운 것입니다. 문제를 다시 확인하고 내용에서 질문에 대한 답을 찾거나 생각을 다시 정리해야 하니까요. 이 과정을 거꾸로 해보는 겁니다. 읽거나 보기 전에 미리 관련 문제에 대해 확인하고, 또는 내용에 대해 충분히 추리하고 궁금한 점을 미리 정리해 공유합니다. 이후 글을 읽거나 영상, 사진을 보면서 답을 찾습니다. 또 추리했던 내용과 비교하며 읽고, 궁금했던 점을 확인하며 읽습니다. 보거나 듣는 과정에서 찾아야 할 정보에 더 집중하게 됩니다.

그 외에도 읽으면서 함께 하면 좋은 활동으로는 손가락으로 짚으면서 읽기, 책을 세워서 바른 자세로 읽기, 핵심적인 내용에 표시하며 읽기, 활동 주제와 관련된 내용에 밑줄 긋기 등이 있다.

일본 TOSS(Teachers'Organization of Skill Sharing)의 대표 무코야마 요이치(松沢要一) 선생님은 늘 '변화 있는 되풀이'를 강조합니다. 무엇인가를 배우고 익힐 때 조금씩 변화를 주면서 속도감 있게 발문하고 지시하라는 의미입니다. 관련된 내용을 읽을 때도 읽는 과정에 변화를 주면서 속도감이 느껴지면 좋습니다. 글의 제목 옆에 ○를 10개 표시해두고 읽을 때마다 색칠을 하게 하면 아이들이 더 읽고 싶은 생각이 들게 만든다는 한국수업기술연구회 대표 한형식 선생님의 말씀을 듣고 함께 실천하고 있습니다.

17 그림책은 즐거워

때로는 한 컷의 그림이 백 마디의 말보다 많은 것을 담고 있을 때가 있다. 그림책은 글씨를 모르는 꼬맹이들의 전유물이라는 생각을 버려라!

어린 시절에 그림책을 산처럼 쌓아놓고 보거나, 누군가 읽어주는 그림책 내용에 깊이 빠져본 적이 있을 것이다. 이야기 자체가 주는 매력도 무시할 수 없지만, 그림이라는 시각적인 정보가 함께 어우러지면 그냥 텍스트만 주어졌을 때보다 훨씬 더 쉽게 몰입할 수 있다.

만약 수업 내용과 관련된 그림책을 적절히 활용한다면 아이들은 일반적인 문자 중심의 교과서로만 읽을 때보다 배움에 훨씬 더 몰입하며, 그 내용 또한 오래도록 기억할 수 있다. 방법은 간단하다. 배울 내용과 관련된 그림책을 준비해서 읽어주면 된다. 교사가 읽어줘도 되지만, 친구들에게 읽어주고 싶은 사람이 있는지 자원을 받아서 읽어주게 해도 된다. 다음은 실제 수업시간에 그림책을 활용한 방법을 간단히 정리한 것이다.

1. 수업 내용이나 흐름과 관련된 그림책을 준비한다.
2. 교사가 읽어줘도 좋고, 읽고 싶은 아이가 읽는 것도 좋다.

선생님이나 친구들이 읽어주는 그림을 보면서 듣습니다. 그리고 핵심주제에 대한 자신의 생각을 적거나 이야기를 나눌 수 있습니다.

3. 읽고 나서 한 마디 나눔이나 글쓰기를 할 수 있다.

4. 수업 내용으로 자연스럽게 연결하거나 수업 내용을 그림책 나눔으로 마무리할 수 있다.

'그림책은 어린아이들이 보는 것이다. 저학년에서 책에 대한 관심을 위해 부모나 교사가 읽어주는 것이다'라는 생각을 많이 하곤 합니다. 그림책은 어른이 봐도 좋다는 전문가들의 의견이 있을 만큼 그 활용도가 매우 높습니다. 그리고 배울 내용과 관련된 그림책은 찾아보면 생각보다 꽤 많이 있습니다. 이미 학교 도서관에 있는 그림책을 확인하고 없다면 책을 신청할 때 요청해서 효과적으로 활용해보실 것을 추천합니다. 가능하면 구입해서 교실에 둔다면 수업이 끝나고 아이들이 서로 보려고 하는 모습을 볼 수 있을 것입니다.

18 이야기 퍼즐을 맞춰봐!

퍼즐의 조각조각을 모아서 맞춰보면 하나의 의미 있는 작품으로 완성되어간다.
이야기도 퍼즐처럼 맞춰보면 거대한 작품으로 탄생할지 모른다.

수업은 주로 관련된 이야기를 읽고 나서 이에 관한 생각을 정리하는 방식으로 진행되는 경우가 많다. 그런데 내용을 잘 읽어보고 그것에 대한 생각을 정리할 때 혼자가 아닌 친구들과 협동을 통해서 하도록 하면 더욱 즐겁게 할 수 있다.

우선 관련된 이야기를 모둠 인원수만큼으로 나눈다. 나눈 이야기를 곳곳에 붙여둔 후 자신의 영역에 해당하는 이야기만 읽는다. 돌아와서 친구들에게 자신이 읽은 내용이 무엇인지 소개한다. 친구들의 소개를 듣고 나서 각자의 생각을 정리한다. 이렇게 하면 아이들은 혼자 읽을 때보다 훨씬 더 집중하게 되고, 친구들에게 자신이 알고 있는 이야기를 전달하는 과정에서 생각을 정리할 수 있다. 아울러 여러 친구들이 하는 이야기를 듣다 보면 다양한 관점에서 이야기를 생각해볼 수 있다는 점에서 많은 것을 배울 수 있다.

1. 읽어야 할 글을 4등분해서 모서리에 붙여둔다.
2. 모둠 번호별로 모서리에 가서 정해진 시간 동안 글을 읽는다. 이때 핵심어

나쌤의
재미와 의미가
있는 수업

모서리별로 나눠져 있는 글을 읽습니다. 모둠으로 돌아와 친구들에게 소개하고 자신의 생각을 적습니다.

등을 메모할 수 있다.

3. 모둠으로 돌아와서 자신이 읽은 글을 모둠원들에게 소개한다.

4. 순서가 있는 글이면 전체 순서를 찾아보고, 소개하는 내용이라면 요약해
   서 적어보고, 가장 마음에 드는 것을 선택해서 자세하게 글을 쓸 수 있다.

똑같은 일을 나눠서 하는 것은 진정한 협업이 아니라는 말이 있습니다.
서로 다른 것을 가지고 있고 그것이 서로에게 필요할 때 협업이 가능하
다는 말도 있으니까요. 서로 다른 글을 읽고 와서 그것을 전달합니다. 친구에게서 얻은
정보에 대한 각자의 생각을 정리하고 나눕니다. 가능하면 기억의 조각을 맞춰 하나의 이
야기로 완성해도 좋습니다. 만약 완성이 되지 않더라도 함께 나눈 이야기와 떠올린 생각
들을 활용해서 다음 활동을 할 수 있습니다. 부족한 정보는 채우고 싶은 마음을 불러일으
킨다는 뇌 과학자들의 연구 결과가 말해주듯이 자신이 가지고 있는 정보 중에서 부족한
부분을 친구들에게서 보완하면서 재미있게 공부할 수 있습니다.

19 도전, 아이디어 배틀!

기본적으로는 경쟁보다는 협력 중심으로 수업을 이끌어가려 하지만, 때때로 약간의 경쟁은 서로에게 긍정적인 자극을 주기도 한다.

수업을 진행하다 보면 일단 양적으로 많은 생각이 필요할 때가 있다. 아이들이 알아서 생각을 쏟아내 주면 좋겠지만, 현실적으로 쉽지 않다. 이에 놀이처럼 아이들이 생각을 쏟아내게 해주는 활동이 있다. 우선 주제에 해당하는 각자의 생각을 적게 한다. 종이에 적은 것만 이후에 사용할 수 있도록 미리 정해두는 것이 좋다. 정해진 시간 동안에 최대한 많은 생각을 떠올려보는 연습을 하는 것이다. 모둠원들과 각자의 생각을 공유한 후 다른 모둠과 대결을 펼친다. 양적으로 많은 생각을 적은 모둠이 승리하게 된다. 그렇게 나온 생각들을 분류하거나 선택함으로써 추후 활동을 이어갈 수 있다.

1. 개인별로 주제에 해당하는 생각을 떠올려서 적는다.
2. 모둠원들과 함께 다른 모둠과 배틀에 사용할 생각을 정리한다.
3. 모둠별, 모둠번호 순서대로 돌아가면서 생각을 나눈다.
4. 더 이상 말할 생각(기록한 것만 인정)이 없거나 다른 모둠에서 말한 것을 다

주제에 해당하는 자신의 생각을 최대한 많이 적습니다. 그리고 모둠원들과 이야기하면서 적은 생각만 다음 배틀에 사용할 수 있습니다.

시 말하면 패배한다.

5. 최후의 모둠을 선정하고 비법을 함께 나눈다.

나쌤의 T H I N K I N G +1
L E A R N I N G

이 활동은 생각을 나누는 활동으로도 많이 사용됩니다. 그런데 생각을 많이 만들지 않으면 나눌 것이 별로 없기 때문에 생각을 만드는 파트에서 소개합니다. 생각을 만들어서 기록한 것만 나중에 나눌 수 있게 하는 것이 중요합니다. 그렇지 않으면 다른 모둠의 발표는 듣지 않고 계속 생각만 하게 됩니다. 또 생각을 만드는 시간에 더 집중하고 몰입하게 하는 효과도 있습니다. 기록한 것만 나눌 수 있다는 것을 명확하게 지키도록 규칙으로 정하면 됩니다. 종종 다른 모둠에서 이미 말한 내용이라고 '탈락' 처리하는 경우가 있습니다. 하지만 이런 경우에도 정리한 것은 이어서 발표할 수 있게 해주는 것이 좋습니다. 어렵게 찾은 생각을 미처 말해보지도 못하고 끝내야 한다면 이후 다른 모둠의 이야기도 듣지 않게 되기 때문입니다.

20 줌 아웃, 줌 인

어떤 문제는 가까이 들여다보면서 살펴볼 때 해결 방법에 빨리 근접하는 반면에 또 어떤 문제는 멀찍이 물러서서 바라볼 때 더 좋은 방법을 찾을 수 있다.

생각이 잘 떠오르지 않을 때는 같은 자리를 계속 깊이 파고들기보다는 멀찍이 떨어진 상태에서 현상을 관망해볼 필요가 있다. 또는 반대로 아주 정밀하고 깊숙하게 파고들어 특정 현상에 대해 깊이 고민해보는 것이 문제해결에 도움이 되기도 한다.

말하자면 하늘에서 숲을 내려다보는 것처럼 큰 맥락 속에서 생각해보는 것이다. 또 반대로 숲 속에 있는 나무, 나무에서도 하나의 잎만 집중적으로 자세히 관찰하듯이 생각을 떠올릴 수 있다. 이를 수업에서 문제해결이나 의사결정이 더 진전되지 못하고 벽에 부딪칠 때 활용하면 도움을 얻을 수 있다. 활동 방법은 다음과 같다.

1. 숲과 나무를 모두 보는 전략으로 의사결정을 할 때에 사용할 수 있다.
2. 줌 아웃(Zoom out)은 상황으로부터 벗어나서 넓고 크게 보는 활동이다.
   예) "이야기의 전체 상황에서 느낀 점은?"

'줌 아웃' 활동은 숲 전체를 조망함으로써 전체적인 맥락을 파악하는 데 유용한 반면 '줌 인' 활동은 숲속의 나무 한 그루에 초점을 맞추면서 좀 더 깊이 있는 사고와 탐구를 유도할 수 있습니다.

3. 줌 인(Zoom in)은 상황 속으로 깊게 들어가서 좁고 자세히 들여다보는 활동이다. 예) "35쪽의 등장인물 중에서 희수의 행동에 대한 생각은?"
4. 멀리서 본 생각과 가까이서 본 생각을 종합해서 자신의 생각을 정리한다.

나쌤의 THINKING +1
LEARNING

이 활동이 지금 키워야 할 역량 중 어느 부분에 해당할까? 또는 1년 동안 배워서 키우고 싶은 능력과 어떤 연관성이 있을지 멀리서 생각해보는 것도 좋습니다. 지금 배우는 것이 의미가 없다고 느껴지더라고 한 발만 물러나서 보면 매우 중요한 가치가 있을 수 있다는 것을 알려주는 것입니다. 생각을 만들고 정리할 때도 아주 자세히 생각하거나, 최대한 단순하면서 상황에서 멀리 바라보는 연습이 도움이 됩니다. 교사도 아이가 지금 하고 있는 행동과 1년 동안 아이와의 관계, 길러주고 싶은 능력 등과 연관시켜서 줌 아웃, 줌 인을 해볼 것을 추천합니다.

21 째깍째깍, 위기 탈출!

무조건 과제 수행 시간을 길게 주는 것이 능사는 아니다. 때로는 마치 시한폭탄처럼 제한시간을 두고 과제를 제시할 때 집중력을 최대한 끌어올릴 수 있다.

아이들에게 충분히 생각할 수 있는 긴 시간을 주는 것은 생각을 차근차근 정리하게 하는 데 도움이 될 것이다. 하지만 경우에 따라서 너무 긴 시간은 오히려 수업의 흐름을 깨고, 몰입을 떨어뜨리는 요인이 되기도 한다. 이럴 때는 시간과 분량을 제한하는 것이 생각을 정리하는 데 도움이 된다. 여기에 약간의 극적 위기 상황까지 조성된다면 안성맞춤이다.

인간은 때로는 절체절명의 위기 속에서 초인적인 힘을 발휘하기도 한다. 이는 극적 위기 상황에서 급하게 생각을 선택해야 할 때 무의식의 영역이 작동해서 평소 중요하게 생각해온 것들을 선택하게 되는 결과라고 볼 수도 있다. 수업에서 실시했던 위기 탈출 활동을 간단히 정리하면 다음과 같다.

1. 극적인 위기 상황을 조성해서 생각을 정리하게 한다.
2. 위기의 순간 직관적으로 선택한 물건에 의미를 부여하는 활동이다.
3. 긴박한 상황을 조성한다. "집에 큰 불이 나서 무너지기 직전입니다. 소중

위기 상황을 조성함으로써 몰입을 극대화시킵니다.

한 사람들은 모두 대피했습니다. 마지막으로 5가지 물건을 가지고 나올 수 있습니다. 1분 안에 모두 가지고 나와야만 합니다. 당신의 선택은?"

4. 각자 선택한 물건의 이미지를 그리거나 찾아서 '나의 선택' 포스터를 만들고 이야기를 나눈다.

5. 생각을 정리할 상황과 관련하여 극단적인 설정과 제한된 시간으로 중요한 것을 선택하고, 그것에 대한 생각을 나눈다.

나쌤의 LEARNING THINKING +1

무의식의 영역은 평소에는 잘 인식하기 어렵습니다. 그런데 중요하거나 긴급한 상황에서는 모두 무의식의 지배를 받는다고 합니다. 긴급하고 위급한 상황을 조성해서 정말 중요하게 생각하는 것을 떠올리고 적어보는 연습을 해보면 어떨까요? 특히 시간을 제한하고 긴박함을 조성해주는 음악까지 준비한다면 더욱 좋습니다. 혹시 선생님은 위급한 상황에서 어떤 선택을 하실 건가요? 아이들과 함께 연습해 보시길 추천합니다.

22 기억의 문을 여는 열쇠

아무리 멋진 구두도 내 발에 맞지 않으면 별 소용이 없듯이, 아무리 좋은 표현
도 내게 익숙하지 않으면 머릿속에 오래 머물지 못한다.

남의 생각을 액면 그대로 받아 적거나 수용하는 것은 학습에 별로 도움이 되지
않는다고 한다. 왜냐하면 스스로에게 의미가 별로 없기 때문이다. 따라서 기억
도 그리 오래 가지 않는다.

그렇기 때문에 생각을 정리할 때는 자신이 익숙하게 사용하는 단어로 정리하는
것이 좋다. 또 생각을 쉽게 꺼내기 위해서는 열쇠가 필요하다. 이를 위해 생각
의 분야별로 키워드를 만들어서 함께 기록해두는 것이 좋다. 생각의 해시태그
(#)를 달아두면 더 오래 의미 있게 기억할 수 있을 것이다.

1. 기억의 저장소(카테고리와 기억을 저장하는 방)를 만든다.
2. 배운 내용을 자신의 언어(내가 자주 사용하는 문체)로 바꿔본다.
3. 기존에 자신에게 익숙한 것과 연결시킨다.
4. 쉽게 꺼내 쓸 수 있도록 키워드를 만든다.
5. 또는 관련 기억에 감정적인 의미를 부여한다.

나만의 키워드를 만들면 오래 기억할 수 있고, 기억에서 쉽게 떠올릴 수 있습니다.

 **나쌤의 LEARNING THINKING +1**

　　　SNS에서는 # 해시태크를 넣어 검색해서 찾을 수 있게 합니다. 비슷한 상황이라도 해시태그는 다른 경우가 많습니다. 서로 중요하게 생각하는 것이 다르기 때문이고, 기억하고 싶은 지점이 다르기 때문입니다. 배움을 자신의 언어로 정리하고, 효과적으로 다시 꺼내어 사용할 수 있도록 기억의 열쇠를 만들고 친구들과 선생님에게 소개하는 과정을 가져보면 어떨까요? 개인적으로 수업을 준비할 때 교과서나 관련 자료에 중요한 활동을 키워드로 적어두곤 합니다. 그러면 나중에 수업을 할 때 빠트리지 않고 활용할 수 있어 유용합니다.

23 명탐정, 추리게임!

뻔한 결말이 예상되는 이야기와 반전의 연속으로 어떤 결말로 이어질지 무엇인지 궁금한 이야기 중 어떤 이야기에 더욱 집중하겠는가?

〈명탐정코난〉이라는 일본의 유명한 애니메이션이 있다. 원래 고등학생인 주인공은 검은 조직의 계략으로 갑자기 어린아이가 되어버리는데, 자기 자신은 물론 주변 사람들의 안전을 위해 '코난'이라는 이름을 사용하며 자신을 어린아이로 만들어버린 검은 조직의 실체를 파헤치는 동시에 미궁에 빠진 어려운 사건들을 척척 해결해간다. 매번 놀라운 추리력을 발휘해 범인을 찾아내는 소년탐정 코난의 흥미진진한 활약에 힘입어 남녀노소를 불문하고 사랑받고 있는데, 보는 사람이 마치 코난이 된 것처럼 범인을 추리해보는 맛이 제법 쏠쏠하다.

수업에서도 어떤 단서를 근거로 타당한 예측을 하고 결과를 확인해볼 수 있다면 수업을 더욱 흥미진진하게 이끌어갈 수 있다. 이에 명탐정처럼 근거를 통해 예상하고 그 결과를 확인해보는 활동을 추천한다. 소설이나 영화를 볼 때도 나름대로 결론을 추리해보면 더욱 재미있는 것처럼 말이다. 가장 중요한 내용이라고 생각하는 부분이나 키워드를 예상해보자. 그리고 그렇게 생각한 근거도 찾아보면서 생각을 정리한다.

단서에 대한 타당한 예측과 추리는 배움을 더욱 흥미진진하게 만들어줍니다.

1. 관련 내용을 읽은 뒤 핵심내용으로 예상하는 개념과 그 뜻을 적는다.
2. 예상하는 근거도 함께 적는다.
3. 그것이 평소에 자신이 알고 있는 것과 어떻게 연결되는지 설명한다.
4. 적은 내용을 함께 보면서 예상한 내용이 맞았는지 확인한다.
5. 가장 많이, 정확하게 예상한 사람이 명탐정이 된다.

첫 장에 나온 삽화나 제목 등을 보고 전체 내용을 예측하는 시간을 가져 봅니다. 문구 하나, 구석에 있는 삽화 하나도 소중히 살피게 됩니다. 아이들은 추리와 예측을 하는 과정에서 많은 생각을 하게 됩니다. 서로 다른 예상과 그 이유, 뒤에 이어지는 본 내용을 확인하면서 즐겁게 공부할 수 있습니다. 혹시 선생님은 영화나 책을 볼 때 뒤에 이어질 내용을 예측하면서 보시나요? 아이들과 함께 작은 단서로 전체 내용을 예측하고 추리하면서 공부하는 것을 추천합니다.

24 생각을 그려봐!

말로 자신의 생각을 표현하는 것도 중요하지만, 때로는 그림으로 표현해보면
말로는 미처 설명할 수 없는 것들을 담아낼 수 있기도 하다.

수업 중에 아이들은 각자의 생각을 표현하는 가운데 스스로 생각을 정리하기도
한다. 수업에서 생각을 표현할 때는 주로 말이나 글처럼 언어적인 방식을 활용
할 때가 많다. 물론 말과 글은 매우 효율적인 표현 수단이기는 하지만, 이번에
는 조금 색다르게 표현해보는 방식을 소개하려고 한다. 즉 생각을 말이 아닌 그
림이나 만화로 표현하는 것이다.

주제를 정하고 각자 나름대로 표현하는 방식도 있지만, 모둠원들과 협동해서
하나의 협동 작품으로 만들 수도 있다. 전체를 부분으로 나눠서 표현하는 방식
과 부분을 각자의 개성으로 표현해서 전체 주제를 완성하는 방식 중에서 선택
해서 적용할 수 있다. 같은 주제라도 각자 나름의 생각이 담기면서 즐겁게 공부
할 수 있는 활동이다.

1. 주제에 대해 어떻게 표현할 것인지 모둠원들과 토의한다.
2. 종이 4장을 합쳐서 공동의 밑그림을 그리고 표현하기, 4장이 서로 연결되

생각을 말이나 글이 아닌 4컷 만화나 그림 등으로 표현해볼 수 있습니다.

　　　는 4컷 만화 형식 중에 하나를 선택한다.

3. 정해진 시간 동안에 최선을 다해서 그림으로 표현하고, 전체에 설명한다.

혼자서 모든 것을 다 생각하고 정리하는 것도 좋지만, 모둠원들과 함께 한다면 다양한 생각의 흐름을 알 수 있어 더욱 좋습니다. 또 만드는 과정에서 대화를 나누며 많은 생각을 교류하게 됩니다. 주제를 표현하는 4컷 만화, 4컷 그림은 서로의 생각이 이어지는 것이 중요합니다. 전체를 4등분해서 표현하는 것도 좋지만, 4명이 함께 생각의 흐름을 표현하는 것도 좋습니다. 만들고 나서 그림을 설명하거나 퀴즈로 공유하는 시간을 가져볼 것을 추천합니다.

"아이들이 복잡한 머릿속을 정리해가고 있나요?"

아무리 좋은 생각을 많이 가지고 있어도 머릿속에서 제대로 정리가 되어 있지 않으면 필요한 순간에 적절하게 꺼낼 수가 없습니다. 아이들은 어른들보다 훨씬 독창적인 생각을 많이 가지고 있지만, 정작 정리가 되지 않아서 사용할 수 없는 경우도 많아 안타깝습니다. 여기에서 제안한 활동들은 아이들이 생각을 만들고 정리하는 데 도움이 되는 것들입니다. 하지만 이 책을 읽고 계신 선생님들 나름의 방식으로 개선 또는 발전시켜나가기를 바랍니다.

교사가 아이들에게 질문을 하면, 아이들은 손을 들고 자신의 생각을 말합니다. 하지만 수업시간이 한정되어 있다 보니 정해진 시간 동안 몇 명의 이야기를 들은 후 교사가 정리하고 수업을 마무리합니다. 교사는 아이들이 손을 많이 들지 않는다고 생각하는데, 아이들은 교사가 자신에게 기회를 주지 않는다고 생각합니다. 대체 어디서부터가 문제일까요?

위의 이야기는 발표에 대해 반복적으로 겪게 되는 상황입니다. 생각을 효과적으로 꺼내어놓고, 그것을 통해서 배울 수 있도록 시간을 잘 활용해야 합니다. 집중해서 친구들을 이야기를 들을 수 있는 상황과 장치를 마련해주면 좋습니다. 짧은 시간 내에 효과적이면서 즐겁게 생각을 나눌 수 있어야 합니다. 가끔은 전체의 생각을 들어야 할 때도 있습니다.

함행우 교실에서는 단지 정답을 찾거나 교사의 머릿속에 있는 내용을 손을 들고 답하는 방식의 생각 나눔을 최소화합니다. 정답이 있는 것이라면 빠르게 함께 찾고, 그것을 활용하거나 삶에 적용하는 부분에 대한 생각 나눔을 하는 데 더 많은 시간을 할애하려고 노력합니다.

이제부터 생각을 효과적으로 나누는 활동들을 소개할 것입니다. 교과별, 주제별, 상황별로 적합한 생각 나누기 활동 방법을 선택해서 활용해보실 것을 추천합니다.

STAGE 03
생각 나누기

생각을 나누면 배움이 배가된다!

01 침묵 속의 집중

상대가 자신의 생각을 말할 때는 조용히 경청해야 생각을 제대로 나눌 수 있다.
침묵이 절실히 필요한 순간이다.

수업시간에 생각을 나누게 하려다 보면 막상 아이들이 잘 집중하지 못하고, 저마다 자기 생각만 말하느라 산만해지는 경우가 많다. 그런데 그렇게 소란스러워질 때마다 종을 치거나 교사가 목소리를 높이는 것은 교사의 정신 건강이나 피로한 목 상태를 감안할 때 별로 좋지 않다. 차라리 게임을 통해 아이들의 침묵을 유도하여 집중을 이끌어내는 것이 어떨까? 침묵 게임을 이용하면 아이들을 순간 집중하게 만들 수 있다.

반복적으로 연습해서 익숙하게 만들기 위해서는 설-리-강의 순서로 진행하면 좋다. 즉 설명하고 리허설(역할극)하고, 강화(피드백)를 하는 것이다.

1. 박수를 2번치고 "침묵의 집중 게임 시작!"이라고 외친다.
2. "Look at speaker" 말하는 사람을 본다.
3. "Be Quiet" 조용히 한다.
4. "Be still" 하고 있는 것을 즉시 멈춘다.

침묵의 집중 게임에 대해 배우고 연습하는 모습입니다.

5. "Free hands" 손에 있는 것을 놓는다.

6. "Ready to listen" 경청한다.

7. "침묵 집중 게임 시작!"이라고 외친 후 함께 "3-2-1"을 외치고, 앞서 제시한 5가지를 모두 하는 것을 목표로 한다.

8. 5가지를 지키지 않은 사람이 있다면 모두 함께 그 사람을 조용히 바라본다.

나쌤의 THINKING +1 LEARNING

협동학습에서 박수를 두 번 치고 한쪽 손은 손바닥을 펴서 모두가 볼 수 있게 하고, 나머지 한 손 검지를 입에 갖다 대는 방식으로 집중시키는 방법이 있습니다. 교사의 동작을 똑같이 따라하면서 집중하는 이 방식을 적용해도 좋습니다. 말없이 동작으로 보여준다는 점에서 교사의 에너지를 한층 절약할 수 있습니다. 주의할 점은 모두 같은 동작으로 집중할 때까지 기다려준다는 점입니다. 중요한 내용은 모두가 집중한 상태에서 작은 목소리로 전달하는 것을 연습해보세요.

02 생각의 폭풍, 브레인스토밍

자발적으로 뭔가 거리낌 없이 자유롭게 의견을 나누는 동안 창의적인 아이디어가 쏟아진다. 말 그대로 두뇌에 폭풍이 몰아치게 해야 한다!

브레인스토밍이라는 용어는 BBDO의 창설자 중 한 명인 알렉스 오스본(Alex Faickney Osborn)이 주창한 것으로 그의 저서 《어플라이드 이매지네이션(Applied Imagination)》으로부터 대중화되었는데, 전 세계적으로 다양한 영역에서 활용되는 집단적 아이디어 발상법이다.

위키백과에서 검색을 해보면 브레인스토밍(brainstorming)이란 집단적 창의적 발상 기법으로 집단에 소속된 인원들이 자발적으로 자연스럽게 제시된 아이디어 목록을 통해서 특정한 문제에 대한 해답을 찾고자 노력하는 것을 말한다. 자유롭게 이런저런 의견들을 거리낌 없이 이야기하는 과정에서 뛰어난 아이디어가 탄생하기도 한다.

브레인스토밍은 창의적인 생각을 많이 만들어내고자 할 때 자주 사용되는 기법이다. 뇌를 뜻하는 단어인 브레인(brain)과 폭풍을 의미하는 단어인 스톰(storm)이 합쳐진 용어로 아이디어들이 끊임없이 쏟아져 나오는 것을 빗대어서 표현한 것이다. 수업에서도 브레인스토밍을 잘만 활용하면, 학생들의 자발적

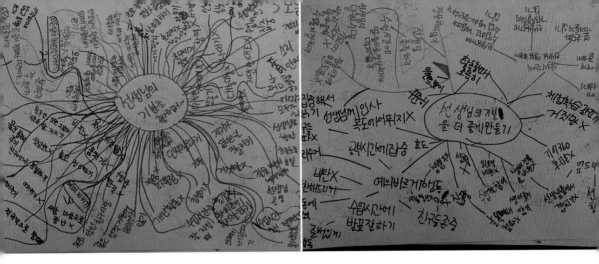

떠올린 생각들을 비판 없이 모두 적으면서 나눕니다.

인 수업참여를 높일 수 있을 뿐만 아니라, 다양한 창의적인 아이디어를 나눌 수 있다는 점에서 매우 유용한 방법이다. 수업시간에 다음과 같이 활용해보면 좋을 것이다.

1. 기본적으로 교사가 브레인스토밍에 대한 설명을 해준다.
2. 아이들에게 브레인스토밍에서 지향하고 있는 다음의 2가지에 대해서 안내를 해준다.
   - 판단 보류: 나온 의견에 대한 옳고 그름이나 좋고 나쁨 등에 대해서는 평가하지 않는다.
   - 가능한 많은 의견을 내는 것에 집중한다.
3. 정해진 시간 동안 다음의 4가지의 규칙을 지키면서 자유롭게 이야기하게 하고, 그 내용을 빈 종이에 적는다.
   가. 질보다는 양에 집중한다.
   나. 비판, 비난은 하지 않는다.

다. 엉뚱하고 특이한 아이디어를 환영한다.

라. 이미 나온 아이디어들을 서로 조합하고 연결한다.

나쌤의 THINKING +1 LEARNING

브레인스토밍의 취지는 어떤 의견이든 자유롭게 쏟아낼 수 있도록 하는 데 있습니다. 즉 아이디어의 질보다는 양에 집중해야 한다는 뜻이지요. 어떤 아이들은 다소 엉뚱하다 못해 어이없는 의견을 제시할 때도 있을 것입니다. 하지만 브레인스토밍에서 아이디어에 대한 판단이나 평가는 금물입니다. 어떤 의견이든 이야기할 수 있다는 확신이 있을 때 아이들도 마치 두뇌에 폭풍이 몰아치듯 마음껏 아이디어를 낼 수 있습니다. 번번이 의견에 제동을 건다면 아이들은 위축되기 쉽습니다. 마치 브레이크가 고장 난 자동차처럼 아이디어가 폭주하도록 격려해주세요. 좋은 생각을 걸러내는 것은 그 다음 문제입니다.

03 침묵 속의 폭풍, 브레인라이팅

브레인스토밍과 같은 듯 다른 방법으로 자칫 말 잘하는 몇몇이 주도해버릴 가능성이 높은 브레인스토밍과 달리 모두가 공평하게 참여할 수 있다.

생각을 나누는 과정을 유심히 지켜보면 눈에 띄는 몇몇 아이들이 있기 마련이다. 평소 발표도 잘하고 자기주장도 강한 아이들이다. 여기서 안타까운 점은 그런 아이들 몇몇이 목소리를 높이다 보면 소심하거나 자기표현에 익숙하지 않은 아이들은 자신의 생각을 제대로 피력해보지도 못한 채 수동적으로 끌려가는 양상을 보이기도 한다는 데 있다. 브레인라이팅(Brain writing)은 이러한 상황에서 매우 유용한 방법이다.

브레인라이팅은 앞서 설명한 브레인스토밍과 일면 유사하지만, 어쩌면 전혀 다른 형태의 의사소통 기법이다. '브레인라이팅'은 독일의 바텔연구소(Battelle Memorial Institute)에서 개발한 사고 프레임워크로, 말을 하지 않고 활동을 한다는 점에서 '침묵의 브레인스토밍'이라고도 불린다.

자신의 생각을 글로 적고 정해진 시간 내에 공유한다는 점에서 공평하게 참여하게 되고, 말을 잘하는 한두 명의 의견에 휩쓸리지 않을 수 있다. 수업시간에 브레인라이팅을 실천하는 방법은 다음과 같다.

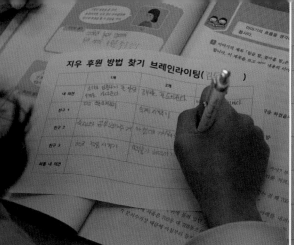

브레인라이팅으로 말없이 글로 다양한 생각을 나눌 수 있습니다.

1. 의견을 나눌 주제를 정한다.
2. 5분 내로 각 참가자는 아이디어 3개를 적어서 종이에 붙인다.

문제 진술	우리 반의 장점은 무엇이 있을까요?		
순서	A	B	C
1			
2			
3			
4			
5			
최종 의견			

나쌤의
재미와 의미가
있는 수업

3. 5분이 지나면 종이를 오른쪽 방향으로 돌리고, 추가적으로 3개의 아이디
   어를 붙인다. 이때 이전 참가자의 아이디어를 참고해서 발전시키거나 새
   로운 내용을 제안할 수 있다.
4. 같은 과정을 반복해서 모든 사람의 아이디어를 모은다.
5. 모인 아이디어 중에서 마음에 드는 것을 정해 이후에 공유하거나 자신만
   의 아이디어로 새롭게 정리해본다.

브레인라이팅을 처음 적용할 때는 시간 관리가 잘 되지 않을 수 있습니
다. 주제에 따라 필요한 시간이 다르겠지만, 3가지 아이디어를 적는 데
전체 3분의 시간을 주는 것으로 했을 때, 한 번에 3분을 주는 것이 아니라 1개당 1분을
주고, 시간이 되었음을 알려주는 것이 더 좋습니다. 1분이 지나면 아직 다 못 썼더라도
다음 칸으로 넘어가는 것입니다. 다른 칸을 다 쓰고 시간이 남으면 이전의 생각을 보완할
수 있게 하는 것이 시간 관리를 한층 효과적으로 할 수 있는 방법입니다.

04 생각을 모아봐!

생각 나누기의 전제는 나와 다른 생각을 배격하는 것이 아니라, 타인의 생각을
존중하며 이견을 좁혀 더 좋은 생각으로 발전시켜나가는 것이다.

여러 명이 서로 생각을 나누다 보면 어쩔 수 없이 의견 차이가 발생하기 마련이
다. 이럴 때 아이들의 생각을 적절히 정리해주는 데 도움이 되는 방법이 있다.
바로 창틀로 나뉘는 창문 구조를 이용한 방법이다. 이 방법으로 생각을 모으면
모둠활동을 할 때, 모둠 내에서 정보(생각이나 의견)를 나누고 정리하는 데 유용
하다. 서로의 생각에 대한 차이점을 이해하고 존중할 수 있도록 해주는 활동이다.
협동학습을 적용하는 교실에서는 모둠 세우기를 할 때 모둠의 이름을 만들 때
부터 창문 구조를 이용하는 경우가 많다. 이 방법은 이후에도 모둠원들과 함께
의견을 나누고 결정을 해야 할 때 다양하게 활용해볼 수 있다. 활동 방법을 소
개하면 다음과 같다.

1. 4명이 한 모둠으로 종이와 유성 사인펜(색깔별로 5개 정도)을 준비한다.
2. 창문 모양으로 나뉘진 칸에 1, 2, 3, 4를 하나씩 쓴다. 번호는 모둠 내에서
   각각의 의견이나 대안에 찬성하는 사람의 수를 의미한다.

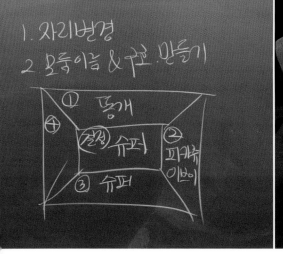
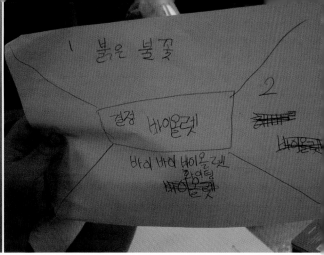

창문 구조로 생각을 효과적으로 나눌 수 있습니다.

3. 토의·토론 주제를 제시한다.

4. 학생들은 주어진 주제를 중앙에 큰 글씨로 쓰거나 나중에 결정된 의견을 중앙에 쓸 수 있다.

5. 정해진 시간 동안에 의견을 나누고, 가장 많은 동의를 얻은 의견부터 우선적으로 논의하거나 모둠의 대표 의견으로 정한다.

 나쌤의 THINKING +1 LEARNING

 자신의 생각을 종이에 쓰고 나서 말한 후 엄지를 올리거나 손을 들어서 투표를 하는 것이 좋습니다. 투표 결과 동일한 득표를 얻게 되는 경우가 생길 수도 있습니다. 이럴 때는 같은 표를 받은 내용으로 다시 투표를 하는 것도 좋지만, 두 가지 의견을 혼합해서 논의하거나 대표 의견으로 다시 만들어보는 것도 좋습니다. 이 활동에 익숙해지면 굳이 창문 구조를 그리지 않고 바로 의견을 말하고 투표를 통해서 결정할 수 있게 됩니다.

05 생각을 세워봐!

함께 생각을 나누다 보면 다양한 아이디어들이 모이게 된다. 그렇다면 이제 다음 단계로 넘어가야 한다. 바로 생각해낸 아이디어들의 구조화다.

명목그룹기법(Nominal Group Technique; NGT)은 집단의 구성원들로부터 아이디어나 정보를 모으는 일련의 구조화된 절차를 말한다. 구성원들이 모여서 문제나 이슈들을 식별하고 순위를 정하는 일종의 가중서열화법(weighted ranking method)이다. 이 방법의 장점은 집단의 모든 구성원이 다른 구성원의 영향을 받지 않고 자신의 아이디어를 자유롭게 표현할 수 있다는 데 있다.

일반적으로 그룹 활동이란 구성원 간 토의나 상호작용을 생명으로 한다. 하지만 명목그룹기법에서는 다르다. 즉 토의나 상호작용을 하지 않고 진행해야 한다는 것이 특징이다. 그래서 '명목적 그룹'이라는 명칭이 생겨난 것이다. NGT는 그룹 내의 영향력 있는 자를 중립화시키고, 참가자 모두의 동등한 목소리를 듣기 위한 방법이다. NGT는 특히 쟁점이 되는 감정적 이슈를 다루어야 할 때나 집단이 곤경에 빠져 있는 경우에 유용하다.

집단에서 본격적인 토의를 하기 전에 토의에 참가한 참가자 개개인이 다른 사람과 이야기하지 않고 토의 주제에 대한 자신의 생각을 카드(포스트잇)에 정

나쌤의
재미와 의미가
있는 수업

각자 의견을 내고, 스티커 투표와 같은 방법으로 최종 결정합니다.

리할 수 있도록 일정한 시간을 갖게 해주자. 수업시간에서의 NGT 활용 방법은 다음과 같다.

1. 주제에 대한 자신의 생각을 익명으로 포스트잇 같은 종이에 적는다. 이때 브레인라이팅의 방식처럼 말을 하지 않고 적기만 한다.
2. 비슷한 것은 아래로 이어붙이고, 다른 의견은 옆으로 이어 가는 방식으로 분류를 한다.

3. 분류가 끝나고 나면 좋다고 생각하는 아이디어에 손을 들거나 스티커를 붙이는 식으로 투표한다. 투표는 $\frac{n}{2}-1$로 투표(예컨대 아이디어가 6개면 2표씩)하는 게 적절하다.

4. 투표가 끝나면 이후에 가장 많은 표를 받은 아이디어부터 검토하거나 모둠에서 추후 활동을 진행한다.

나쌤의 THINKING +1 LEARNING

액션러닝 기법을 수업에 적용할 수 있습니다. 명목그룹법과 투표를 통해 의견을 결정하는 것은 기업이나 워크숍에서 의견을 공평하게 나누고, 결정하는 방법으로 많이 활용됩니다. 교실에서도 작은 원 스티커나 별 스티커 등을 활용해서 생각에 대한 동의를 표현하는 것을 연습하면 좋습니다. 같거나 비슷한 생각은 함께 평가를 받기 때문에 의견이 사라지지 않습니다. 적은 표를 받은 내용도 따로 모아두었다가 시간을 내어 함께 논의한다면 더욱 좋습니다.

06 발표는 순서를 타고

교실에서 생각을 나눌 때 소수 아이들만의 활동으로 진행되는 경우가 종종 있다. 교사라면 나머지 아이들이 배움에서 소외되는 것을 바라지 않을 것이다.

기회가 주어지지 않는다면 굳이 나서서 자신의 생각을 말하지 않는 아이도 꽤 많다. 하지만 생각이 없는 것은 절대 아니다. 경우에 따라서는 표현하지 않은 채 머릿속에만 담겨 있는 그 생각이 매우 뛰어난 것일 수도 있다. 그런 경우 다른 많은 아이들이 그 좋은 생각을 들어볼 기회조차 가질 수 없다. 따라서 교사는 모든 아이들이 고루 표현할 수 있도록 적절한 기회를 부여해주어야 한다. 말로 생각을 전달하는 것도 꾸준한 연습을 통해 점차 향상되는 것이기 때문이다.

모둠 번호 발표는 동등하게 발표 기회를 부여하는 방법으로 매우 좋다. 방법은 간단하다. 생각 거리 질문에 대한 자신의 생각을 정리한 후 모둠 번호 순서대로 돌아가면서 이야기하는 것이다. 모두 자리에서 일어나서 돌아가면서 발표를 했는데도 나오지 않은 의견이 있다면 이후에 손을 들어서 추가할 수 있다.

1. 발문 후 각자의 의견을 쓸 시간을 준다.
2. 모둠 번호를 지명한다. "각 모둠의 1번 일어서세요."

모둠 순서대로 돌아가면서 골고루 발표합니다.

3. 모둠 내의 번호 순서대로 놀아가면서 발표한다.

4. 모든 모둠의 1번이 발표한 후, 혹시 추가 의견이 있는지 확인한다.

5. 다음 발문 후에는 모둠 2번부터 지명해서 골고루 발표할 기회를 준다.

6. 발표를 듣는 동안에는 공책에 다양한 방법으로 평가하면서 듣는다.

나쌤의 **THINKING** **+1**
LEARNING

경험을 해보는 것과 해보지 않은 것 사이에는 큰 차이가 있습니다. 좋은 생각을 떠올렸고, 공책에 기록했지만 용기가 없어서 발표하지 않는 경우도 많습니다. 모둠 번호 순서대로 돌아가면서 한다면 예측 가능하고, 기회도 공평하게 돌아오기 때문에 생각을 이야기하는 연습도 할 수 있습니다. 앞에서 친구가 발표한 내용과 같더라도 다시 발표하게 하는 것이 좋습니다. 왜냐하면 생각이 반복된다는 것은 많은 사람이 같은 생각을 했다는 일종의 증거가 되기 때문입니다. 모둠 번호 순서대로 발표한 후에 추가 발표 때는 손을 들어서 자유롭게 발표할 수 있게 하면 고른 기회 부여와 함께 독창적인 생각을 찾아보는 효과를 동시에 볼 수 있습니다.

07 네 생각이 내 생각

자기 생각을 말하는 것도 중요하지만, 경청을 통해 상대의 생각을 제대로 이해하는 것도 매우 중요하다. 여기 두 마리 토끼를 잡을 수 있는 방법이 있다.

자기표현이 중요시되는 요즘 세상에서 다른 사람들 앞에서 자신의 생각을 자신 있게 말할 수 있는 능력은 분명 중요한 역량이다. 하지만 어떤 아이는 모든 아이들에게 또박또박 자신의 생각을 이야기하는 게 부담스러울 수 있다. 그런데 친구의 의견을 자신이 대신해서 이야기하는 건 부담이 덜할 수 있다. 이런 상황에서 좋은 방법이 바로 짝(또는 모둠)의 생각을 대신 전달하는 것이다.

그런데 친구의 생각을 대신 전달하려면 우선 친구의 생각이 무엇인지 집중해서 듣지 않으면 안 된다. 경청이 중요하다는 뜻이다. 만약 그렇지 않으면 생각을 제대로 전달할 수 없게 된다. 즉 내 의견도 잘 말해야 하지만, 친구의 의견도 잘 들어야 하는 활동인 것이다. 이에 수업시간에 어떻게 적용하면 좋은지 활동 방법을 소개하면 다음과 같다.

1. 생각 거리 질문에 대한 자신의 생각을 떠올려 핵심어 중심으로 적는다.
2. 돌아가면서 짝에게 자신의 의견을 말한다.

친구의 생각을 듣고 대신 이야기하는 방법으로 생각을 나눌 수 있습니다.

3. 짝의 의견을 대신 발표한나.

4. 응용으로 모둠원에게 자신의 의견을 말한다. 모둠원들의 의견을 종합해서 발표한다.

5. 발표를 듣는 동안에는 공책에 다양한 방법으로 평가하면서 들으면 더 좋다.

스스로 뭔가를 말할 때, 거기에만 집중하다 보면 다른 사람의 생각은 귀에 잘 들어오지 않을 때가 있습니다. 그러면 결국 다른 친구들의 좋은 생각을 놓치게 되고 맙니다. 친구의 의견을 대신 발표하는 방법을 사용한다면 듣기도 잘 들어야 하고, 요약도 해야 하고, 또 그것을 효과적으로 말해야 하는 것을 한 번에 연습할 수 있습니다. 말하는 입장에서는 친구가 기억하기 쉽게 잘 전달하는 노력을 해야 합니다. 친구의 생각을 메모하면서 듣게 하면 더 좋습니다. 익숙해지면 모둠 전체의 생각을 대신 말하는 것까지 도전해봅니다. 이때 누가 전달하는 입장을 할지 모르는 상태로 진행하고, 임의로 지명해서 하는 것이 좋습니다.

나쌤의
재미와 의미가
있는 수업

08 침묵의 소통, 공책 돌려쓰기

생각을 나눈다고 하면 가장 먼저 떠오르는 것이 대화와 토론 같은 말로 하는 소통일 것이다. 하지만 꼭 말로 해야 할 필요는 없다.

많은 교사들이 생각 나눔이라고 하면 주로 '말'을 매개로 한 대화를 떠올릴 것이다. 하지만 꼭 직접적인 대화로만 생각 나눔을 할 수 있는 것은 아니다. 자신의 생각을 글로 적는 방식으로 얼마든지 다른 친구들과 생각을 나눌 수 있다. 방법은 간단하다. 아이들에게 공책이나 메모지에 자신의 생각을 정성스럽게 적게 하는 것이다. 그리고 그 적은 내용을 모둠 내에서 순서대로 돌아가면서 읽어보고 글로 피드백하면 된다. 수업시간에 어떻게 글로 생각 나눔을 했는지 활동 방법을 소개하면 다음과 같다.

1. 공책에 자신의 의견을 쓴다.
2. (말없이) 공책을 모둠원들과 돌려가면서 읽고, 좋은 점(2개), 개선할 점(1개나 0개)을 쓴다.
3. 창의성 기법 중에 하나인 PMI 기법을 적용해서 친구의 공책에 피드백해줄 수 있다.

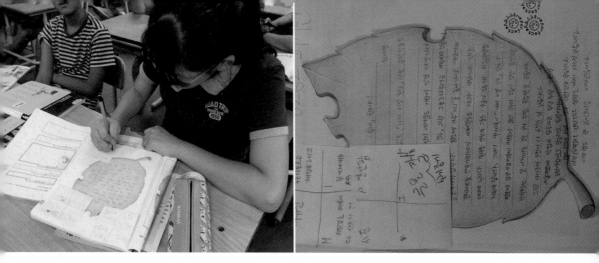

생각을 책이나 공책에 적은 후 짝, 모둠에서 돌려 읽으면서 생각을 나눕니다.

- Plus: 좋은 점이나 본받고 싶은 점

- Minus: 개선하면 좋을 점

- Interest: 흥미로운 점

나쌤의 **THINKING** +1
L E A R N I N G

공책에 적은 내용을 돌려가면서 눈으로만 보는 것보다는 무엇인가를 서로 적으면서 피드백을 하는 것이 좋습니다. 주로 좋은 점을 찾아주고, 개선하면 좋을 점이 있을 때 적어줍니다. '좋아해' 성장회의 방식을 적용해서 좋은 점, 아쉬운 점, (직접) 해보고 싶은 점을 적는 것도 좋습니다. 친구들이 적어준 내용을 꼼꼼하게 읽어본 후 받아들이고 싶은 부분을 반영해서 발전시키는 시간을 주면 아이들은 한 단계 더 성장하게 됩니다.

09 전광석화 번개 발표

발표 시간은 꼭 충분히 주어져야 한다는 편견을 버려라! 때로는 짧은 발표들을
빠르게 이어가면서 생각을 나눌 수 있다.

때로는 몇몇 아이들의 생각이 아닌 모든 아이들의 생각을 빠르게 들어볼 필요가
있다. 짧은 시간 동안 여러 학생의 의견을 들어보고 다양한 의견들을 수렴해
볼 때 좋은 방법이 있다. 예컨대 수업을 마무리하는 상황에서 전체적인 느낌이
나 활동 소감 등을 들어보고 싶을 때 사용하면 좋은 활동이다. 핵심은 번개처럼
빠르게다. 발표하는 데 앞 사람의 이야기가 끝나면 대기 시간 없이 바로 이어서
다른 아이가 생각 나눔을 하는 것이다. 만약 다음 아이가 자기 차례에서 생각이
나지 않은 경우에는 "통과!"를 외치며 건너뛰고 다음 사람으로 넘어가면 된다.
통과로 지나친 아이는 나중에 기회를 다시 받게 된다. 활동 방법을 간단히 소개
하면 다음과 같다.

1. 정해진 정답이 없거나 정답이 여러 개인 경우에 활용하면 더 좋다.
2. 활동 후 소감 나누기나 전체의 의견을 들어볼 필요가 있는 경우에 추천하
   는 생각 나눔 방법이다.

대기 시간 없이 순서대로 빠르게 돌아가며 생각을 나눕니다.

3. '단어'나 '한 문장'으로 대기 시간 없이 빠르게 이어서 번개처럼 발표(최대 30초 이내)한다.

4. 번개가 휘몰아치듯 빠르게 그리고 끊어지지 않게 한다. 자신의 순서에서 생각이 나지 않으면 "통과!"를 외치고 맨 마지막에 다시 말한다.

나쌤의 THINKING +1
LEARNING

자기 순서에서 생각이 나지 않는 경우에는 "통과!"라고 외칩니다. 통과를 한 경우 마지막에 다시 기회를 줍니다. 그런데 한 명이 통과를 하면 다음 사람들이 연속해서 통과, 통과만 외쳐서 발표가 허무하게 끝나버리는 경우도 있습니다. 이런 사태를 예방하기 위해 앞에서 통과를 했다면 바로 이어서 통과를 하지는 못하도록 규칙을 정해 진행하는 방법도 있습니다. 그런데 무엇보다 아이들이 통과를 많이 하는 것은 이야기를 할 게 없거나 하고 싶지 않다는 의미인 경우도 있으므로, 이는 존중해주는 것이 좋습니다. 더 매력적인 주제를 제시했어야 했는지, 충분히 생각할 수 있는 여유를 주었는지를 먼저 생각해보면 좋겠습니다.

10 앉았다 일어났다, 두더지 발표

마치 구멍에서 머리를 쏙 내밀었다 들어가는 두더지 게임을 연상시키는 수업활동이 있다. 신체 활동과 생각 나눔을 동시에 즐길 수 있는 방법이다.

교사가 아이들에게 생각거리를 제시하면, 아이들은 일단 그에 대한 자신의 생각을 정리할 시간이 필요하다. 그런데 재미있는 게임은 지금부터 시작이다. 아이들은 생각거리 질문에 대해 자신의 생각을 모두 정리하고 나면 자기 자리에서 일어난다.

만약 아이들 모두가 자리에서 일어나게 되면 그때 교사가 한 아이를 지명하는 것이다. 지명을 받은 아이는 자신의 생각을 이야기하고 자리에 앉으면 되는데, 만약 지명을 받아 발표한 친구와 생각이 비슷하거나 같으면 함께 발표한 것으로 인정받고 함께 자리에 앉으면 된다. 함께 앉은 친구들의 숫자만큼 공감을 받은 것이기도 하다. 그렇게 하면 순식간에 학급 전체가 발표를 한 번씩 한 것이 된다. 앉았다 일어났다 하는 가벼운 신체 활동이 더해져 아이들의 흥미를 더욱 높일 수 있다. 아이들이 모두 자리에서 일어나 발표를 하고 각자 도로 앉는 모습이 마치 두더지 잡기 게임과 비슷하다고 생각해서 두더지 발표라고 부른다. 활동 방법을 소개하면 다음과 같다.

만약 발표한 친구와 생각이 같으면 함께 자리에 앉습니다.

1. 학생들은 공책에 자신의 생각을 쓰고 나서 자리에서 일어선다.
2. 전원이 일어서면 돌아가면서 발표를 한다.
3. 먼저 발표한 친구와 생각이 같거나 비슷하면 함께 자리에 앉는다.
4. 친구와 의견이 같아 앉은 경우에도 똑같이 발표한 것으로 인정한다.

  +1

LEARNING

이 활동을 시작하기 전에 미리 생각을 떠올리고 공책이나 책의 빈 공간에 기록을 한 다음에 자리에서 일어나도록 하는 것이 좋습니다. 모든 아이들이 일어나면 그때 두더지 발표를 시작하는 것입니다. 미처 생각을 다 하지 못했다면 친구가 발표할 때 그냥 함께 앉아서 숨는 경우가 발생합니다. 먼저 생각을 충분히 하고, 이를 적어본 후에 이 활동을 하는 것이 효과적입니다. 또 학급에서 발표 횟수로 학급 공동의 목표나 개인 목표 달성 등을 하고 있다면 함께 앉는 것도 발표를 한 것으로 인정해 주는 것이 좋습니다.

11 아이디어를 붙여라!

학급 전체가 각자의 생각을 한눈에 볼 수 있다면 참으로 좋을 것이다. 그리고 모든 학생들이 참여할 수 있다면 더더욱 좋을 것이다.

각자가 생각하는 답을 보드판에 적은 다음에 이를 다 같이 동시에 들고, 서로의 답을 확인해보는 '도전 골든벨'은 언제 해도 즐거운 활동이다. 그런데 수업 중에 전체 아이들의 생각을 동시에 확인해볼 필요가 있을 때도 보드판은 여러모로 유용하다.

■ 보드판 발표

보드판의 크기는 나중에 칠판에 붙이고 자유롭게 분류도 할 수 있어야 하므로 A4용지 절반 크기로 만드는 것이 가장 좋다. 만드는 방법도 비교적 간단하다. A4 크기 종이를 절반 잘라 코팅하고 뒤에 판 자석을 붙이면 완성이다. 직접 만드는 게 번거롭다면 문구 사이트에서 보드판을 검색하면 크기별로 다양하게 구매할 수 있다. 보드판을 이용한 발표 방법을 살펴보면 다음과 같다.

1. A4절반 크기의 개인 보드판 만들거나 구매한다. '허니컴 보드'라는 정육각

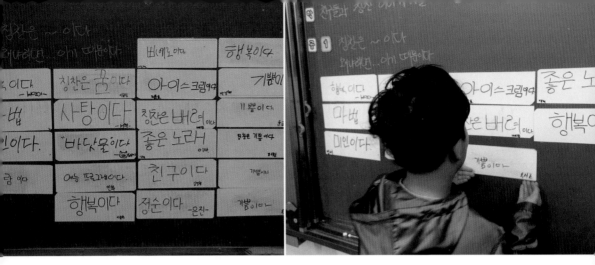

생각을 보드판에 적어서 칠판에 붙이면서 함께 나눌 수 있습니다.

형 모양의 보드판도 있다.

2. 생각을 보드판에 써서 칠판에 붙인다. 이때 모두가 볼 수 있도록 크고 명확하게 쓴다.

3. 비슷한 생각끼리 모아서 분류해서 활용한다.

보드판 발표와 마찬가지로, 모두의 생각을 알아보는 데 좋은 방법을 또 한 가지 소개하려고 한다. 바로 포스트잇을 활용한 전원 발표 활동이다.

■ 포스트 잇 발표

특히 이 활동은 모두의 생각을 짧은 시간 동안에 알아보고 그것을 활용해서 다음 활동을 이어갈 때 아주 좋다. 방법은 간단하다. 포스트잇에 자신의 생각을 적고, 자신의 번호나 이름이 적혀진 곳에 붙인다. 나중에 추가로 생각을 들을 때 그 내용을 활용할 수 있다. 또 비슷하거나 다른 의견 등으로 분류해서 후속 활동을 이어갈 때도 좋다. 활동 방법을 간단히 정리하면 다음과 같다.

포스트잇에 자신의 생각을 적고 자신의 번호 칸에 붙이면서 나눕니다.

1. 각자의 생각을 포스트잇에 기록(키워드 중심으로 크고 잘 보이게 쓰기)하여
   자신의 번호 칸에 맞게 붙인다.
2. 의견을 아직 내지 않은 사람은 비어 있는 자신의 자리를 보고 자극받아 이
   를 채우기 위해서 더 노력하게 된다.
3. 같은 의견끼리 분류하고 필요한 경우에는 서로 의견을 들어본다.

나쌤의 THINKING +1 LEARNING

 생각을 말로만 전달하면 금방 사라집니다. 하지만 적어서 모두가 볼 수 있
게 한다면 오래 활용할 수 있습니다. 더 좋은 것은 보드판이나 포스트잇에
적은 생각을 이동시키면서 공부하는 것입니다. 같거나 비슷한 생각을 모아서 다음 활동을
하거나 하나씩 지워나가면서 토론도 할 수 있습니다. 만약 그 시간에만 활용하면 충분한
내용인 경우에는 개인 보드판에 적어서 공부합니다. 여러 시간에 걸쳐서 활용할 필요가
있는 경우에는 포스트잇에 적어 붙이고 이후에도 다시 붙여서 활용하면 좋습니다.

12 내 생각의 온도는 몇 ℃?

꼭 서로의 생각을 구구절절하게 나눠야만 생각 나눔은 아니다. 때론 자신의 생각이 어느 정도인지 밝히는 것만으로도 수업 참여를 독려할 수 있다.

수업에서 학생들이 자신의 의견을 구체적으로 표현하고 있다면 분명 수업에 적극적으로 참여하고 있다고 해석할 수 있을 것이다. 하지만 꼭 의견이 구체적이어야만 수업에 참여하는 것일까? 물론 그렇지 않다. 마치 '온도'를 표시하듯 자신이 생각하는 정도만 표현하는 것도 분명 수업에 참여하는 것이다.

■ 소신도 발표

필자는 일본의 수업 명인 모리다(森田) 선생님의 한일수업교류회 수업을 참관한 이후로 이를 적극적으로 활용하고 있다. 즉 아이들에게 소신도를 표현하게 하는 것이다. 확실하게는 A, B 등으로 구분할 수도 있지만, '아마도', '어쩌면', '절대로' 등의 소신도를 넣어서 다양하게 자신의 현재 상태를 표현하게 한다. 수업이 진행되는 중간 언제라도 자신의 생각이 변할 때마다 나와서 바꿀 수 있게 하면 아이들은 수업에 더욱 진지하게 몰입하게 될 것이다. 구체적인 활동 방법을 살펴보면 다음과 같다.

소신도를 얼굴 자석이나 이름 자석으로 표현합니다. 배움의 과정에서 언제든지 다시 바꿀 수 있습니다.

1. 그렇다 VS 아니다 VS 잘 모르겠다 등 소신도를 나타내는 표에 자신의 이름 자석(얼굴 자석)을 붙인다.
2. 절대로(3) VS 아마도(2) VS 어쩌면(1) 등으로 자신의 소신도를 나타낸다.
3. 중간에 언제든지 자신의 생각을 바꿀 수 있고, 마지막에 최종 결정을 한다.

소신도 발표와 함께 생각의 정도를 간단히 확인해볼 수 있는 또 다른 방법을 소개하고 싶다. 바로 일직선 스펙트럼과 손바닥 스펙트럼이다.

■ 일직선 스펙트럼

일직선 스펙트럼은 생각의 정도를 위치로 표현하는 데 좋은 생각 나눔 방법이다. 활동 방법은 간단하다. 자신이 생각하는 정도의 위치에 가서 서면 된다. 만약 그곳에 다른 사람이 서 있다면 이야기를 나누면서 자신의 위치를 조정하면 된다. 좀 더 구체적으로 활동 방법을 살펴보면 다음과 같다.

질문에 대한 자신의 생각을 서 있는 위치로 표현합니다.

1. 의견에 대한 자신의 생각 정도에 따라 한 줄로 선다.
2. 100% 찬성이면 오른쪽 끝에, 절대 아니라고 생각하면 왼쪽 끝에 선다.
3. 다음 단계로 좌우로 짝이 생긴 자신의 옆 사람과 한 가지씩 생각이 다른 점을 찾는다.
4. 짝과 이야기하면서 자신의 생각 정도를 다시 점검한다.
5. 최종적으로 자신의 위치를 결정한 후 내가 왜 여기 있는지 한 마디씩 돌아가며 설명한다.

■ 손바닥 스펙트럼

손바닥 스펙트럼도 일직선 스펙트럼과 마찬가지로 생각의 정도를 간단히 알아보는 데 좋은 활동이다. 각자 자리에서 손바닥과 손바닥 사이의 거리로 생각을 표현하는 방법이다. 특히 손바닥 스펙트럼 활동은 몸으로 표현함으로써 생각의 정도를 나타내는데, 이러한 가벼운 신체 활동이 학생들의 더욱 적극적인 참여를 유도한다.

생각을 손바닥 사이의 거리로 표현합니다.

1. 두 손바닥을 모으면 0%이다.

2. 두 발을 최대한 벌리면 100%이다.

3. 질문에 대한 자신의 생각을 몸으로 표현한다.

4. 몸으로 표현한 것에 대한 생각이나 느낌을 서로 나눈다.

나쌤의 THINKING +1 LEARNING

생각을 마치 온도처럼 숫자나 정도로만 표현해도 그것에 대해 더 많은 관심을 갖게 됩니다. 소신도 발표와 스펙트럼 발표는 이후에 얼마나 생각이 변화했는지 다시 확인하는 과정이 있을 때 더 멋진 활동이 됩니다. "절대 아니다"라고 했는데, 수업이 진행되는 동안에 "절대 그렇다"로 변하는 경우도 발생합니다. 그러면 그 이유를 들으면서 흥미롭게 수업을 진행할 수 있습니다. 스펙트럼 활동도 활동 시작, 중간, 끝으로 나눠서 표현해보면 생각이 변화하는 흐름을 확인할 수 있습니다.

13 내가 ○○○라면…

다른 사람의 관점에서 생각해보는 연습은 생각 나누기에서 빼놓을 수 없는 활동이며, 이후 고차적인 토론 활동으로 이어지는 데 밑거름이 된다.

STAGE 04 '생각 키우기'에서 본격적으로 토론 활동을 다룰 예정이지만, 원활한 토론을 위해서는 상대방의 관점을 정확히 파악하고 이해할 수 있어야 한다. 하지만 아직까지 자기중심적 사고에 익숙한 아이들이다 보니 다른 이의 관점에서 생각할 수 있으려면 연습이 필요한 게 사실이다. 다만 억지로 생각해보도록 강요하는 게 아니라, 마치 놀이처럼 재미있게 접근하는 것이 중요하다.

다른 사람이 무슨 생각을 하는지 그 사람의 입장에서 한번 생각해보는 활동 중 가장 쉽게 접근해볼 수 있는 방법이 있다. 교육 연극 기법을 활용하는 것이다. 교육 연극 기법은 생각을 나누는 재미있고 효과적인 방법으로 알려져 있다. 그중 추천할 만한 것이 바로 추억의 놀이 '얼음 땡'의 방식과 일부 유사한 정지 장면 만들기 활동이다. 이 활동은 장면을 정지 동작으로 표현하는 것이다.

■ 정지 장면 만들기 활동

기본적으로 아이들은 몸을 쓰는 활동에 흥미를 느낀다. 이렇듯 몸을 쓰는 가벼

정지 장면으로 생각을 표현해봅니다.

운 신체 활동은 아이들의 흥미를 자극할 뿐만 아니라, 다른 사람의 생각을 읽는 데 관심을 갖게 할 수 있다. 개인적으로 수업 중 가벼운 신체 활동은 아이들의 참여도와 집중력을 높이는 데 매우 좋은 방법이라고 생각한다. 이러한 관점에서 볼 때, 정지화면 활동은 매우 재미있고 또 유익한 방법이다.

　다만 동작을 표현하는 쪽은 동작만으로 상대방에게 충분히 이해가 될 수 있도록 표현해야 한다. 혹시라도 명확하게 이해하기 어려운 경우에는 진행자가 정지된 친구들에게 "숨을 불어넣겠습니다!"는 말과 함께 1번 터치하거나 박수를 1번 친다. 그러면 어울리는 동작을 2~3번 반복하고 다시 멈춘다. 만약 그러고 나서도 이해가 되지 않으면 "다시 한 번 숨을 불어넣겠습니다!"라고 하면서 2번 터치하거나 박수를 2번 친다. 그러면 어울리는 대사나 효과음을 2~3번 하고 다시 멈춘다. 다음은 수업시간에 아이들과 함께한 활동 내용을 간략히 소개한 것이다.

　1. "하나 둘 셋! 정지!(또는 얼음!)" 하면 정지 장면으로 멈춰서 표현한다.

2. 표현한 것이 잘 이해가 되지 않는 경우에는 진행자가 한번 '터치'하면 다시 소리 없이 움직인다.

3. '두 번 터치'를 하면 움직이면서 어울리는 말을 한다.

4. 활동 후 소감을 나누면서 표현한 내용에 대해 이야기를 나눈다.

교육연극기법을 활용하면 다른 사람의 입장에서도 생각해볼 수 있기 때문에 훨씬 생산적인 생각 나눔이 가능하다. 서로 자신의 생각만 옳다고 고집한다면 아무리 생각을 나눈다고 해도 진전시키기는 어려울 것이기 때문이다. 교육 연극 기법을 활용한 또 다른 활동으로 아이들로 하여금 다른 입장에서 생각해보게 하는 재미 있는 활동이 있어 소개하려고 한다. 바로 수인공 되기 방법이다.

■ 주인공 되기

이 활동은 쉽게 말해 관련된 이야기나 상황 속 주인공이 되어보는 것이다. 아이 들은 그 주인공의 입장에서 생각하고 말하고 행동하면서 다른 사람의 생각을 알아볼 수 있다. 구체적인 활동 방법을 간략히 소개하면 다음과 같다.

1. 이야기 속이나 역사적 인물을 정하고, 그 사람의 입장이 되어본다.

2. 주인공이 된 후에는 그 인물의 입장에서 생각하고 행동하고 대답하도록 지도한다.

3. 주인공에게 궁금한 것을 질문으로 만들어서 물어보고 대답하는 과정으로 진행한다.

'주인공 되기'처럼 마치 다른 사람이 된 것처럼 생각해볼 수 있는 데 좋은 또 다

나쌤의
재미와 의미가
있는 수업

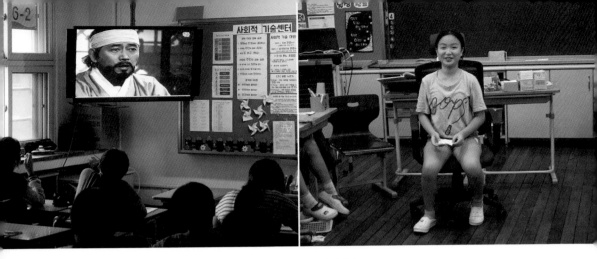

등장인물의 입장이 되어서 생각해본 다음에 그 입장에서 답합니다.

른 방법을 소개하려고 한다. 바로 빈 의자 기법이다.

■ 빈 의자 기법

빈 의자 기법(EMPTY CHAIR)은 교육 연극이나 심리 상담을 할 때 주로 사용하는 기법 중 하나다. 예를 들어 주인공이 비굴하고 부정적인 이미지인 경우에는 활동이 끝나고 나서 그 이미지를 주인공 역할을 한 친구에게 덧씌우는 경우가 많다. 그래서 직접 주인공을 의자에 앉게 하는 것이 불편한 경우에는 의자를 비워 두고 활동을 하는 빈 의자 기법이 적합하다. 실제 수업에서 아이들과 함께한 방법을 소개하면 다음과 같다.

1. 빈 의자를 하나 놓고, 그 의자에 시나 이야기의 작가 또는 역사적 인물이 찾아와서 앉아 있다고 상상한다.
2. 빈 의자에 앉아 있다고 상상하는 인물에게 질문하거나 부탁하거나 이야기를 한다.

빈 의자에 등장인물이 앉아 있다고 생각하면서 말하거나 질문을 합니다.

3. 질문을 하는 경우에는 대답을 들어야 하는데, 의자가 비어 있기 때문에 대답을 들을 수가 없다. 이때 대신 대답을 해주고 싶은 사람의 자원을 받아서 의견을 들어볼 수 있다.

4. 대답을 하는 사람은 최대한 의자에 앉아 있을 사람의 입장에서 대답한다.

5. 또는 질문한 사람이 그 의자에 앉아서 자기 질문에 스스로 답할 수도 있다.

나쌤의 THINKING +1
LEARNING

 　　　주인공이 되어보거나 빈 의자에 앉아 있는 주인공처럼 말하거나 질문할 때 상징물을 준비하면 더 좋습니다. 최면술사가 최면을 걸기 전에 특별한 신호나 도구를 이용하는 것처럼 말입니다. 모자를 쓰면 주인공이 되고, 벗으면 원래 자신의 모습으로 돌아오는 규칙 등을 넣으면 더 몰입할 수 있습니다. 교육 연극적 기법이 들어간 활동은 분위기의 조성이 매우 중요합니다. 왜냐하면 정지 동작을 하거나 친구가 나를 정지 동작으로 만들어주고 있는데, 이를 비웃는 분위기라면 집중하기 어렵기 때문입니다. 따라서 사전에 이 부분을 충분히 이야기하고 시작하는 것이 좋습니다.

14 나는 내레이터, 너는 배우

어린 시절 소꿉놀이를 한 번도 해보지 않은 이는 없을 것이다. 우리 모두는 어린 시절부터 본능적으로 역할놀이에 매력을 느낀다. 이를 배움에 활용해보자.

개인적인 경험에 따르면 역할극으로 생각을 표현하게 하는 것은 아이들이 가장 좋아하는 시간 중 하나이다. 역할극은 아이들이 활동에 깊이 빠져들게 하는 순간적인 몰입도가 매우 높고, 또 준비하는 과정에 참여하면서 여러 가지 경험을 쌓는 동안 많은 것들을 배우게 된다는 장점이 있다.

하지만 단점도 있다. 수업에서 역할극을 제대로 하려면 대사를 쓰고 외우는 과정에서 아무래도 시간이 많이 소요되는 게 사실이다. 또한 아이들의 입장에서는 뭔가 많은 것을 알아서 생각하고 표현해야 한다는 부담감도 적잖이 느낄 수밖에 없다. 그런데 역할극의 장점은 살리고 단점을 보완할 수 있는 활동이 있어 소개하고 싶다.

무성 영화 시절에는 영화에 맞추어 그 내용을 구구절절 설명해주던 사람이 있었다. 바로 변사(辯士)다. 그들의 역할은 영화의 내용을 말로 전달해주는 해설자로 내레이션을 담당했다. 필자는 전국교사연극모임에서 펴낸 《1주일 만에 뚝딱 연극 만들기》라는 책을 보면서 내레이션(narration)으로 충분히 역할극을

내레이션(해설)에 맞춰서 생각을 표현합니다.

진행할 수 있다는 것을 알게 되었다. 즉 주제와 표현하고자 하는 방향이 잘 드러나도록 상황을 연출하고 내레이션을 하는 것이다.

먼저 모둠별로 역할을 분담한다. 내레이션을 담당할 변사, 즉 내레이터를 결정하고, 나머지 모둠원은 배우가 되는 것이다. 내레이터가 내레이션을 하면 배우는 즉흥적으로 내레이션에 어울리는 동작과 함께 짧은 대사를 하면서 표현하는 것으로 어느 정도 부담을 줄여줄 수 있다. 실제 수업에서 활용했던 방법을 소개하면 다음과 같다.

1. 먼저 이야기나 시를 읽어본다. 그리고 나서 이야기나 시의 내용과 관련된 경험을 떠올린다.
2. 모둠끼리 주제를 정하고 짧은 해설(내레이션)을 이용한 대본을 6~10줄 정도 쓴다.
3. 해설자, 등장인물 등의 역할을 정하고 연습한다.
4. 해설자의 내레이션에 맞춰 역할극을 한다.

5. 해설자의 내레이션이 끝나면 거기에 맞게 연기를 짧게 하고 멈추면, 해설자가 다음 내레이션을 한다.
6. 활동 후 함께 소감을 나누고 마무리한다.

내레이션으로 사용할 내용을 쓸 때는 모둠원들과 충분히 토의하는 것이 좋습니다. 대사가 없지만 상황의 맥락과 분위기 등을 즉흥적으로 표현해야 하므로 흐름을 잘 파악하고 있어야 합니다. 이 활동에 익숙해지면 필요한 역할과 내레이션을 할 사람을 정하지 않고, 먼저 내레이션을 준비한 후 시작하기 전에 역할을 뽑습니다. 그러면 만드는 과정에 모두가 더욱 집중하게 됩니다. 또 다른 모둠과 내레이션 대본을 바꿔서 진행해보는 것도 좋습니다. 아마도 즉흥극의 매력에 흠뻑 빠져들게 될 것입니다.

15 귀를 기울이면

생각 나눔의 기본은 나의 생각 못지않게 다른 사람의 생각도 중요하다는 것을
인정하는 것이다. 그러기 위해서는 상대의 의견에 귀를 기울일 줄 알아야 한다.

과거와 달리 경쟁보다 더불어 성장을 꾀할 수 있는 협동의 가치가 높이 평가되고
있다. 협동의 기본은 소통이고, 상대의 의견에 귀를 기울여야만 원활한 소통이
가능하다. 잘 말하는 것만큼 잘 듣는 노력, 즉 경청이 필요하다는 뜻이다.

잘 말하고, 잘 듣고, 궁금한 것을 질문하는 것을 한 세트로 하여 상호 평가할
수 있는 좋은 방법이 있어 소개하려 한다. 생각을 나누는 사람은 자신의 말을
가장 잘 들어준 사람에게 바둑알 또는 공깃돌을 하나씩 준다. 생각 나눔이 끝나
면 질문을 하는데, 좋은 질문으로 생각의 크기를 넓혀준 친구에게 공깃돌이나
바둑알을 또 하나 준다. 모두가 돌아가면서 생각 나눔을 하고 가장 공감이 되
거나 도움이 된 생각을 나누어준 친구 3~5명에게 공깃돌이나 바둑알을 한 개씩
준다. 서로 평가를 주고받으면서 생각 나눔을 하게 되므로 아이들도 진지하게
참여하게 된다. 다음은 실제 수업에서의 활동 내용을 간략히 요약한 것이다.

1. 모둠을 나누고 1명의 진행자를 선발한다. 진행자는 검은색 바둑돌을 갖는다.

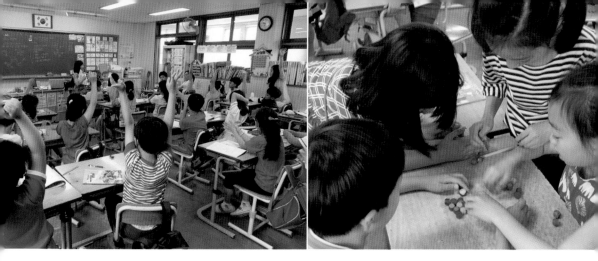

친구들의 발표를 듣고 질문을 합니다. 그러고 나서 우수 경청, 질문, 발표자를 뽑습니다.

2. 나머지 모둠원은 흰색 바둑알을 한 개씩 받는다.

3. 진행자는 가장 적극적으로 들어준 사람에게 자신의 검정색 바둑알을 준다.

4. 나머지 모둠원은 가장 흥미롭게 읽어준 진행자에게 흰색 바둑알을 준다.

5. 활동이 끝나면 모둠원들이 받은 바둑알을 더해서 확인한다(바둑알 대신 공깃돌을 이용해도 된다).

나쌤의 THINKING +1
LEARNING

 교실에 준비된 바둑알이 없다면 공깃돌을 사용하면 됩니다. 공깃돌도 없다면 색종이를 자른 후 경청, 발표 등의 말을 적어서 직접 상표처럼 만들어서 사용하는 것도 좋습니다. 경청이 무엇인지, 잘 발표하는 것이 무엇인지, 좋은 질문은 어떤 것인지 미리 이야기를 나누면 활동을 통해 한층 더 성장할 수 있습니다. 만약 지나치게 경쟁적으로 흘러가는 분위기라면 발표가 모두 끝난 후 메모지에 비밀 투표로 적어서 결과만 발표하고 비법을 들으면서 마무리하는 것도 좋습니다.

16 도전! 릴레이 칠판 쓰기

아이들은 유독 칠판에 낙서하는 것을 좋아한다. 칠판에 뭔가 써볼 기회를 주는
것만으로도 아이들은 적극적으로 수업에 참여한다.

학창시절을 떠올려보면 쉬는 시간이나 방과 후에 교실에 남아 친구들과 칠판에
이것저것 낙서를 하며 놀았던 기억이 남아 있을 것이다. 그런데 그건 요즘 아이
들도 마찬가지인 것 같다. 아이들은 칠판에 뭔가 쓰는 것을 좋아한다. 우리 반
아이들도 쉬는 시간에 틈만 나면 칠판에 낙서도 하고, 그림도 그리면서 노는 모
습을 자주 볼 수 있다.

이에 공식적으로 아이들에게 칠판에 뭔가 써볼 기회를 주면서 이를 배움과
연결하고 싶었다. 그것이 바로 '릴레이 칠판 쓰기 대결'이다. 마치 대결을 펼치
듯 칠판에 나와서 생각을 적는 것이다. 그 전에 우선 각자 주제에 대한 생각을
공책에 적게 한다. 그리고 모둠 내에서 토의하여 최대한 많은 의견을 정하는 것
이다. 이후 순서대로 돌아가며 칠판에 나와서 쓰면 된다. 모둠 내에서는 협동
하고, 모둠끼리는 경쟁하면서 많은 생각을 나눌 수 있다. 수업에서 적용해볼 수
있도록 활동을 간략하게 정리하면 다음과 같다.

칠판에 생각을 적다가 시간이 다 되거나 더 이상 쓸 내용이 없으면 다음 친구가 이어서 적습니다.

1. 관련된 내용을 먼저 공부한다.
2. 모둠에서 논의해 칠판에 누가 먼저 쓸지 순서를 정한다.
3. 순서대로 나와서 주제에 해당하는 내용을 쓴다.
4. 자신의 차례에 쓸 내용이 없다면 다음 주자가 나온다.
5. 정해진 시간이 되면 함께 이야기를 나누고 정리한다.

나쌤의 **THINKING** +1
LEARNING

이 활동을 할 때 역시 자칫 잘하는 아이가 칠판을 온통 독점해버릴 수 있습니다. 따라서 모둠 번호별로 구역을 나누거나 쓰는 시간을 제한하는 것이 좋습니다. 쓸 것이 없는 경우에는 손을 들어서 모둠 친구들에게 도움을 요청하면 나와서 도와줄 수 있습니다. 다만 직접 써주는 것은 안 되고 옆에서 말로 해주면 듣고 중요한 내용을 쓰는 정도로 돕는 수준을 제한합니다. 칠판 가득 적힌 내용에 밑줄이나 동그라미를 치면서 함께 중요한 내용을 정리하면서 마무리하면 더 좋습니다.

17 생각 나눔도 놀이처럼

아이들은 재미에 약하다. 재미를 느끼면 그만큼 순식간에 몰입한다는 뜻이다.
약간의 재미를 가미하면 아이들은 배움에 더욱 빠져든다.

게임을 싫어하는 아이는 아마도 거의 없을 것이다. 아이들이 게임을 좋아하는
이유는 단순하다. 바로 재미있기 때문이다. 그래서 한번 시작하면 시간 가는 줄
모르고 몰입하게 되는 것이다. 이에 마치 게임처럼 생각을 나눌 수 있는 재미있
는 방법을 몇 가지 소개하려 한다.

■ 질문지 눈싸움

첫 번째로 마치 눈싸움을 연상케 하는 활동으로 생각을 재미있게 나누는 방법
을 소개하려 한다. 아이들에게 종이에 생각을 쓰게 한 다음에 이를 눈뭉치처럼
만들거나 종이비행기로 만들어서 던진 후 그중에서 무작위로 뽑아서 함께 해결
할 수 있다.

　우선 종이에 무엇을 적을지 생각하는 시간을 가져본다. 그리고 종이에 자신
의 생각을 적는 것이다. 다른 사람의 생각을 보거나 들으면서 생각을 키울 수도
있다. 날린 질문지 뭉치(또는 질문 비행기) 중 어떤 내용이 뽑힐지 모르기 때문에

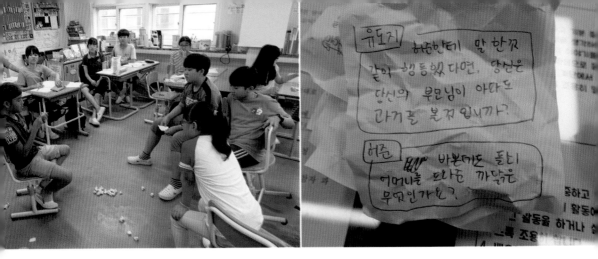

질문을 쪽지에 적고 눈뭉치처럼 뭉치거나 종이비행기로 접어서 던진 후 무작위로 뽑습니다.

더욱 집중해서 참여하게 되는 활동이다. 실제 수업시간에 아이들과 함께했던 방법을 소개하면 다음과 같다.

1. 먼저 참고 영상이나 교과서 등의 글을 읽는다.
2. 이야기의 흐름, 인물이 추구하는 삶을 파악한다.
3. 궁금한 것 질문 종이에 적는다.
4. 질문 눈 뭉치 또는 비행기로 만든다.
5. 교실 가운데 또는 정해진 통에 질문 눈 뭉치를 던진다.
6. 질문 눈 뭉치를 골라 펴서 자신의 생각을 나눈다.
7. 다루지 못한 질문, 해결하지 못한 질문은 게시판에 질문 종이를 붙여두고 답(생각)을 서로 써준다.

질문지 눈싸움과 더불어 재미있게 생각을 나눌 수 있는 또 다른 방법을 소개하려 한다. 바로 '손가락 탑 쌓기' 활동이다.

손가락으로 탑을 쌓으며 생각 나눔을 합니다.

■ 손가락 탑 쌓기

혹시 '눈치게임'을 알고 있는가? 눈치게임은 잘 알다시피 게임을 시작하는 사람이 숫자 '1'을 외치고 난 이후 다음 사람들이 이어지는 숫자를 외치면 되는데, 이때 동시에 같은 숫자를 외치거나 맨 마지막 숫자를 외치는 사람이 패자가 되는 게임이다. 이 게임을 조금만 응용하면 생각 나눔도 눈치게임과 같은 분위기 속에서 즐겁게 할 수 있다. 바로 '손가락 탑 쌓기' 활동을 통해서다. 방법은 이렇다. 자신의 생각을 말하고 엄지손가락을 내민다. 그러면 또 다른 사람이 엄지손가락을 잡으면서 자신의 생각을 이야기하고 엄지손가락을 올린다. 그렇게 모둠 내에서 생각을 나누는 것이다. 전체 공유가 필요하다면 처음에 의견을 낸 사람이나 마지막에 의견을 낸 사람이 종합해서 말한다. 실제 모둠활동에서 손가락 탑 쌓기로 생각 나눔을 했던 사례를 간단히 소개하면 다음과 같다.

1. 발표할 내용을 마음속으로 정하거나 공책에 적는다.
2. "손가락 탑 쌓기 시작!" 하고 외치면 엄지손가락을 올리면서 발표한다.

나쌤의
재미와 의미가
있는 수업

3. 이후에는 먼저 쌓은 엄지를 잡으면서 발표를 이어 간다.

4. 가장 나중에 발표한 사람이 모둠원들의 의견을 종합해서 정리하고 전체에 발표한다.

나쌤의 THINKING +1 LEARNING

생각을 나누는 과정이 즐거우면 시간 가는 줄 모르고 빠져들게 됩니다. 질문이나 하고 싶은 말을 종이에 적은 후 던지면서 공부할 수 있습니다. 만약 이때 비밀로 하고 싶다면 이름을 적지 않습니다. 자신의 생각을 기록한 것으로 충분하다면 가운데 놓은 바구니에서 최대한 멀리 던집니다. 던진 후 하나씩 펼쳐서 종이에 적힌 질문에 답을 해보거나 생각에 자신의 생각을 적고 던지는 것을 반복하면서 공부하는 것도 좋습니다. 손가락 탑 쌓기의 경우에는 가장 나중에 잡은 사람이 전체 의견을 모아서 발표하게 하거나 반대로 할 수도 있습니다. 즉 가장 먼저 엄지를 내민 사람이 나머지 사람들의 의견을 잘 듣고 발표하게 할 수도 있습니다.

18 나도 발표왕

오바마 전 미국 대통령, 지금은 고인이 된 스티브 잡스의 공통점은? 바로 청중을 사로잡은 뛰어난 연설가라는 점이다.

수업 중에 아이들이 발표를 통해 생각 나눔을 하는 모습을 지켜보다 보면 친구들의 이야기에 귀를 기울이는 아이도 있지만, 발표하는 내용을 잘 듣지 않고 딴청을 피우는 아이도 많다. 다른 친구들의 발표에 귀를 기울이지 않는 이유는 크게 3가지로 나눠볼 수 있다. 우선 온전히 듣는 사람의 태도 문제다. 두 번째는 발표자가 전달하는 내용이 적절하지 않을 때다. 끝으로 전달하는 방식이 좋지 않을 때다. 결국 청자(聽者)만의 문제인 것이 아니라, 발표자의 문제일 수도 있다는 뜻이다.

따라서 교사는 다른 친구의 발표에 귀를 기울이지 않는 아이들만 무작정 탓하기 이전에 어떻게 발표하면 좋은지 지도해준다. 즉 발표할 때 내용적인 부분과 전달하는 부분을 신경 쓰게 도와주어야 한다는 뜻이다. 예컨대 조사 발표 학습을 시작하기 전에 5가지 발표의 기술을 먼저 알려주고 연습하면 도움이 된다. 그리고 첫 번째 조사 발표 학습을 하고 나서 이 5가지를 얼마나 잘 지키면서 했는지를 아이들 스스로 평가해보도록 하는 것이다. 그리고 앞으로 어떻게 하면 더욱 잘할 수 있는지 방향을 함께 찾고 연습하면 된다.

- **5가지 발표의 기술**
  1. 자료는 보기 좋게 만들기
  2. 자신의 말로 바꾸기
  3. 명확한 발음과 목소리
  4. 출처 밝히기
  5. 보고읽기 X, 친구들을 보고 말하기 ○

발표의 기술 5가지를 그저 잘한 아이, 못한 아이로 나누는 데만 활용한다면 좋지 않다. 발표의 기술 5가지를 활용해 자기평가를 해보거나 동료평가를 해서 더 나아질 수 있도록 하는 것이 좋다.

 저는 경청에 대해 많은 관심을 가지고 꾸준히 지도를 하는 편입니다. 그런데 아이들을 관찰해보니 발표를 하는 아이가 누구인지에 따라 듣는 아이들의 집중하는 태도가 사뭇 다르다는 것을 알게 되었습니다. 즉 발표를 잘하는 친구들의 이야기에 더 귀를 기울이는 모습이었습니다. 잘 듣지 않는 문제가 말을 하는 사람에게도 일면 책임이 있다는 뜻입니다. 아이들에게 이 부분을 알려준 후 발표를 잘하는 것이 어떤 것인지 토의를 통해서 정하고 함께 배우고 연습해볼 것을 추천합니다.

19 최고의 발표 짝궁, 경청

발표자가 발표를 잘하는 것만이 능사는 아니다. 듣는 사람에게 성실히 들어줄
자세가 되어 있지 않다면 아무리 좋은 발표도 무용지물이 된다.

바로 앞에서는 발표의 기술에 대해 알아보았다. 그렇다면 이제 잘 듣는 기술,
즉 경청의 중요성을 짚고 넘어가지 않을 수 없다. 상대가 아무리 좋은 발표를
한다고 해도 듣는 쪽에서 귀를 닫고 있다면 아무런 소용이 없기 때문이다. 교
사는 아이들과 함께 잘 듣는 것이 왜 중요한지에 관해 이야기를 나눈 후 어떻게
하면 더 잘 들을 수 있는지 각자의 생각을 모아본다. 그중에서 어떤 것을 중점
적으로 실천할 것인지 개인, 모둠, 학급 전체의 실천 과제로 만들어서 함께 노
력해보는 것이다. 실제 수업에서 경청의 기술 및 경청 미션과 관련해 실천한 활
동을 간략하게 소개하면 다음과 같다.

1. 배움을 위해 가장 중요한 '잘 듣기 위한 방법'에 관해 '브레인스토밍/역브
   레인스토밍'으로 필요한 방법을 찾아본다.
2. 최고의 경청 방법을 포스터로 만들고 게시한다.
3. 들을 때 하면 좋은 미션을 브레인스토밍한다.

4. 듣기 미션을 포스터로 만들고 게시한다.

    - ○/X로 표시하며 발표 듣기

    - 별점 주며 발표 듣기

    - 심사평(핵심어) 쓰며 발표 듣기

    - 틀린 부분 찾으며 듣기(틀린 부분 넣기)

    - 발표 내용을 10자 이내로 요약해 기록하는 등 미션 주기

O표 하기	써서 점검 받기	미니자로 밑줄 긋기
평가하며 듣기	따라 하기	손가락 짚기

- **함행우 교실에서의 경청이란?**
  - 상대방의 말을 집중해서 듣는 것
  - 다른 것은 보지 않고 오직 말하는 사람에게만 집중하는 것
  - 상대방이 같은 말을 반복하지 않고, 이야기의 흐름이 끊기지 않게 하는 것
  - 수업에 집중하겠다는 적극적인 의사 표시
  - 상대방의 말에 귀 기울이기

- **경청 미션**
  - 말하는 사람의 눈을 보면서 듣기
  - 책상 위에 불필요한 물건 올려놓지 않기
  - 불필요한 물건 손에 가지고 있지 않기
  - 중요하다고 생각하는 것 메모하기
  - 해볼 수 있으면 하고, 어려우면 상상하면서 듣기
  - 평가하면서 듣기: 자신의 생각과 같으면 O표, 다르면 X표, 애매하면 △표 하기

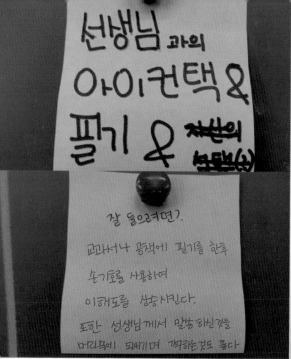

경청에 대해서 알아보고 스스로 지킬 경청 미션을 만들어봅니다.

- 중요하다고 생각하는 부분에 밑줄 치기
- 들은 내용을 기호나 그림으로 표현해보기
- 손가락으로 짚으면서 듣기
- 따라 말하면서 듣기

나쌤의 THINKING +1
LEARNING

규칙이 작동되는 데는 2가지 원리가 있다고 합니다. 하나는 '함께 만들거나 동의의 과정을 거쳤는가'입니다. 또 다른 하나는 '외우거나 언제든지 볼 수 있도록 게시되어 있는가'입니다. 경청 미션을 함께 정하고 외우거나 함께 볼 수 있도록 만들어서 게시하고 주기적으로 피드백을 해주는 노력이 뒷받침되어야 진정한 효과를 볼 수 있습니다.

20 사람을 대출해주는 도서관

소통의 기본은 사람과 사람의 만남이다. 누군가와의 만남으로 소통도 시작되기 때문이다. 학생들에게 만남과 소통의 기회를 제공하는 것은 매우 중요하다.

사람책 도서관(Human Library 또는 Living Library)은 덴마크의 사회운동가 로니 에버겔(Ronni Abergel)이 2000년에 열린 한 뮤직 페스티벌(Roskilde Festival)에서 창안한 것으로 현재는 전 세계로 확산되고 있는 새로운 개념의 이벤트성 도서관을 말한다.

도서관은 원래 책을 빌려주거나 볼 수 있게 하는 역할을 한다. 하지만 사람책 도서관은 책을 빌려주는 대신에 사람을 빌려준다. 사람과 사람이 만나서 대화하고 소통하는 것이다. 이를 통해 평소에 가지고 있던 편견이나 고정관념을 줄여보자는 생각에서 시작되었다. 책의 경우에는 풍부한 지식과 스토리가 담겨있지만, 사람책은 꼭 유명하거나 성공한 사람들만 될 수 있는 것은 아니다. 자신의 분야와 위치 혹은 인생에서 들려줄 이야기가 있는 사람이라면 누구나 사람책이 될 수 있다. 이러한 사람책 도서관의 개념을 응용한 활동을 교실에서도 적용해볼 수 있다. 다음은 실제 수업에서 아이들과 함께 실천해본 내용을 간략히 요약한 것이다.

핵심내용에 관한 키워드를 적습니다. 그리고 이야기를 나눈 후 새로운 그룹을 만듭니다.

1. 핵심내용과 관련된 키워드를 3가지 적는다.

2. 세 사람씩 앉고, 서로 반갑게 인사한다.

3. 상대방이 작성한 단어에 대해 질문한다.

4. 간단히 메모를 적어가며 상대방의 말에 경청한다.

5. 대화한 소감을 나누고 새로운 그룹을 만든다.

대화에 가장 집중할 수 있는 것은 2명이 만나서 서로의 이야기를 듣고 들려주는 것이라고 합니다. 다만 수준 차이가 많이 나거나 이야깃거리가 풍부하지 않을 때는 효과가 많이 떨어집니다. 3명이 함께 한다면 그러한 부분을 많이 보완할 수 있습니다. 학급의 공간이 부족하고 인원이 많다면 4명이 만나되 1명은 사람책들이 하는 이야기를 요약해서 이야기책으로 만드는 것도 좋습니다. 우리의 이야기가 책으로 만들어지는 것입니다.

21 그래, 결정했어!

함께 모여 생각을 나누는 가장 중요한 이유 중 하나는 그러한 생각 나눔을 통해 최선의 의사결정을 내리기 위함일 것이다.

모둠별로 생각 나눔을 통해 의사결정을 할 때는 충분히 고민하고 결정할 필요가 있다. 그런데 교사의 입장에서 모둠활동을 지켜보면 평소 적극적인 한두 명 아이의 의견에 나머지 아이들이 마지못해 이끌려가는 경우를 꽤 많이 볼 수 있다. 하지만 좀 더 바람직한 방향은 모둠원 각자가 좀 더 자신의 생각을 적극적으로 피력할 수 있어야 한다. 이에 모든 아이들이 의사결정 과정에 참여함으로써 골고루 의견을 수렴할 수 있는 방법을 소개하려고 한다.

먼저 각자가 생각을 적고, 이를 함께 나눈 후에 결정을 하는 것이다. 이후에 손가락 투표 등을 통해서 모둠의 의견을 결정하는데, 그 과정에서 서로 충분하게 이야기를 나누고, 생각할 수 있는 시간을 부여한다. 모둠활동 시간에 아이들과 함께 실천한 내용을 간략하게 정리하면 다음과 같다.

1. 개인별로 주제에 대한 생각을 떠올린다.
2. 모둠별로 9칸으로 나눈 종이의 모서리별로 1칸씩 각자의 생각을 적는다.

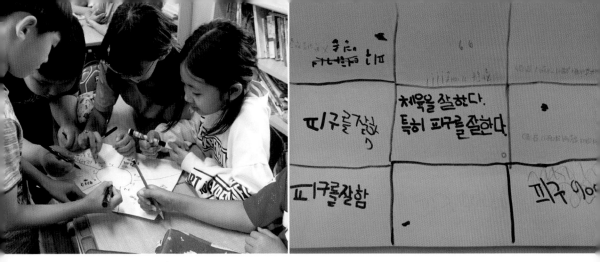

9칸으로 나눈 종이에 각자 1칸씩 주제에 대한 자신의 생각을 적습니다.

3. 적은 생각을 나눈 후 각자의 결정을 자신의 생각 옆 1칸에 적는다.

4. 생각과 결정을 모두 적은 후 돌아가면서 자신의 결정을 이야기한다.

5. 모둠원들의 생각과 결정을 모두 들은 후 최종 결정을 손가락 투표(마음에 들면 엄지손가락 올리기)로 결정해서 종이의 한 가운데에 적는다.

6. 학급 전체에 모둠의 결정을 공유한다.

 +1

 생각을 거를 수 있는 장치가 있다면 좋겠습니다. 한 번 정한 생각을 보완해서 발전시킬 수 있는 디딤돌이 있다면 그것도 참 좋겠습니다. 1차 생각을 이야기하면서 자신의 생각을 보완합니다. 또 친구들의 생각을 들으면서 내 생각을 정교화할 수 있습니다. 주의할 점은 다른 사람의 생각을 받아들이는 데 부정적인 분위기가 형성될 때입니다. 배움의 첫 시작은 모방입니다. 각자의 생각이 서로 영향을 주고받으면서 발전시키는 것이 가장 좋은 공부의 방법입니다. 이러한 내용을 이야기해주고 좋은 의견을 최종적으로 결정할 수 있도록 하는 것이 좋습니다.

22 어떻게 선택할 것인가?

의사결정을 위해 함께 모여 생각을 나누고 난 다음에 해야 할 일은 바로 어떤 생각으로 최종 결정해야 하는가에 관한 선택의 문제다.

인생은 선택의 연속이다. 그리고 의사결정도 마찬가지로 항상 선택의 기로에 놓여 있다. 우리는 항상 더 나은 의사결정 방식 그리고 좀 더 효율적인 의사결정 방식에 관해 고민한다.

■ 의사결정 그리드

의사결정을 할 때는 보통 2가지의 기준을 정해두고, 조금 더 적합한 것으로 선택해야 하는 경우가 있다. 대표적인 2가지 기준이라면 아마도 시간과 비용의 문제일 것이다. 그런데 막연하게 시간과 돈을 이야기하는 것이 아니라 의사결정 그리드로 만들면 위치를 시각화할 수 있어 편리하다. 수업시간에 활용해본 의사결정 그리드의 방법을 간략히 소개하면 다음과 같다.

1. 주제에 적합한 의사결정 기준을 정한다. 예를 들어 시간과 비용, 중요한 정도와 급한 정도, 공간의 크기와 필요한 인원 정도 등이 있다.

의사결정 그리드를 이용해서 생각을 나눌 수 있습니다.

2. 의사결정 그리드의 X축과 Y축에 결정된 두 기준을 적는다.
3. 모둠원들이 제출한 아이디어들 또는 선택해야 하는 아이디어들 각각에 대해서는 먼저 충분히 논의를 한 후에 의사결정 그리드 위의 해당 위치에 붙인다.
4. 두 기준에 대해 가장 높은 점수를 받은 의견 또는 아이디어를 우선적으로 고려해서 토의를 이어간다.

정약용의 두 가지 저울[1]을 적용해볼 수도 있다. 하나는 시비의 거울로 '그 일이 옳은가 또는 그른가?'이다. 또 다른 하나의 거울은 이해의 거울로 '그 일은 이익이 되는가 또는 손해인가?'에 해당된다. 이렇게 기준을 적어 놓고, 생각을 나누면서 의사결정을 할 수 있다.

---

1. 이재풍, 《한 권을 읽어도 정약용처럼》, 북포스, 2017 참고

나쌤의
재미와 의미가
있는 수업

'의사결정 그리드'와 함께 합리적인 의사결정을 도와줄 수 있는 방법을 한 가지 더 소개하고 싶다. 바로 '라운드 로빙'이다.

■ 라운드 로빙

라운드 로빙(Round Robin)이란 소집단별로 평등하게 참여해서 만든 의견으로 전체 집단의 의견을 모으는 방법이다. 주동자가 누군지 모르도록 17세기 프랑스에서 항의 표시 또는 청원서에 원형으로 서명한 성명서 등에서 유래했다고 한다. 조선 시대인 1893년 11월 전봉준 장군을 포함한 20여명의 동학 간부들이 작성한 통신문에서도 이와 비슷한 흔적을 발견할 수 있는데, 이를 사발통문이라고도 부른다.

활동 방법은 단순하다. 주제를 종이 가운데 쓰고 종이를 돌려가면서 원형으로 쓰는 것이다. 기록한 순서와 관계없이 모둠에서 순서대로 종이를 돌려가면서 발표한다. 실제 수업에서 아이들과 함께한 라운드 로빙 활동을 간략히 소개하면 다음과 같다.

1. 토의할 주제를 정하고 모둠을 구성한다.
2. 모둠 내에서 번호를 정하고, 또한 모둠별 번호를 정해서 발표할 순서를 정한다.
3. 각자에게 종이를 나누어주고, 모둠의 이름과 토의 주제를 한가운데 적게 한다.
4. 주제에 대해 모둠 내에서 순서대로 발표합니다. 발표한 의견을 가운데 주제를 중심으로 종이를 돌려가면서 원으로 기록한다.
5. 모둠 순서대로 돌아가며 발표한다. 모둠의 첫 번째 의견, 2모둠의 첫 번째

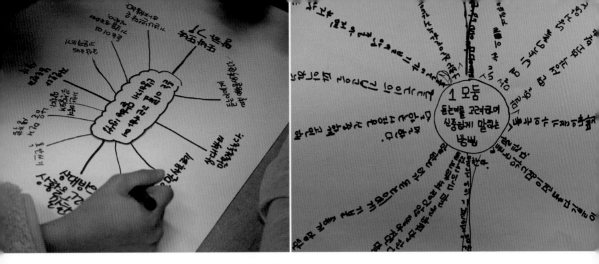

순서에 관계없이 돌아가면서 적고, 돌아가면서 발표합니다.

의견, 3모둠의 첫 번째 의견…순으로 돌아간다. 만약 더 이상 의견이 없으면 "○○모둠 끝!"이라고 말하고 앉는다.

6. 전체의 의견을 정할 때는 다시 라운드 로빙 방식이나 순서대로 정리한다.

나쌤의 **T H I N K I N G** +1
L E A R N I N G

생각을 나누는 다양한 방법을 알려주면 아이들은 모둠 내에서 뭔가를 결정해야 할 때 알아서 적절히 활용하곤 합니다. 교육이 삶의 영역으로 확장되는 것입니다. 의사결정 그리드는 고려해야 할 요소를 각 축으로 만든 후 생각을 분류해보는 것입니다. 교실에서 어떤 활동을 할 때건 다양하게 활용할 수 있습니다. 라운드 로빙은 생각을 누가 했는지를 감추기 때문에 생각을 떠올린 사람에 대한 감정을 지우고 이성적으로 판단할 수 있습니다. 즉 의견 자체에 집중하게 되는 것입니다. 모둠에서 함께 만든 자료나 보고서 등을 만든 사람이 발표하는 것이 아니라 순서대로 돌아가는 방식으로 활용해도 좋습니다.

23 생각을 주차하세요!

운전 후에 차를 주차장에 보관해두는 것처럼 수업 이후에 생각들을 따로 보관해두는 장소를 교실에 마련해두면, 배움이 더욱 깊어질 수 있다.

생각 주차장은 교실을 배움의 공간으로 만들어주는 데 매우 유용한 방법이다. 예컨대 오늘 공부한 내용 중에 이해가 잘 안 되는 부분을 '생각 주차장'에 포스트잇으로 붙이는 것이다. 또는 이 시간에 배운 내용을 한 문장으로 요약해서 '생각 주차장'에 포스트잇으로 붙일 수도 있다. 다른 친구들이 적은 내용을 보면서 배우는 부분도 있을 것이고, 여전히 어려운 부분은 다음 수업시간에 다시 확인할 수도 있다. 교실에서 다음과 같이 생각 주차장을 활용해보았다.

1. 하드보드지와 같은 두꺼운 종이를 이용해서 각자의 생각을 붙일 구역을 나눈다.
2. 누구의 구역인지 알 수 있도록 각자의 이름이나 번호를 적는다.
3. 수업을 하는 도중이나 끝난 후에 자신의 생각이나 궁금한 점을 포스트잇에 적어 생각 주차장에 붙인다.
4. 수업 중에 해결 가능한 부분은 바로 해결하고, 그렇지 않은 부분은 다음

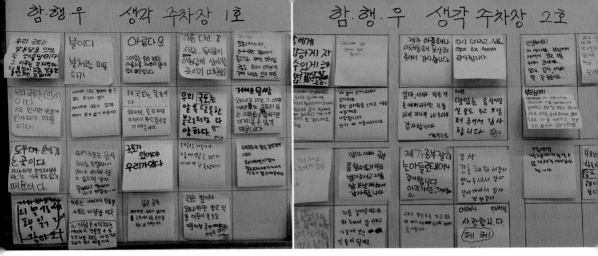

생각 주차장에 생각을 모아서 다시 보거나 궁금한 것을 묻고 답하는 공간으로도 활용할 수 있습니다.

시간에 관련 내용으로 수업을 시작할 수 있다.

5. 배운 내용에 대한 자신의 생각을 적어서 평가에 적용할 수도 있다.

6. 생각 주차장을 여러 개 만들어서 '질문', '배운 내용에 대한 핵심내용 확인
용' 등으로 각각 구분하여 활용할 수도 있다.

나쌤의 LEARNING THINKING +1

교실의 공간을 전시용으로 사용하고 계신가요? 아니면 배움의 공간으로
활용하고 계신가요? 단순히 아이들이 만든 미술작품이나 다양한 제작물
등을 전시하는 데서 벗어나 배움의 공간으로 활용해볼 것을 적극 추천합니다. 생각 주차
장을 교실 여러 곳에 설치해두면 아이들이 배움에 대한 자신의 생각을 스스로 정리해서
붙이고, 친구들의 생각도 엿볼 수 있습니다. 이와 더불어 궁금한 점을 적을 수 있는 질문
주차장도 만들면 좋습니다. 때론 댓글로 생각을 나누고 다음 시간에 그 질문으로 수업을
시작할 수도 있습니다.

24 생각 나눔 끝판왕, 모둠신문

여러 명이 머리를 맞대고 생각을 나누다 보면 다양한 아이디어가 쏟아질 것이다. 이제 함께 나눈 다양한 생각에 깊이를 더해줄 필요가 있다.

수업시간에 관련된 내용을 공부하고 나서 모둠원들과 함께 생각을 정리하고 나눌 수 있는 좋은 방법이 있어 소개하려 한다. 바로 모둠신문을 만들어보는 것이다. 모둠원끼리 머리를 맞대고 함께 신문을 만들다 보면 그간 공부한 내용을 온전히 자신들의 것으로 소화시키게 되며, 이는 배운 내용에 대한 한층 더 깊은 이해로 이어진다. 모둠신문은 단순히 배운 내용을 정리하는 것부터 토론 형태, 포스터나 교과서의 내용을 자르거나 인용해서 정리하는 등 다양한 방법으로 실천해볼 수 있다. 다음은 모둠신문 활동 방법을 간단히 정리한 것이다.

1. 모둠원들과 협의해서 모둠신문을 어떻게 만들지 협의한다.
2. 토론, 포스터, 콜라주, 만화, 포스터, 광고 등의 다양한 방식 중에서 선택할 수 있다.
3. 전체적으로 다 함께 만드는 방식이 있고, 분업해서 만든 후에 큰 종이에 붙이고 함께 꾸미는 방식이 있다.

배운 내용을 모둠 협동 보고서, 신문으로 만들 수 있습니다.

4. 정해진 시간 동안 모둠 신문을 만들고 나서 선제와 공유한 후에 일정 기간 동안 게시해둔다.

5. 포스트잇을 이용해서 궁금한 점, 잘했다고 생각한 점 등을 적어서 해당하는 곳에 붙이고 함께 피드백할 수 있다.

나쌤의 THINKING +1
L E A R N I N G

모둠신문 같은 작품을 만들 때는 넓고 큰 종이를 주는 것이 좋습니다. '소포지(전지)', '크라프트지' 등으로 검색하면 굳이 배경을 칠하지 않아도 완성된 것처럼 보이는 황토색 종이를 찾을 수 있습니다. 또 모둠원들이 골고루 참여하게 하려면 큰 종이에 각자가 조사하고 만든 종이를 붙이는 방식으로 진행하는 게 좋습니다. 각자 어떤 부분을 조사하고 정리해서 꾸밀지 정한 후 개인별로 A4 2장씩 만들어서 붙이는 것입니다. 발표할 때는 발표 내용과 함께 자신이 모둠을 위해 어떤 점을 기여했는지를 함께 말하게 하는 것도 좋습니다.

25 자유로운 비판, 역브레인스토밍

브레인스토밍은 아무래도 계속 새로운 아이디어를 내야 한다는 부담감이 있을 것이다. 그렇다면 제시된 아이디어에 대한 자유로운 비판은 어떨까?

앞에서 브레인스토밍으로 생각을 나누는 방법을 소개한 바 있다.[2] 폭풍처럼 자유롭게 생각을 쏟아내는 방식인 브레인스토밍은 분명 생각을 나누는 데 좋은 방법이다. 하지만 한편으론 끊임없이 새로운 생각을 내놔야 한다는 부담감도 있을 것이다. 이에 닮은 듯 다른 역브레인스토밍 방식을 소개하려 한다. 역브레인스토밍(Reverse brainstorming)이란 미국의 가전제품회사인 핫포인트(Hotpoint)사에서 개발한 방법으로, 이미 도출된 아이디어를 아무 거리낌 없이 자유롭게 비판하는 사고 기법을 말한다.[3]

방법은 이렇다. 리더가 참가자들에게 주어진 문제에 대하여 잘못될 수 있는 것, 해서는 안 될 일, 일어나서는 안 될 일, 또는 다른 더 부정적인 접근 방식에

---

2. STAGE 03의 02. '생각의 폭풍, 브레인스토밍' 참조
3. 경기 콘텐츠코리아랩, '아이디어를 얻는 새로운 방법, 역브레인스토밍'
   https://blog.naver.com/gcon_lab/220934835327

역브레인스토밍을 통해 정반대의 관점에서 문제를 바라봅니다.

대한 다양한 아이디어를 내보라고 요청하는 것이다. 이런 시간을 짧게 가진 다음에는 긍정적인 아이디어를 찾아내기 위한 원래의 브레인스토밍을 수행한다 (Huffman, 1997).

　이 기법은 발상의 전환을 통해 반대의 관점에서 문제를 바라보게 함으로써 새로운 아이디어를 이끌어내고자 할 때 사용하면 좋다. 즉 역브레인스토밍은 해결하고자 하는 문제를 반대의 관점에서 토의한 후 원래 문제점을 해결하는 방법인 것이다. 특히나 논의 과정에서 뻔한 해결책이 반복되거나, 사람들이 문제해결에 관심을 보이지 않을 때 사용하면 효과적이다. 수업시간에 다음과 같은 방법으로 역브레인스토밍을 실천해보았다.

　1. 해결하고자 하는 문제점을 한 문장으로 기록한다.
　2. 문제를 해결하는 방법이 아닌 망치는 방법을 찾게 한다.
　3. 망치는 방법에 대한 다양한 아이디어를 찾는다.
　4. 다른 팀에서 만든 것을 보면서 참고할 수 있도록 '작전타임' 시간을 중간에

나쌤의
재미와 의미가
있는 수업

주면 더 좋다.

5. 망치기 위한 방법들을 충분히 찾아봤으면 그것에서 원래 해결 방법에 대한 아이디어를 찾아낸다.

나쌤의 THINKING +1
L E A R N I N G

도서관에 가서 자신이 읽을 책을 찾아서 읽는 내용에 대해 공부했습니다. 책에는 도서관을 이용하는 방법에 대해 나와 있었습니다. 그런데 내용이 너무 뻔하고 아이들의 입장에서는 마치 잔소리처럼 느껴질 것 같아서 역브레인스토밍을 해봤습니다. 즉 '도서관을 엉망으로 만드는 방법'을 찾아본 것입니다. 아이들은 신이 나서 도서관을 망치는 방법을 찾고 또 찾아냈습니다. 어느새 종이에 더 이상 빈 공간이 남지 않자, "그러면 도서관을 망치는 방법과 반대의 방법으로 도서관을 잘 이용하려면 어떻게 해야 할까?"라고 물었습니다. 교과서에 나와 있는 틀에 박힌 내용을 포함해서 평소에 아이들이 생각해온 다양한 의견들이 쏟아져 나왔습니다. "그래요~ 그럼 그대로 실천해봅시다!"라고 하고 도서관으로 이동했습니다. 너무 틀에 박힌 내용이나 잘 알고 있어도 실천이 잘 안 되는 내용은 한번 뒤집어서 생각해보는 게 어떨까요?

26 나는 카페에서 공부한다!

카페에서는 사람들이 편안하게 대화하는 모습을 쉽게 관찰할 수 있다. 절로 대화를 나누고 싶은 편안한 카페 같은 분위기, 교실에서도 만들 수 있다!

아마도 대부분의 사람들이 '카페' 하면 커피만큼 자연스럽게 떠오르는 것이 바로 대화일 것이다. 카페에 가면 자유로운 분위기 속에서 대화에 열중하고 있는 사람들의 모습을 쉽게 관찰할 수 있기 때문이다.

월드카페는 바로 카페와 같은 분위기에서 대화를 통해 생각을 나누면서 아이디어를 확산시켜나가는 방법이다. 카페의 주인 격인 호스트를 한 명 뽑아서 분위기를 조성하고, 이미 나온 아이디어를 소개한 후 자유롭게 주제에 대한 이야기를 나누면 된다. 정해진 시간 동안에 여러 곳의 카페를 방문해서 생각을 얻고 나눌 수 있다. 교실에서 월드카페 활동이 잘 이루어지려면 다음과 같은 내용에 유의해야 한다.[4]

---

4. 후아니타 브라운, 데이비드 아이잭스, 《월드카페(7가지 미래형 카페식 대화법)》, 최소영, 북플래너, 2007, 51~52쪽

자유로운 분위기 속에서 생각을 나누는 것이 중요합니다. 호스트는 생각의 흐름을 정리해서 다음 팀에게 나누고, 전체에게 소개합니다.

- 환경을 설정하라.
- 편안한 공간을 만들어라.
- 모두가 관심을 가질 만한 질문을 연구하라.
- 모두가 기여할 수 있도록 격려하라.
- 다양한 관점을 교류하고 연결하라.
- 패턴, 통찰력, 심도 있는 질문을 찾기 위해 잘 들어라.
- 공동의 발견을 거두고 나누어 가져라.

이상의 사항을 염두에 두고 월드카페를 진행하면 편안한 분위기 속에서 아이디어를 마음껏 확산시켜나갈 수 있다. 실제 교실에서 진행했던 월드카페의 활동을 간략히 소개하면 다음과 같다.

1. 카페와 같은 환경 조성하고, 전체 환영 및 안내를 한다.
2. 대화를 촉진하고, 토론 내용을 기록할 사회자를 정한다.
3. 참여자들은 테이블을 돌면서 주어진 질문에 대해 이야기를 나누며 토론을

진행한다.

4. 이야기하며 나온 내용들을 전지나 2절지에 자유롭게 적고, 중요한 것에는 강조 표시를 한다.

5. 일정한 시간이 지나면 사회자는 그대로 있고, 다른 구성원으로 변경해서 같은 과정을 반복한다.

6. 몇 번 회전한 후 사회자는 테이블에서 나누었던 내용들을 정리해서 전체적으로 공유한다.

나쌤의 THINKING +1
LEARNING

월드카페는 자유로운 분위기 속에서 생각을 나눌 수 있어 마음을 편안하게 해줍니다. 평소에도 교실에 이렇게 자유로운 분위기를 만들어보는 것은 어떨까요? 심리학자 알프레드 아들러는 "우리는 기분이 좋을 때 더 잘할 수 있다"라고 말했습니다. 최신 뇌 과학에서도 감정과 관련된 중뇌와 기억을 담당하는 해마가 함께 작동한다고 밝혔습니다. 월드카페라는 기법 자체가 중요한 것이기보다는 마음이 편안해지는 환경이 훨씬 더 중요한 열쇠이지 않을까 생각해봅니다.

27 무엇이든 물어보세요!

효율적인 생각 나눔을 위해서는 다른 사람에게 자신이 생각하는 바를 명료하게 설명할 수 있어야 한다. 마치 박물관의 전문 해설자처럼 말이다.

생각 나눔의 기본은 다른 사람에게 나의 생각을 정확히 전달하는 데 있다. 그런데 누군가에게 자신의 생각을 전달할 때 요점 없이 장황하게 말한다면 아마도 그 뜻이 제대로 전달되기 어려울 것이다. 이에 생각을 명료하게 전달할 수 있는 연습을 해볼 수 있는 좋은 활동이 있어 소개하려 한다. 바로 갤러리워크라는 활동이다.

갤러리워크란 미술관, 박물관 등에서 전문 해설자나 도슨트(docent)가 코너를 찾은 사람들에게 설명해주는 방식을 말한다. 모둠마다 대표를 뽑아서 모둠에서 나온 의견을 종합해서 다른 모둠 친구들에게 설명하게 하는 것이다. 학생들은 마치 전문가가 된 것처럼 안내를 하고, 질문도 받으면서, 생각도 나눈다. 대표가 된 학생의 경우 설명을 하면서 좀 더 자신의 생각을 명료화하는 효과도 있다. 수업시간에 실제로 어떻게 활동했는지 소개하면 다음과 같다.

1. 모둠에서 이야기를 나눈 내용을 정리해서 1명이 남아 대표로 설명하고,

모둠의 대표는 모둠에서 이야기를 나눈 내용을 다른 모둠의 모둠원들에게 설명해줍니다.

나머지는 다른 모둠의 이야기를 듣기 위해 이동한다.

2. 정해진 시간(3~5분)이 되면 종을 울리거나 신호를 주어서 모둠을 이동할 수 있게 한다.

3. 활동을 마친 후 소감을 나눈다.

 +1

박물관이나 미술 전시관에 가보면 그냥 봐서는 잘 알 수 없는 중요한 내용을 해설자에게 들으면서 감상할 수 있습니다. 모둠에서 협의한 내용을 다른 친구들에게 설명하는 것은 어렵지만 가치 있는 일입니다. 모든 설명이 끝난 후 베스트 큐레이터를 선정해서 전체에게 그 비법을 알려주면 그것에서 또 많은 배움이 일어납니다. 어떤 친구를 베스트 큐레이터로 선정했는지 그 이유를 나누며 좋은 큐레이터의 조건을 함께 찾아보는 것도 의미 있는 활동이 될 것입니다.

28 질문하며 배우는 인터뷰 빙고

> 좋은 질문은 생각 나눔의 황금열쇠다. 이는 질문이 가진 놀라운 힘이기도 하다.
> 그런데 놀이처럼 재미있게 질문력을 키울 수 있는 방법이 있다.

질문의 중요성은 아무리 강조해도 지나침이 없다고 생각한다. 질문이야말로 배움의 물꼬를 트는 데 결정적인 역할을 한다. 물론 세상에는 아무 의미 없이 던지는 질문도 많다. 하지만 우리 교사들이 바라는 건 학생들이 핵심을 간파해 본질에 한층 다가설 수 있는 질문 능력을 갖추는 것이다. 최근 핵심질문(essential question) 능력이 주목을 받고 있는데, 미국의 교육 연구가인 제이 멕타이(Jay McTighe)와 그랜트 위긴스(Grant Wiggins)는 그들의 저서 《핵심질문(Essential Question)》(정혜승, 이원미 옮김, 사회평론아카데미)에서 학생 주도의 지속적 탐구 활동과 풍부한 토론을 위해서는 핵심질문, 즉 학문에 있어 중요한 개념과 과정을 파악할 수 있는 개방형 질문의 중요성을 강조하기도 했다.

이에 놀이처럼 재미있으면서 비교적 간단한 방법으로 질문력을 키워줄 수 있는 활동이 있어 소개한다. 바로 인터뷰를 응용한 활동이다. 이 활동의 장점은 인터뷰를 통해 기본적인 질문력을 키워주는 것은 물론, 이후 이어지는 빙고 게임이 질문 활동을 더욱 재미있고 흥미진진하게 만들어주는 효과도 있어 인터뷰에

리포터가 되어 친구를 인터뷰하면서 내 생각을 정리해서 나눕니다.

좀 더 집중할 수 있게 해준다는 점이다.

우선 아이들에게 질문에 대한 자신의 생각을 종이에 적게 한다. 그러고 나서 인터뷰 종이를 들고 친구들과 질문에 대한 답을 서로 인터뷰하는 것이다. 정해진 시간 동안에 최대한 많은 친구들과 인터뷰하고 난 후에는 빙고판에 각자 그 내용을 적는다. 친구들을 인터뷰한 내용으로 빙고 활동을 하면서 마무리하거나 인터뷰 종이에 바로 빙고 활동을 할 수도 있다. 다음과 같이 수업시간에 아이들과 함께 인터뷰빙고 활동을 실천해보았다.

1. 자신의 생각을 정리한 후 리포터가 되어서 친구들을 인터뷰한다.
2. 전체 인원수에 따라 종이를 접어서 인터뷰 칸을 만든다.
3. 2~3가지의 핵심질문에 대한 자신의 답을 한 칸 안에 모두 적는다.
4. 정해진 시간 동안 친구들을 만나서 인터뷰를 한다.
5. 남학생과 여학생을 고루 만날 수 있도록 하는 것이 좋다.
6. 인터뷰를 한 후 소감을 나누면서 마무리를 한다.

7. 시간이 충분하다면 인터뷰한 내용을 가지고 인터뷰 빙고를 할 수 있다. 인터뷰 종이를 이용해서 빙고를 할 경우에는 8칸 중에 4칸, 16칸 중에 8칸 등에 먼저 동그라미를 하는 사람이 승리하는 것으로 할 수 있다.

8. 내용을 먼저 말하고, 인터뷰 대상의 이름은 가장 마지막에 말함으로써 끝까지 경청할 수 있게 하는 것이 좋다.

나쌤의 THINKING +1 LEARNING

자신의 생각을 떠올리고 적는 과정에서 1차 배움이 일어납니다. 친구들에게 질문을 하고 그 생각을 들으면서 2차 배움이 일어납니다. 또 친구의 질문에 답하면서 3차 배움이 일어납니다. 이 과정을 여러 번 반복하게 됩니다. 학습 효율성 피라미드에서 듣는 것은 5%, 읽는 것은 10%, 듣고 보는 것은 20%, 시연하는 것은 30%, 집단토의는 50%, 연습하는 것은 75%, 가르치기는 90%의 평균 기억률을 가진다고 밝히고 있습니다. 친구들의 질문에 답하는 과정이 계속되면 더 이상 직접 쓴 원고 내용을 보지 않고도 술술 이야기하는 자신을 발견하게 됩니다. 친구를 가르칠 때의 학습 효과가 실제로 증명되는 셈입니다. 리포터가 되어 친구들을 인터뷰하고, 자신의 생각을 말하는 즐거운 배움의 과정을 함께 경험해보시면 어떨까요?

STAGE 03의 수업 성찰하기

"친구들과 적극적으로 생각을 나누게 되었나요??"

현대사회는 경쟁보다는 소통과 협동의 가치가 더욱 주목을 받고 있습니다. 아이들이 자기 혼자만의 생각으로 간직할 때보다 친구들과 함께 생각을 나누는 과정에서 생각을 더욱 발전시켜나갈 수 있다는 점을 깨닫는 것은 중요합니다. 여기에서 제안한 활동들은 아이들이 서로 생각을 나누는 데 도움이 되는 것들입니다. 하지만 이 책을 읽고 계신 선생님들 나름의 방식으로 개선 또는 발전시켜나가기를 바랍니다.

나쌤의
재미와 의미가
있는 수업

떠올리고 기록한 생각을 친구들과 함께 효과적으로 나누었다면 이제 한 단계 더 나아갈 필요가 있습니다. 단순히 생각을 공유하는 것을 너머 생각의 수준을 끌어올리는 데는 토론만한 것이 없습니다. 여기에서는 대회용 토론은 제외하고, 교실 속 수업에서 즉각적으로 활용할 수 있는 기법 위주로 소개하려 합니다. 또 생각을 키워나가는 데 효과적인 장치들도 몇 가지 추천하려 합니다.

토론 교육이 필요한 이유에 대해서는 브룩필드(S.D. Brookfield)가 그의 저서 《토론: 수업을 위한 도구와 기법》에서 제시한 필요성을 중심으로 다양한 각도에서 살펴볼 것입니다.

- 다양한 관점을 탐색하도록 도와준다.
- 애매성이나 복잡성에 대한 인식과 관용을 증진시켜준다.
- 학생들이 각자 가정하고 있는 점을 인지하고 탐구하도록 도와준다.
- 존중하는 마음으로 경청하도록 장려한다.
- 해소되지 않은 차이점들을 새롭게 이해하도록 한다.
- 지적 민첩성을 증진시켜준다.
- 아이디어와 의미를 분명하게 전달하는 능력을 발달시켜준다.

STAGE 04
생각 키우기

토론을 통해 생각의 수준을 한 차원 끌어올린다!

01 나도 선생님!

자신의 방식대로 소화하지 않는다면 배움은 금세 잊히고 만다. 남에게 뭔가를 설명해 가르치는 것이야말로 가장 좋은 배움의 소화 방법이다.

학습 효율성 피라미드를 살펴보면 일반적인 강의나 듣기로는 배운 내용의 단 5%밖에 소화할 수 없다는 것을 알 수 있다. 그런데 집단 토의를 통해 이를 50% 까지 끌어올릴 수 있고, 실제로 연습해봄으로써 75%까지 끌어올리며, 서로에

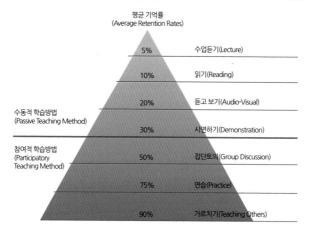

출처 National Training Lavoratories(Bethel, Maine)에서 인용

학습효율성 피라미드

나쌤의
재미와 의미가
있는 수업

서로 가르치기를 통해서 아이들은 배운 내용을 자신의 언어로 정리하게 되고, 그 결과 배움을 오래도록 간직할 수 있습니다.

게 설명함으로써 90%까지 끌어올릴 수 있다. 즉 수업에 학습자가 적극적으로 참여할수록 효율성이 높아진다는 뜻이다. 이 모델에 입각할 때 서로 가르치기야 말로 가장 좋은 학습법이라고 할 수 있다.

'서로 가르치기'의 가장 큰 장점은 마치 자신이 선생님이 된 것처럼 남에게 가르치는 과정에서 자신의 언어로 정리할 수 있고, 그 과정이 에피소드가 되어서 오래도록 깊이 기억할 수 있게 된다는 것이다. 또한 다른 친구에게 가르치기 위해 준비하는 과정에서 스스로 얼마나 모르고 있는지 깨닫게 되어 메타인지를 활용할 수 있다. 실제 수업시간에서 다음과 같이 학생들과 함께 서로 가르치기를 실천해보았다.

1. 관련된 내용을 공부한 후 1~2분 정도의 준비 시간을 준다.
2. 2명이 짝을 이뤄서 정해진 시간 동안 서로 최선을 다해 가르친다.
3. 궁금한 점을 질문하고 생각을 정해진 시간(30초~1분) 동안 나눈다.
4. 역할을 바꿔 같은 과정을 반복한다.

친구 가르치기를 적용한 멘티·멘토제

1. 먼저 각자 공부한다. 문제가 있다면 문제도 풀어본다.

2. 개인 공부 또는 문제 풀이가 끝나면 교사에게 와서 내용을 설명하거나 채점한다. 이 때 정확하게 자신의 언어로 설명할 수 있어야 통과다.

3. 통과하면 '또래 선생님' 명찰을 착용할 수 있는 자격이 주어진다.

4. 또래 선생님은 친구가 손을 들어 도움을 요청하면 선생님 대신 도움을 줄 수 있다.

5. 활동이 모두 끝나면 도움을 준 사람에게 격려의 말을 한다. 학급 내 보상 시스템이 있다면 보상을 준다.

5. 자료 없이 가르치는 데 익숙하지 않다면 자료를 보면서 하도록 하는데, 다만 점차 자료를 보지 않고도 가르칠 수 있도록 발전시킨다.

6. 친구에게서 배운 것에 대한 감사를 표현하도록 한다.

친구를 가르치는 것은 사실상 본인에게 가장 도움이 된다는 것을 아이들에게 먼저 알려줄 필요가 있습니다. 가르치기 위해서는 우선 스스로 정확하게 알아야 하고, 가르치는 과정에서 지식을 정교화하게 됩니다. 잘 가르치기 위해서는 어떻게 해야 하는지 함께 토의하고, 잘 가르쳐준 친구의 특성도 찾아보면서 배움을 위해 서로 노력하는 문화를 만들어갈 것을 추천합니다.

02 진짜인가, 가짜인가?

비판적 사고 없는 수업 참여는 멍하게 TV를 보는 것과 같은 뇌파 구조를 보인다고 한다. 비판적인 자세로 수업에 참여할 때 뇌도 활발하게 움직인다.

뻔한 이야기에 관심을 갖는 사람은 별로 없다. 아무리 주옥같은 이야기라고 해도 끝까지 듣지 않아도 결말이 훤히 보이는데, 굳이 귀를 기울일 사람이 과연 몇이나 될까? 수업도 마찬가지다.

■ 하얀 거짓말(진진가 TTF)

교사가 수업시간에 하는 말은 항상 '진짜'라는 생각을 하다 보면 아이들은 어느새 수업시간에 느슨한 태도를 보이기도 한다. 느슨한 태도는 결국 주의력 저하로 이어진다. 적당한 긴장감이야말로 수업의 활력을 불어넣는 중요한 장치가 된다. 이에 수업에 적당한 긴장을 불어넣으면서 아이들의 주의를 환기시키는 데 도움이 될 만한 좋은 방법을 소개하려고 한다. 바로 하얀 거짓말, 즉 진진가 (TTF) 활동이다.

이 활동의 전개는 만약 교사나 친구가 하는 말 중에 일부 거짓이 숨어 있다면 한층 문제의식을 가지고 들으며 비판적으로 생각하게 된다는 데서 시작된다. 게

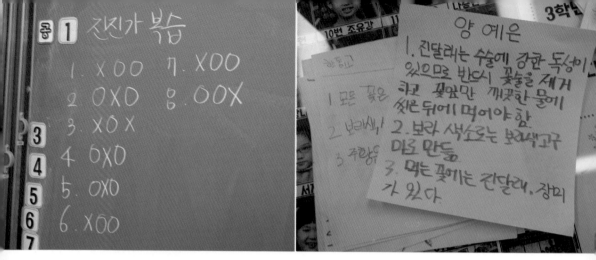

2개의 진실과 1개의 거짓을 섞는데, 가짜를 진짜처럼 보이게 연구하는 과정에서 생각이 깊어집니다.

다가 각자 가짜 문제를 만들어보는 과정에서 생각을 한 번 더 키울 수 있다. 왜냐하면 진짜인 것처럼 보이면서 가짜로 만들려면 많은 고민을 해야 하기 때문이다. 실제 수업에서 어떻게 실천했는지 그 내용을 간략하게 소개하면 다음과 같다.

1. 주제와 관련된 내용 중에 2~3개의 진실과 1개의 거짓을 만든다.
2. 정해진 시간 동안 돌아다니면서 진진가 문제를 내고 맞히면서 공부한다.
3. 확신이 없을 때는 문장 하나당 1번의 질문(직접적으로 물어볼 수는 없음)을 사용할 수 있다.
4. 시간이 충분히 있다면 모두가 진진가 문제를 내고, 나중에 얼마나 맞혔는지 서로 확인할 수 있다.

대체로 모둠활동을 마치고 나면 모둠별로 발표를 하는 시간을 갖게 된다. 그런데 이때 자기 모둠의 발표에는 온갖 노력을 기울이면서 다른 모둠에서 발표를 할 때는 관심 없는 듯 딴 짓을 한다거나 아니면 오직 자기 모둠의 발표에 관해서만 생각하면서 듣는 척만 하고 경청하지 않는 경우를 종종 볼 수 있다. 하지만 생각을 확장시키려면 좀 더 많은 생각들을 주의 깊게 들어보고, 이를 종합해 최선의 결론을 이끌어내려는 노력이 필요하다.

자기 모둠의 발표뿐만 아니라, 다른 모둠의 발표에도 귀를 기울이게 만드는 데 좋은 방법이 있어 소개한다. 일부러 틀린 곳을 넣어 발표하게 하고, 이를 찾아내도록 함으로써 비판적 자세로 경청할 수 있는 방법이다. 바로 '명탐정! 틀린 곳 찾기' 활동이다.

■ 명탐정! 틀린 곳 찾기

이 활동은 모둠별로 협의한 후 의도적으로 틀린 곳을 몇 군데 넣어서 발표하는 방식으로 이루어진다. 다른 모둠은 발표한 모둠의 내용 중에서 어떤 부분이 틀렸고, 또 틀렸다고 생각하는 이유나 근거를 함께 찾아서 적는 것이다. 실제 수업에서 아이들과 함께한 활동을 간단히 요약하면 다음과 같다.

1. 모둠에서 함께 발표 자료를 만든다. 이때 의도적으로 틀린 곳을 넣는다.
2. 발표가 끝난 후에 몇 군데가 틀렸는지 이야기하고, 어떤 부분이 틀렸는지 모둠원들과 협력해서 적는다.
3. 모든 모둠에서 틀린 곳을 찾지 못하면 너무 어렵게 낸 것이므로, 발표를 한 모둠에 30점을 감점한다.
4. 1개 모둠에서만 모두 찾았다면 그 모둠에 30점의 점수를 준다.
5. 2개 모둠에서 찾았다면 각각 20점씩 준다.
6. 3개 모둠 이상에서 찾았다면 각각 10점씩 준다.

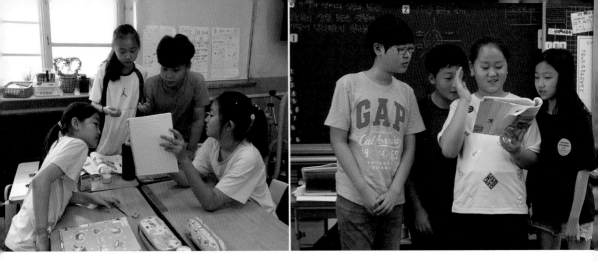

모둠원들이 논의해 발표 자료에 일부러 틀린 곳을 집어넣습니다. 그리고 발표를 마치고 나면 다른 학생들은 어떤 부분이 틀렸는지를 찾아냅니다.

7. 모든 모둠의 발표가 끝나고 얻은 점수를 확인한다.

8. 활동 후 소감을 나누며 마무리한다.

나쌤의 THINKING +1 LEARNING

숨은 그림 찾기. 숨어 있는 뭔가를 찾아내기 위해서 시간 가는 줄 모르고 매달렸던 경험이 있습니다. 선생님과 친구들이 만든 가짜를 찾아내려면 가지고 있는 정보를 최대한 활용하게 됩니다. 다만 터무니없이 전혀 중요하지 않은 것을 가짜로 바꾸지 않도록 규칙을 만들어둘 필요가 있습니다. 예컨대 아무도 맞히지 못한다면 문제를 만든 사람이나 모둠에 불이익을 주는 것입니다. 처음에는 가볍게 각자의 이야기로 연습해볼 것을 추천합니다.

03 토론 튼튼 기초공사

아이들의 토론은 자칫 산만한 아무 말 대잔치로 흘러갈 가능성이 높다. 아이들에게 무엇에 집중해야 하는지, 또 어떻게 집중할 것인지 알려주어야 한다.

토론의 중요성은 이미 매스컴이나 여러 책들에서 충분히 소개된 바 있다. 학교에서도 아이들 간의 생산적인 토론이 가능하도록 역량을 키워주는 데 힘을 실어주어야 한다. 하지만 아직 자기중심적인 사고에 익숙하고, 사소한 자극에도 집중력이 쉽게 흐트러져 토론을 제대로 이어갈 수 없는 학생들의 특성을 감안해 교사의 적절한 지도가 필요하다.

좋은 토론은 토론 과정을 통해 의미 있는 결론을 도출해낼 수 있어야 한다. 그러기 위해서는 우선 각자 생각하는 바가 어떤 방향인지, 그 방향성에 대한 명확한 정리가 필요할 것이다. 이에 좋은 토론으로 이끌어줄 수 있는 유용한 방법을 소개하려 한다. 바로 사칙연산 토의이다.

■ 사칙연산 토의

생각을 키우기 위해서는 생각의 방향을 정할 필요가 있다. 세상에는 다양한 토의 방법이 존재하지만, 사칙연산 토의야말로 문제를 해결하는 데 집중하게 해

사칙연산(+, -, ×, ÷)의 개념을 이용해 생각의 방향을 표현합니다.

주는 아주 좋은 방법이다. 이 방식의 원리는 사칙연산의 개념인 더하기(+), 빼기(-), 곱하기(×), 나누기(÷)를 활용해서 4가지 토의 방향에 맞게 생각을 확장시킬 수 있다는 데 있다. 실제 수업에서 진행했던 활동 방법을 간략히 소개하면 다음과 같다.

1. 관련된 주제를 4가지 영역으로 나눠서 토의한다.
2. +는 새롭게 하고 싶은 것을 이야기한다.
3. −는 줄이거나 없애고 싶은 것을 이야기한다.
4. ×는 하고 있는 것 중 발전시킬 것을 이야기한다.
5. ÷는 기여하고 싶거나 나누고 싶은 것을 이야기한다.

또한 토론이 원활히 진행되려면 학생들의 다양한 의견들을 구분해서 각자 어떤 입장인지, 또 크게 어떻게 나눠볼 수 있는지를 분류할 필요가 있을 것이다. 이럴 때 도움이 되는 좋은 방법이 바로 신호등 토론이다.

신호등 색깔별로 찬성, 반대, 중립의 입장을 정하고, 자신의 선택한 색깔의 입장에서 토론을 시작합니다.

■ 신호등 토론

신호등 토론은 찬성과 반대, 중립을 신호등의 색깔처럼 구분해서 생각을 표현하고 이후에 토론하는 방법이다. 교실에서 종이컵 신호등을 직접 만들어서 활용할 수도 있고, 색 종이컵을 검색해보면 이미 시중에 다양한 색깔의 종이컵이 나와 있어서 각각의 색깔에 의미를 부여해 활용할 수도 있다. 또 굳이 종이컵 형태가 아니라도 색종이나 OX부채 등을 활용할 수도 있다.

신호등을 이용해 자신의 입장이 어떤지 표현했다면 모여서 추가 토의를 진행한 후 전체 토론으로 이어 가면 된다. 실제 수업에서 진행했던 신호등 토론의 활동 방법을 간략히 소개하면 다음과 같다.

1. 제시된 의견에 자신의 의사(찬성, 중립, 반대)를 표시하고 필요하면 그 이유를 이야기하는 토론 방식이다.
2. 색깔 카드로 의사를 표현하면 좋다. 반대면 빨강, 찬성이면 초록, 중간이면 노랑으로 만들면 좋다.

3. 만약 색깔 카드가 없다면 물건으로도 얼마든지 대체할 수 있다.

4. 신호등 토론으로 의견을 분류한 후 추후 활동을 진행하면 좋다.

열띤 토론은 순간적으로 몰입을 이끌어냅니다. 우선 본격적인 토론을 하기 이전에 생각을 효과적으로 표현하고 나누면서 연습하는 것이 좋습니다. 사칙연산 방식은 생각을 모으는 방식으로 활용하는 것이 좋습니다. 새롭게 하고 싶은 것, 줄여나가거나 빼고 싶은 것, 하고 있는 것 중에 늘려나가고 싶은 것, 선생님과 친구들과 나누고 싶은 것으로 사칙연산 학급회의를 열어 연습해도 좋습니다. 신호등 토론을 할 때는 신호를 표시할 도구를 직접 만들어서 진행해볼 것을 추천합니다.

나쌤의
재미와 의미가
있는 수업

04 빙글빙글, 짝 바꿔 토론하기

토론을 하다 보면 온갖 변수가 발생하곤 한다. 변수에 휘둘리지 않고 끝까지 좋은 토론을 이끌어가려면 꾸준한 연습을 통해 순발력을 키워야 한다.

학생들에게 기회가 있을 때마다 다양한 토론 경험을 쌓게 해주어야 한다. 토론을 잘하는 능력은 하루아침에 키울 수 있는 것이 아니기 때문이다. 토론에 참여하는 사람들의 성향은 매우 다양하기 때문에 좋은 토론자는 어떤 사람을 만나든 당황하지 않고, 자신의 의견을 논리적으로 피력할 수 있어야 한다. 특히 토론은 일반적으로 발언 시간이 제한되어 있으므로, 짧은 시간 동안 자신의 의견을 상대에게 효과적으로 전달하려면 꾸준한 연습이 필요하다. 수업시간에 놀이처럼 이 모든 연습을 해볼 수 있는 활동이 있다. 바로 회전목마 토론이다.

회전목마 토론은 물레방아 토론이라고도 한다. 일종의 짝 토론인데 계속해서 짝을 바꿔가면서 토론하게 되므로, 마치 회전목마나 물레방아가 돌아가는 모습을 연상시킨다. 우선 찬성과 반대의 입장을 모두 생각하거나 써본 후에 토론을 시작한다. 가위바위보로 역할을 정하면 양쪽 입장이 모두 되어볼 수 있다. 토론 후에는 최종적으로 자신의 입장을 정하거나 이를 글로 쓸 수도 있다. 실제 수업에서 아이들과 함께 실천해본 활동을 간략하게 소개하면 다음과 같다.

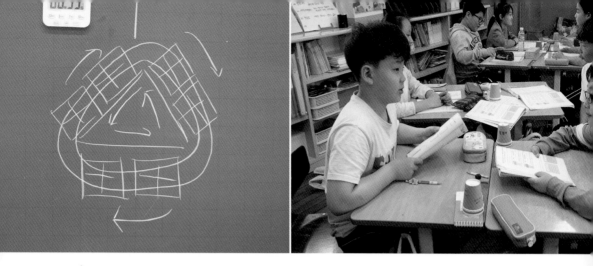

마치 회전목마가 돌아가듯이 정해진 시간 동안 짝을 바꿔 토론하면서 아이들은 임기응변과 순발력을 기를 수 있습니다.

1. 학생들이 회전목마처럼 두 개의 원으로 둥글게 상대 토론자와 마주보고 앉는다.
2. 안과 밖의 학생 수가 같아야 하는데 안쪽에는 찬성, 바깥에는 반대 입장의 아이가 자리 잡는다.
3. 정한 시간에 바깥쪽 사람이 정해진 방향으로 1칸씩 이동해서 토론한다.

나쌤의 THINKING +1 LEARNING

생각은 1대 1로 나누는 것이 가장 효과적이라고 합니다. 그래야 서로의 생각에 몰입해서 생각을 키워나갈 수 있습니다. 다만 생각의 깊이와 방향이 다르기 때문에 순환을 해야 합니다. 의자만 가지고 서로 무릎이 닿을 만큼 가까운 거리에서 생각을 나누는 것이 가장 좋습니다. 다음 활동으로 바로 연결해야 한다면 시간 절약을 위해 분단 내에서 책상을 맞대고 순환하는 것도 좋습니다. 이때 소리 규칙을 정해서 다른 팀에게 방해가 되지 않도록 하는 것도 함께 정할 수 있습니다.

05 결론아, 넌 어디에 있니?

토론의 궁극적인 목표는 결론을 내는 것이다. 결론 없는 토론만큼 허무하고 지켜보는 이를 피로하게 만드는 것도 없다.

가끔 TV 토론회를 보다 보면 토론자들끼리 의견 조율이 되지 않은 채 서로 하고 싶은 말만 일방적으로 떠들고 있는 모습을 볼 때가 있다. 심지어 사회자가 조율을 시도해도 서로 자기주장만 옳다고 고집하는 모습은 때론 지켜보는 이의 눈살을 찌푸리게 만들기도 한다. 결국 오랜 시간의 기나긴 토론 끝에 얻은 것이라곤 '결론은 다음 기회에'라는 허무하기 그지없는 마무리와 함께 몰려오는 깊은 피로감뿐이다.

■ 피라미드 토론

의견의 선택과 조율을 통한 결론의 도출은 토론의 매우 중요한 목표가 된다. 이에 아이들의 토론에서 선택과 조율을 도울 수 있는 방법을 소개하려 한다. 우선 개인별로 2개의 의견을 정한다. 그리고 2명이 만나서 총 4개의 의견 중 2개의 의견만 선택한다. 이때 선택되지 않은 의견은 피라미드의 가장 아래에 붙여둔다. 다시 4명이 모여서 4개의 의견을 모은다. 그리고 다시 그중 2개만 선택한다. 역

피라미드 토론으로 의견을 선택하고 조율하는 법을 배웁니다.

시 선택을 받지 못한 의견들은 피라미드 2번째 칸에 붙인다. 이런 식으로 최종 의견이 남을 때까지 토론을 하는 것이다.

피라미드의 가장 위에 올라간 의견을 학급 전체의 의견으로 정할 수도 있다. 물론 선택받지 못했다고 해서 나쁜 의견이라거나, 선택받았다고 해서 더 좋은 의견인 것은 아니다. 다만 모든 의견을 다 선택할 수 없는 상황에서 다수가 선호하는 의견을 선택하는 방법을 알려준다는 데 의미가 있다. 실제 수업에서 적용해본 피라미드 토론의 활동 방법을 간략히 소개하면 다음과 같다.

1. 제시된 논제에 대한 자신의 생각을 적는데, 개인당 2개를 적는다.

2. 1:1로 합의를 한다. 4개 중에 2개만 선택한다.

3. 2:2로 합의를 한다. 4개 중에 2개만 선택한다.

4. 4:4, 8:8 등으로 합의한다.

5. 최종 결과를 정하고 발표한다.

6. 활동 후 소감을 나눈다.

또한 토론을 하다 보면 생각이 여러 방향으로 팽팽히 엇갈릴 때가 있다. 이럴 때는 우선 생각이 비슷한 사람들끼리 모여 의견을 다시 정리해보는 것이 필요하다. 이럴 때 유용한 방법이 바로 모서리 토론이다.

■ 모서리 토론

가끔 다수의 의견이 너무 여러 갈래로 나뉘어 어느 것 하나를 선택하기 어려운 상황도 종종 발생하곤 한다. 이럴 때는 각각의 관점에서 장단점을 다시 한 번 검토해보며 자신의 생각을 돌아볼 필요가 있다. 때로는 이러한 과정을 통해 자신의 의견이 상대와 다르지 않음을 발견하기도 하고, 서로 다른 의견 사이의 접점을 찾아갈 수도 있기 때문이다.

모서리 토론은 생각의 방향이 여러 갈래로 나눠질 때 하면 좋은 활동이다. 우선 생각의 종착지를 각각 모서리로 만들어서 비슷한 생각을 가진 사람들끼리 모인다. 끼리끼리 모여서 생각을 키워나가는 것이다. 그런데 막상 이야기를 나누다 보면 처음에는 분명 생각의 방향이 다르다고 생각했던 다른 모서리와 비슷한 점을 깨닫기도 한다. 그러면 다른 모서리로 이동할 수도 있다. 각 모서리가 한 팀이 되어 생각을 모으고 키우면서 공부하는 것이다. 다른 모서리의 이야기를 들으면서 또 다른 방향으로 생각을 확장할 수도 있는 활동이다. 뭔가 스포츠 경기처럼 진행되는 이 활동은 학생들을 토론에 더욱 흥미진진하게 임하게 만들어준다. 수업시간에 실천했던 활동 방법을 간단히 요약하면 다음과 같다.

1. 주제에 따른 자신의 생각을 정리한다.
2. 의견별로 정해진 위치로 이동한다. 최초 인원수를 확인한다.
3. 만약 어느 한쪽으로 너무 인원이 몰린다면 모서리를 임의로 배정하거나

입장이 여러 갈래로 갈라질 때는 모서리 토론으로 입장을 정리할 수 있습니다.

    선택을 받지 못한 모서리를 빼고 진행할 수도 있다.

4. 각 모서리별로 장을 뽑고, 작전타임 동안 회의를 한다.

5. 토론 선수를 뽑아 '입론-교차질의-마무리' 발언을 한다.

6. 무기명 비밀 투표를 해서 '최초 인원수+늘어난 인원수'의 비율을 정해서 승리를 결정한다.

나쌤의 LEARNING THINKING +1

    피라미드 토론, 모서리 토론 모두 움직이면서 하는 활동입니다. 활동을 할 때 주제가 매력적이라면 움직이는 시간을 줄여가면서 토론에 참여하게 됩니다. 다만 주제가 식상하고, 너무 어렵다면 몰입하기 어려울 수 있습니다. 때로는 피라미드 토론의 경우 위로 의견이 선별될수록 마치 자신의 생각은 외면을 당한 것처럼 느끼는 아이도 있습니다. 포스트잇에 적어서 선택받지 못한 생각들을 모아서 게시한 후에 따로 시간을 내서 활용해볼 것을 추천합니다.

06 수직선에 새기는 토론의 방향

토론에 임하기 전에 자신의 생각과 생각의 정도를 확인하는 것은 매우 중요하다. 만약 그것을 알지 못한 채 시작한다면 토론은 길을 잃고 방황하게 된다.

자신이 생각을 정확하게 파악하고 있는 사람은 사실 그리 많지 않다. 생각이라는 게 눈에 보이는 것은 아니기 때문에 본인 스스로도 가늠하기 어려울 때가 많기 때문이다. 만약 생각을 숫자나 위치로 표현할 수 있다면 좋지 않을까? 가치를 수직선 위에 표시하고 그것에 대해 이야기를 나누는 가치수직선 토론은 이러한 전제에서 출발한 활동이다.

가치수직선 토론은 수업뿐만 아니라 학급살이에도 다양하게 활용할 수 있는 유용한 활동이다. 예컨대 "우리 반이 얼마나 좋은지 이유와 함께 숫자에 붙여주세요!" 같은 말로 학급을 돌아볼 수 있다. 또는 국어 시간에 글을 읽은 후 "주인공의 선택에 자신의 생각을 이유와 함께 숫자에 붙여주세요"와 같이 생각을 적고 표현하는 과정 속에서 아이들은 서로의 의견을 듣고 배우게 된다.

1. 자기의 생각을 숫자로 나타내어 드러내는 것으로 어떤 가치에 자기가 생각하는 정도를 숫자로 나타내고 그 까닭을 설명하는 방식임을 설명한다.

수직선을 이용하면 자신의 생각이 어느 정도인지 그 방향을 가늠해볼 수 있습니다. 아울러 친구들과 자신의 생각이 어느 정도나 다른지도 시각적으로 확인할 수 있습니다.

2. 강한 찬성(5)-찬성(3)-중간(0)-반대(-3)-강한 반대(-5) 등으로 가치 수직선을 만든다.

3. 시간이 충분하면 포스트잇에 자신의 가치 표현에 대한 이유를 함께 적어서 붙인다.

4. 학생 수가 많거나 의견이 갈릴 경우 숫자 차이를 더 크게 만든다.

나쌤의 THINKING +1
LEARNING

칠판이나 게시판에 수직선을 그립니다. 숫자에 이름을 적거나 붙이는 것으로 가볍게 시작할 수 있습니다. 익숙해지면 포스트잇에 선택한 숫자의 이유를 적을 수 있습니다. 《허쌤의 수업놀이》의 저자인 허승환 선생님의 경우에는 더 높은 점수로 가려면 어떤 점을 보완해야 하는지, 더 낮은 점수보다 높은 이유를 함께 적는 것으로 적용하고 있습니다. 좌우로 수직선의 점수에 상하의 점수까지 넣어서 좀 더 복잡하게 활용할 수도 있습니다.

07 찬성? 반대! 그것이 문제로다

어떤 주제에 대해 찬성하는 입장과 반대하는 입장에서 모두 생각해보는 경험은
시야를 확장시켜줌으로써 편협한 사고에 갇히지 않게 해준다.

일반적으로 토론은 어떤 주제에 대해 하나의 생각을 가지고 임하는 경우가 대
부분이다. 그런데 때로는 너무 각자의 생각 안에만 갇혀버려 상대편 생각이 가
진 장점을 미처 다 헤아리지 못하는 경우도 많다. 이에 평소에 반대되는 입장에
서도 생각해보는 활동은 시야를 확장시켜 유동적 사고를 가능케 해주므로, 토론 능
력을 높이는 데 큰 도움이 될 것이다. 이때 도움이 될 만한 활동이 바로 PRO-
CON 토론이다. PRO-CON 토론은 찬성과 반대의 입장을 다 경험해보는 토론 활
동이다. 양쪽 입장을 둘 다 경험해본 후 최선의 해결책을 찾아 문제를 해결해나
가는 방식인 것이다. 두 가지 입장을 다 생각해봤기 때문에 한층 더 깊이 있게
최종 의견을 결정할 수 있다.

1. 주제에 대한 찬성과 반대의 생각을 모두 정하고 적는다.
2. 짝 또는 모둠끼리 찬성과 반대의 역할 순서를 정해 정해진 시간 동안에 역
   할에 맞게 주장한다.

짝과 찬성과 반대 각자의 입장에서 토론한 후에, 다시 입장을 바꿔 토론해봅니다. 양쪽 모두의 입장을 경험해봄으로써 최선의 해결책을 찾아가게 됩니다.

3. 정해진 시간이 끝나면 역할을 바꿔서 토론한다.

4. 두 역할을 모두 경험한 후에 찬성과 반대 중 하나의 입장을 선택한다.

5. 찬성과 반대 중 선택한 입장에 대한 주장과 근거를 말한 후 입장을 정한 이유도 함께 말한다.

6. 활동 소감을 말하면서 마무리한다.

나쌤의 THINKING +1 LEARNING

수업에서의 토론은 상대방을 설득하려는 목적도 있지만, 아이들 스스로의 생각을 정리하고 키우는 게 더 큰 목적이 아닐까요? PRO-CON 토론에서 pro는 영어의 '~을 위하여'의 for를 의미하는 라틴어로 찬성을 의미한다고 합니다. con은 영어의 '~에 반대하여'의 against를 의미하는 라틴어 contra로 반대를 의미한다고 합니다. 두 가지 입장을 모두 경험해보는 것이야말로 이 활동의 중요한 장점입니다. 선생님도 아이들 속으로 들어가서 두 가지 입장에서 함께 토론해보실 것을 추천합니다.

08 질문, 토론을 꽃 피우다

뉴스를 보면 각 분야 전문가들이 나와 어떤 특정한 상황이나 현상에 대해 각자 입장을 대변하며 열띤 토론을 벌인다. 수업에서도 이런 방식을 적용할 수 있다.

토론에 직접 참여하는 경험을 통해 학생들은 어떻게 해야 현재의 생각보다 발전된 생각으로 이어나갈 수 있는지 깨달으며 토론 능력을 키워간다. 하지만 꼭 직접 토론에 참여해야만 성장할 수 있는 것은 아니다. 때로는 다른 사람들의 토론 모습을 지켜보는 것만으로도 많은 것을 배우고 생각을 키운다.

예컨대 패널들은 토론을 하고, 이후 패널들이 청중의 질문에 답변하는 형식의 토론이 있다. 방법은 토론 주제를 정하고, 주제에 맞는 몇 명의 패널을 미리 선정한 다음에 사회자의 사회로 토론을 진행한다. 이 방법은 토론을 지켜보면서 패널들의 생각을 좀 더 객관적인 시각에서 바라볼 수 있다는 점 그리고 질문을 통해 생각을 확장시켜나갈 수 있다는 점에서 장점이 있다.

1. 사회자가 논제에 대해 설명하고, 토론에 참여할 패널을 소개한다.
2. 패널은 각자 정해진 시간 동안 입장을 돌아가면서 설명한다.
3. 패널끼리 서로 질의와 응답을 한다.

미리 정한 패널들이 입장의 대표가 되어 토론을 합니다. 이후 청중들이 질문을 합니다.

4. 사회자가 토론의 내용을 요약해서 설명한다.

5. 청중의 질문을 받으면 패널은 적절하게 자신의 생각을 이야기한다.

6. 사회자의 정리나 전체적인 생각의 방향을 알아보면서 마무리한다.

7. 미리 각 단계별 최대 시간을 정해두고 시작하는 게 좋다.

나쌤의 LEARNING THINKING +1

패널 토론는 자칫 몇 명이 주도하는 토론으로 흘러갈 수 있습니다. 이러한 점을 방지하기 위해서 모두가 패널이 될 수 있다는 상황으로 모든 내용을 함께 준비합니다. 팀을 나눠서 진행하는 경우라면 상대팀에서 지명하는 사람이 반대편 패널로 등장하게 하면 모두 협동해서 준비하게 됩니다. 또 패널이 얼마나 잘 준비해서 잘하는지를 평가하는 패널 평가단의 역할을 청중이 하고, 최고의 패널과 다른 패널의 이야기를 잘 들어준 경청 패널, 좋은 질문을 한 질문 패널 등을 뽑으면서 진행해볼 것을 추천합니다.

09 원탁의 기사들

토론의 성격상 경쟁적인 아이들 몇몇이 토론의 분위기를 좌지우지하는 경우가 종종 있다. 교사는 모든 아이들이 발언할 수 있는 기회를 만들어주어야 한다.

토론 수업을 진행하다 보면 종종 난감한 것이 몇몇 아이가 발언을 주도하면서, 나머지 다수의 아이들은 제대로 의견조차 피력하지 못한 채 끝나버리는 것이다. 특히 소극적인 아이는 아예 토론에서 배제되는 경우도 있다. 토론 수업의 목적은 몇몇 아이들의 역량 신장에 있지 않다. 따라서 좀 더 많은 아이들이 의견을 표현할 수 있는 기회를 마련해줄 필요가 있다. 이에 추천하고 싶은 활동이 바로 원탁 토론이다. 원탁 토론에서 원탁은 상징적 의미이다. 이 활동은 대결하는 게 아니라 동등하게 자신의 생각을 말하는 활동이다. 1개 모둠 이상이 모여서 자유롭게 생각을 나누는 방식으로 진행된다. 사회자는 최소한의 규칙으로 모두에게 발언 기회를 골고루 부여한다.

1. 함께 이야기를 나누면 좋을 글이나 이미지를 제시한다.
2. 각자 논제를 만든다. 이때 함께 이야기 나눌 가치가 있는 것, 의미와 재미가 있는 것, 글이나 이미지와 관련이 되었는지 등을 생각하면서 만든다.

아이들이 원탁 토론에서 공동 논제를 정하고 있습니다.

3. 긱자 만든 논제를 전체에게 이야기하고 가운데 놓는다.

4. 모두 이야기를 한 후에 투표로 공동 논제를 정한다.

5. 정해진 논제를 모둠 가운데 놓은 후 관련된 이야기를 나눈다.

6. 사회자는 모두에게 1번 이상씩의 발언권을 준다.

7. 사회자는 토론한 내용을 종합해서 전체에게 이야기한다.

나쌤의 THINKING +1
LEARNING

머릿속에 생각은 많은데 차마 입이 떨어지지 않는 아이도 있습니다. 이런 아이들은 멍석을 깔아주지 않으면 자발적으로 입을 열지 않을 가능성이 높습니다. 모두의 생각을 나눌 수 있는 기회를 제공하고 아울러 이 과정에서 혼자 생각할 때보다 더 나은 생각을 이끌어낼 수 있다는 점을 깨닫게 해주는 게 의미 있지 않을까요? 기회가 공평하게 돌아가게 하려면 공깃돌이나 바둑알을 토킹칩으로 활용합니다. 주어진 토킹칩의 일정 부분을 사용해야 하는 규칙을 넣고, 칩을 다 사용하면 더 이상 이야기할 수 없도록 규칙을 정한다면 고른 발언 기회가 자연스럽게 주어질 것입니다.

10 오늘 토론의 승자는 누구?

토론의 묘미는 논리적으로 상대방을 설득하는 과정 속에서 자신의 생각을 정교화하는 데 있다. 하지만 자칫 논리가 아닌 감정싸움으로 치닫는 경우가 생긴다.

토론의 과제는 결국 상대방의 설득을 얻어내는 것이다. 하지만 상대 역시 자기 생각을 강력하게 주장하다 보니 설득한다는 게 결코 쉽지 않다. 때로는 자칫 원치 않는 감정싸움으로 이어지기도 한다. 자기 생각이 옳다고 서로 주장하는 동안 설득은커녕 양쪽 다 마음만 상하기도 하는 것이다.

아직 어린 학생들이 감정에 휘둘리지 않고 좀 더 이성적으로 토론에 임할 수 있도록 도와주는 방법이 있다. 바로 짝 토론이다. 짝 토론은 각자 심판만 바라보며 이야기하고 판정은 심판이 한다. 그래서 말하는 상대방을 설득하거나 굳이 비방할 필요가 없이 자신의 생각만 심판에게 명확하게 전달하면 된다.

1. 3명이 정삼각형 대형으로 앉는다.
2. 심판 1명과 토론자 2명(찬성 VS 반대)을 정한다.
3. 규칙은 심판이 바라보는 사람만 이야기를 할 수 있고, 각각 1번 손을 들거나 어깨에 손을 올려서 발언권을 받을 수 있다.

짝 토론은 토론자끼리는 질의응답을 할 수 없고, 심판의 중재를 통해 토론이 필요 이상으로 과열되는 것을 어느 정도 예방할 수 있습니다.

4. 토론자끼리는 질의응답을 할 수 없는 것이 원칙이다. 다만 심판은 토론자에게 질문을 할 수 있으며, 토론자는 심판에게 질문을 할 수 없다.

5. 정해진 시간 동안 토론을 한 후 심판이 판정을 한다.

6. 4명이 할 경우에는 1명이 과연 공정하게 판정하는지 심판을 판정하는 역할이나 사회자 역할을 할 수 있다.

나쌤의 **THINKING** +1
LEARNING

TV 프로그램에서 종종 천사와 악마가 주인공의 양 옆에서 자신의 말을 들으라고 속삭이는 모습을 보게 됩니다. 이때 주인공은 머리를 감싸고 고민하지요. 천사와 악마는 서로를 설득할 필요가 없습니다. 설득해야 하는 대상은 오직 주인공입니다. 이 상황을 토론에도 적용할 수 있습니다. 판정을 하는 사람을 뽑습니다. 심판은 찬성과 반대 중에 아직 생각을 정하지 않은 사람이 공정합니다. 익숙해질 때까지는 심판을 판정하는 심판 판정단을 꾸려서 4명이 함께 토론하는 것을 추천합니다. 심판 판정단은 심판이 기회를 공정하게 주었는지를 중심으로 판정합니다.

11 업그레이드 토론 활동

소규모 토론을 통해 토론 근육이 적당히 단련되었다면 학급 전체 토론에 도전해보자. 팀을 나누어 배틀처럼 진행하면 몰입도를 높일 수 있다.

긴장감 넘치는 대결 구도만큼 흥미진진한 것도 없다. 그리고 흥미진진하다는 것은 곧 아이들의 적극적인 참여로 이어진다.

■ **학급 전체 토론**

학급 전체가 팀을 나누어 토론을 진행하면 어느 치열한 운동경기 못지않게 손에 땀을 쥐는 긴장감이 연출된다. 앞서 짝 토론, 모둠 토론 등으로 연습을 충분히 했다면 학급 전체 토론에 도전해보자. 만약 인원이 너무 많다면 3팀으로 나눠서 2팀이 토론하고, 나머지 한 팀은 배심원의 역할을 할 수도 있다.

승패가 있는 토론으로 진행할 경우 승리의 기준을 미리 함께 정해두는 것이 좋다. 물론 꼭 승패를 정해야 하는 것은 아니다. 열띤 토론은 그 자체로도 충분히 배움을 일으키기 때문이다. 만약 승패가 따로 없다면 각 팀별로 잘한 점을 중심으로 피드백을 해준다. 적절한 피드백과 격려는 동기를 높여주고, 성찰의 계기도 마련해주므로 앞으로 토론 능력을 더욱 향상시켜나가는 데 큰 도움이 된다. 시

팀의 대표 의견인 입안을 함께 쓴 후에 학급 전체 토론을 실시합니다.

간이 충분하다면 역할을 바꿔가면서 토론을 해볼 것을 추천한다. 한층 더 생각을 키워나갈 수 있을 것이다.

1. 팀을 나눠서 작전회의를 할 시간을 준다.
2. 팀의 대표 의견인 입안을 함께 쓴 후 학급 전체 토론을 시작한다.
3. 각 팀의 대표를 선정해서 순서를 정한다. 먼저 입안을 하는 팀이 2분 이내로 최초 주장을 말한다.
4. 상대팀에서 3분 동안 궁금한 점이나 반박할 점을 질문한다.
5. 역할을 바꿔 2분 동안 입안을 하고, 궁금하거나 반박할 점을 받는다.
6. 시간이 충분하면 같은 과정을 반복해서 2~3번 한다.
7. 다시 팀원들과 작전 회의를 한 후 최종 주장을 하면서 마무리한다.
8. 배심원이 있다면 미리 함께 정한 기준에 따라 판정한다.

학급 전체 토론에서도 시간이 허락된다면 역할을 바꿔 토론해볼 것을 추천했는

나쌤의
재미와 의미가
있는 수업

데, 이는 상대의 입장에서 생각해볼 기회를 준다는 점 그리고 한층 유동적으로 사고할 수 있는 힘을 길러준다는 측면에서도 매우 의미 있는 활동이다. 그래서 관련된 토론 활동을 하나 더 소개하려고 한다. 바로 사모아 토론이다.

■ **사모아 토론**

토론을 하는 과정에서 자신의 입장을 바꿀 수 있다면 어떨까? 사모아 부족의 토론 방식에서 몇 가지 아이디어를 얻을 수 있다. 우선 각 입장별로 부족을 나누고 대표를 정한다. 각 부족의 대표가 부족의 생각을 이야기한다. 이때 다른 부족 대표의 생각에 설득된 부족원은 부족을 이동할 수 있는 게 이 토론 활동의 포인트다. 또 만약 부족의 대표보다 이야기를 더 잘할 수 있는 부족원이 있다면 어깨에 손을 올려 대표를 바꿀 수도 있다. 중간에 생각을 바꿀 수도 있고, 적극적으로 생각을 말할 수도 있는 흥미진진한 활동이다.

1. 각 부족을 정하고 의자에 앉는다. 이때 부족장의 의자는 조금 앞으로 놓은 후 앉는다.
2. 부족장 뒤 의자에는 2~3명의 부족원들이 부족장의 이야기를 들으면서 다음 토론을 준비한다.
3. 만약 부족장보다 말을 더 잘할 수 있으면 부족장의 어깨에 손을 올린다. 그러면 그 사람으로 부족장의 역할이 바뀐다.
4. 부족별로 의자를 1개 이상 여유 있게 놓는다. 왜냐하면 다른 부족의 생각에 설득되면 그 부족으로 옮겨 앉아야 하기 때문이다.
5. 공평하게 이야기를 나눌 수 있게 말하기 토큰을 3개씩 가지고 활동한다.
6. 사회자와 발언 순서가 없는 것이 기본이지만, 원활한 토론을 위해 사회자

대표는 부족의 입장을 대표해서 의견을 발표하는데, 만약 그 의견에 설득되면 부족을 이동할 수 있습니다.

를 만들어서 발언의 기회를 조정할 수도 있다.

7. 정해진 시간 동안에 토론한 후에 활동 소감을 나누면서 마무리한다.

'과연 학급 전체가 함께 토론을 할 수 있을까?' 그런데 막상 해보면 엄청 재미있고 몰입하게 됩니다. 인원이 많다면 찬성과 반대, 배심원(평가단)으로 팀을 나눈 후 역할을 순환할 수 있습니다. 자칫 감정이 격해져 흥분하게 되는 경우도 있습니다. 흥분해서 목소리가 커지는 쪽이 토론에서 가장 중요한 감정 조절을 못한 것이라는 점을 먼저 이야기해주고 시작하는 것이 좋습니다. 사모아 토론의 경우에는 족장을 중간에 바꿀 수 있다는 점과 다른 팀으로 옮겨갈 수 있다는 점이 재미가 있습니다. 다만 한 번에 모두 가버리면 토론 자체가 진행이 되지 않기 때문에 이동할 수 있는 자리를 1~2개만 준비해둘 것을 추천합니다.

12 반짝반짝, 여섯 빛깔 사고모자

학생들이 편협한 생각에 갇혀 있기를 바라는 교사는 아마 없을 것이다. 어린 시절부터 다양한 관점에서 사고하는 능력을 길러야 한다.

한쪽으로 치우쳐 도량이 좁고 너그럽지 못한 사람을 가리켜 우리는 편협하다고 한다. 편협한 사람은 그만큼 시야가 좁아서 다양한 관점에서 생각하기를 거부한다. 워낙 좁은 관점에 갇혀 있기 때문에 더 좋은 기회, 더욱 성장하고 발전할 수 있는 기회를 스스로 차버리는 경우가 허다하다. 우리 학생들이 균형을 잃고 어느 한쪽으로 치우치지 않도록 좀 더 다양한 관점에서 사고할 수 있는 기회를 제공해줄 필요가 있다. 학생들이 다양한 관점에서 생각해볼 수 있도록 도와주는 재미있는 활동을 소개하고 싶다.

영국의 심리학자 에드워드 드 보노(Edward de Bono)는 창의성 기법으로 많이 알려진 육색 사고모자 기법(Six Thinking Hats Method)을 개발했다. 여섯 가지의 사고모자를 모두 1번씩 사용해서 생각의 범위를 확장하는 것이다. 또 다양하게 만들어낸 생각을 여섯 가지 사고로 평가해볼 수도 있다. 육색사고모자의 종류와 의미를 살펴보면 다음과 같다.

6가지 색깔의 사고모자를 바꿔 써가면서 다양한 관점에서 생각해봅니다.

육색 사고모자의 종류와 의미

1. **하얀 모자**: 순수를 상징하는 흰색으로 중립적이고 객관적으로 생각한다. 주어진 문제 상황과 정보, 사실 등을 확인해 문제를 정확히 인식하도록 한다.

2. **빨간 모자**: 피와 정열을 상징하는 빨간색으로 직관에 의한 감정이나 느낌을 생각한다. 주어진 문제 상황에 대한 감정, 떠오르는 느낌을 말하도록 한다.

3. **노란 모자**: 밝고 적극성을 상징하는 노란색으로 밝고 긍정적으로 생각한다. 주어진 문제 상황에서 장점이나 좋은 점을 말하도록 한다.

4. **검은 모자**: 어둡고 긴장을 상징하는 검정색으로 부정적이고 비판적으로 생각한다. 주어진 문제 상황에서 단점, 약점, 나쁜 점을 말하도록 한다.

5. **초록 모자**: 풍부한 자연의 색인 초록색으로 새롭고 창의적으로 생각한다. 주어진 문제 상황에 대한 대안을 말하도록 한다.

6. **파란 모자**: 조절과 통제의 색인 파란색으로 메타 인지적 사고로 침착하고 냉정하게 생각한다. 다른 색깔 모자에서 나온 이야기를 정리·평가한다.

아이들이 다각적으로 사고해볼 수 있도록 돕기 위해 육색 사고모자를 다음과 같이 수업에 활용해보았다.

1. 주제를 육색 사고에 맞게 생각해서 자신의 생각을 적어본다.
2. 사회자가 제시하는 색깔의 모자를 쓴 후 그 의미에 맞게 각자 생각하고 이야기한다.
3. 만약 사회자 없이 진행할 때는 자신이 지금 쓴 모자를 보여주거나 말로 알려준 후에 이야기할 수 있다.
4. 같은 모자를 다시 쓸 순 있지만, 모든 모자를 한 번 이상 쓰고 말한다.
5. 6명이 한 팀이 되어서 각자 하나의 모자를 쓰고, 그 입장에서 이야기를 할 수도 있다. 이때 정해진 시간이 되면 모자를 시계 방향으로 돌려 써보게 함으로써 다양한 입장을 경험해보게 하는 것이 좋다.
6. 활동 후 소감을 나누면서 마무리한다.

나쌤의 LEARNING THINKING +1

처음에는 한 가지 색으로 모두 다 같이 생각을 나눠본 후 익숙해지면 색깔별로 뽑거나 6명을 한 모둠으로 구성해서 생각을 나누면서 키울 수 있습니다. 하나씩 연습할 때마다 색 종이컵, 색 도화지를 이용해서 시각적으로 만들 수 있습니다. 그 의미를 칠판에 적어두거나 언제든지 다시 볼 수 있도록 나눠줄 필요가 있습니다. 활동을 여러 번 한 후에는 혼자서 모자를 바꿔가면서 6가지의 입장에서 모두 이야기할 수 있는 아이를 명예의 전당에 올려주는 것도 좋습니다.

13 틀을 깨면 다른 세상이 보인다

세계적 문호 프란츠 베르펠은 편협한 자의 상상력 결여는 그의 비겁함보다 훨씬 심각하다고 했다. 학생들이 틀을 깨고 다양한 사고를 할 수 있게 도와야 한다.

우리 모두는 어떤 문제나 상황 등을 바라볼 때 그간의 개인적인 지식이나 경험을 바탕으로 한 자신만의 관점으로 해석하는 경향이있다. 이를 달리 표현하면 세상을 바라보는 일종의 필터라고 할 수 있는 자신만의 색안경을 가지고 있다고도 할 수 있다.

만약 녹색 색안경 딱 하나뿐인 사람이라면 세상은 오직 그 하나의 색안경을 통해 보이는 녹색 세상이 전부일 것이다. 아마도 그런 사람들은 녹색을 벗어난 그 어떤 생각도 하지 못할 것이며, 심지어 녹색 이외의 세상이 존재한다는 것조차 믿으려 하지 않는 편협한 시각의 소유자일 것이다. 이에 교사들은 학생들에게 세상을 바라보는 좀 더 다양한 필터들을 경험하게 해줄 필요가 있다. 그래서 추천하는 활동이 바로 DCS 색안경 활동이다.

■ DCS 색안경 활동
이 활동은 다양한 색안경을 통해 상황을 해석해보는 연습을 하는 것이다. 좀 더

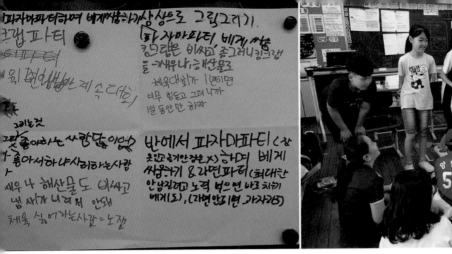

다른 색깔의 색안경을 낀 입장에서 생각해봅니다.

다양한 관점에서 생각해보면서 생각의 크기를 키워갈 수 있다. DCS 색안경 활동에서 DCS란 Disney Creativity Strategy의 약자로 월트 디즈니(Walt Disney)가 환상적인 이야기를 실제로 실현해간 것에 영감을 받아 로버트 딜츠(Robert Dilts, 1994)가 제안한 방법이다. 몽상이(Dreamer), 현실이(Realist), 비판이(Critic)의 3가지 관점으로 다양한 관점에서 상황을 고려해볼 수 있다. 여기서 몽상이와 현실이, 비판이의 관점을 간략히 비교하면 다음과 같다.

- **몽상이(Dreamer)** : 이상적인 세계를 상상하고, 상상으로 가능한 모든 것을 제안하면 된다.
- **현실이(Realist)** : 몽상이가 제안한 이상적인 아이디어를 현실화시키기 위한 방안을 만들어내야 한다.
- **비판이(Critic)** : 현실이의 방안을 비판한다. 문제점과 어려운 점, 불가능한 점 등을 찾아낸다.

수업시간에 아이들과 함께 DCS 색안경 활동을 응용한 토론을 실천해보았다.

간단히 활동 내용을 소개하면 다음과 같다.

1. 등장인물이나 관점을 몇 가지 정한다.
2. 해당하는 구역이나 물건을 가지고 있으면 '색안경'을 쓴 것으로 보고, 그 입장에서 생각하고 말하고 토론한다.
3. 정해진 시간이 지나면 다른 색안경 입장에서 해석하고 토론한다.
4. 활동 후 소감을 나눈다.

DSC 색안경 활동처럼 다양한 관점에서 생각해보는 연습을 할 수 있는 또 다른 활동을 하나 더 소개하려 한다. 2015년에 개봉한 애니메이션 〈인사이드 아웃 (Inside Out)〉에 등장하는 감정 캐릭터를 활용한 활동이다.

■ 인사이드 아웃

인기 애니메이션이었던 만큼 아이들에게도 익숙하여 쉽게 받아들일 수 있고, 아이들에게 다양한 감정에 관해 생각해보도록 하는 데 도움이 된다. 또한 이 활동은 자신이 평소 어떤 감정에 많이 좌우되는지도 파악해볼 수 있다. 다음은 실제 수업시간에 아이들과 함께 실천한 내용이다.

1. 먼저 영화 인사이드 아웃에 나오는 등장인물인 기쁨이, 슬픔이, 버럭이, 까칠이, 소심이의 5가지 감정에 대해 알아본다.
2. 각각의 상황을 자신의 언어로 정리하는데, 언제 그런 감정을 느끼는지 구체적으로 정리한다.
3. 많이 느끼는 정도를 표현(그래프)한다.

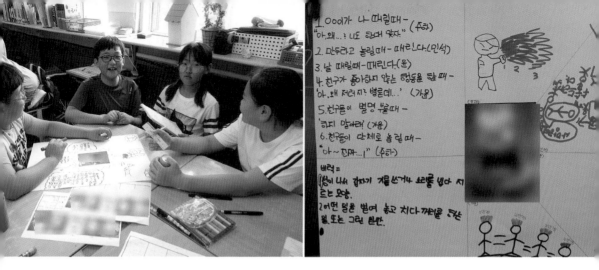

영화 《인사이드 아웃》의 등장인물을 통해 5가지 감정에 대해 알아봅니다.

4. 5가지의 상황으로 생각하고 표현하는 것을 연습한다.
5. 활동 후 소감을 나눈다.

나쌤의 THINKING +1
LEARNING

학생들이 다양한 관점에서 사고할 수 있는 것은 매우 중요합니다. 동일한 사건도 어떻게 바라보느냐에 따라 여러 가지 해석이 가능하기 때문입니다. 특히나 다양성 사회를 살아가는 우리 학생들은 다각도에서 사고할 수 있는 능력이 꼭 필요합니다. 이러한 훈련은 나아가 자기 성찰로도 이어집니다. 스스로 여러 가지 가능성을 염두에 두고 생각할 수 있다면 이는 불필요한 시행착오를 줄여줄 것입니다. 나아가 다른 관점에서 생각해보는 연습은 개인주의가 만연한 현대사회에서 타인에 대한 공감 능력을 키워줄 수 있다는 생각입니다.

14 나는 전문가다!

누군가에게 설명을 해줌으로써 배운 내용의 90%가 학습된다고 한다. 설명을 하는 과정에서 생각이 확장되고 나아가 진정한 배움이 이루어진다.

앞서 학습효율성 피라미드를 통해 가르치기가 배움에 탁월한 방법임을 언급했다. 이에 수업시간에도 학생들 간에 서로 설명해줄 수 있는 기회를 마련해주는 것이 좋다. 가르치는 학생은 알고 있는 내용을 머릿속에서 한 번 더 정리하면서 한층 더 사고를 확장시켜나갈 수 있고, 배우는 학생도 눈높이가 비슷한 친구의 설명이 어떤 면에서는 교사의 설명보다 훨씬 이해하기 쉬울 수 있다.

마치 분야의 전문가가 된 것처럼 또래 간에 설명해주면서 학습효과를 높이는 방법이 있다. 바로 직소 활동이다. 이는 1978년 텍사스(Texas)대학교의 엘리엇 애런슨(Elliot Aronson)과 동료에 의해 개발된 학습모형이다. 우선 모둠원들은 관련된 내용을 서로 분담해서 각자 한 부분씩 깊이 있게 공부한다. 그리고 공부한 내용을 서로에게 가르치고 배우면서 완전학습이 이루어지도록 하는 것이다.

1. 활동의 시작으로 목표와 도달지점, 진행 방법 등을 안내한다.
2. 모둠 내에서 각자 담당해야 할 부분을 정한다.

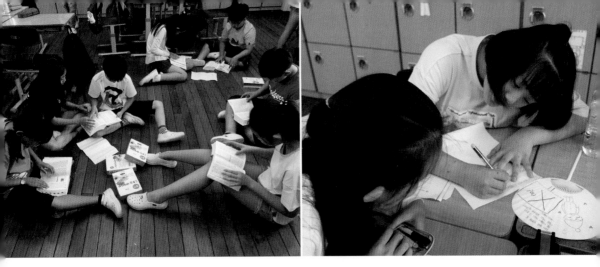

각자 담당한 부분의 전문가가 되어 또래에게 설명을 하면 좀 더 책임감 있게 배움에 임하게 되고, 아울러 서로 배우고 가르치는 과정에서 완전학습이 이루어진다고 합니다.

3. 모둠별 전문가들끼리 모여서 관련 내용을 집중적으로 공부한다.

4. 원래 모둠으로 돌아가서 자신이 공부해온 것을 모둠원들에게 알려준다.

5. 모둠 전문가에게 배운 내용을 다시 확인하고, 개인적으로 부족한 부분을 채우면서 공부하고 평가를 한다.

6. 활동 후 소감을 나누면서 마무리한다.

나쌤의 **THINKING** +1
LEARNING

 전문가가 되어보면 권위가 생기는 만큼 책임감도 강하게 경험하게 됩니다. 요즘 아이들은 책임감을 키울 만한 기회를 제대로 경험하지 못한 채 성장하는 경우가 많습니다. 그저 해야 할 것이 주어지면 열심히 하기만 하면 됩니다. 실수했을 때 보완하는 것도 부모나 교사의 의견이 절대적입니다. 그러다 보면 잘 해냈을 때의 성취감도 그리 크게 느끼기 어렵습니다. 아이들이 마치 전문가가 된 것처럼 준비해서 친구들과 나누는 과정을 통해 책임감과 성취감을 함께 느끼게 해주면 어떨까요?

15 수집하고 전달하고 이해하라!

정보가 넘쳐나는 현대사회에서의 관건은 정보를 어떻게 처리할 것인가에 달려
있다. 수집하고 전달하는 연습을 통해 학생들은 나름의 처리 방법을 배운다.

앞서 소개했던 직소 활동은 남에게 내용을 가르쳐줌으로써 자신이 기존에 알고
있는 내용을 다시 한 번 정리함으로써 생각을 확장해나가는 활동이라면, 다른
사람에게 정보를 전달함으로써 사고력을 확장시키는 활동도 있다. 다른 사람
에게 정보를 제대로 전달할 수 있으려면 자기 스스로 알고 있는 정보를 재정리해
야 한다. 그러기 위해서는 반드시 정보에 대한 이해가 수반되어야만 한다. 그러
한 과정은 결국 사고력의 확장으로 이어지게 된다. 획득한 정보를 이해하고, 다
른 사람에게 정보를 전달하는 재미있는 활동으로 '둘 가고 둘 남기' 활동을 추천
한다.

■ 둘 가고 둘 남기

4명으로 구성된 모둠에서 2명이 다른 모둠으로 이동해 정보를 수집해온다. 그
러면 그 결과를 바탕으로 모둠원의 의견을 정리하는 활동이다. 2명의 정보 수
집원들이 역할을 수행할 때 나머지 2명은 모둠에 남아서 그동안 나온 정보를

나쌤의
재미와 의미가
있는 수업

4명 단위 모둠활동에서 2명은 다른 모둠으로 가서 정보를 수집하고, 나머지 2명은 모둠에 남아서 다른 모둠에서 정보를 수집하러 온 친구들의 질문에 성실하게 답변합니다.

다른 모둠에서 온 정보 수집원들에게 잘 전달해야 한다. 실제 수업에서 실천했던 활동 방법을 간략히 정리하면 다음과 같다.

1. 주제를 제시하고 개인의 의견을 정리한다.
2. 개인의 의견을 이야기하고, 모둠의 의견을 정한다.
3. 둘 가고 둘 남기: 2명이 짝을 이뤄서 다른 모둠으로 가서 정보를 수집한다. 한 명이 질문을 하면 다른 한 명은 메모를 하는 식이다. 시간을 정해서 순환한다. 남은 2명은 다른 모둠에서 온 2명에게 우리 모둠의 의견을 성실하게 알려준다.
4. 정보를 수집한 후에 다시 모둠으로 돌아와 추가 토의를 한 후 모둠의 최종 의견을 결정한다.
5. 다른 모둠에게 설명을 가장 잘해준 친구들을 뽑는 식으로 장치를 마련해두면 더욱 열심히 설명한다.
6. 활동 후 소감을 나누면서 마무리한다.

둘 가고 둘 남기와 비슷한 듯 다른 활동을 또 하나 소개하고 싶다. 바로 하나 남기고 셋 가기 활동이다. 이 활동은 둘 가고 둘 남기 활동을 좀 더 발전시킨 형태로 모둠 간의 정보 교류를 통해서 전체 주제를 학습할 수 있고, 모둠활동에서 탐구한 주제를 다른 사람에게 설명하는 과정에서 사고를 확장시켜나갈 수 있는 활동이다.

■ 하나 남고 셋 가기

셋 가고 하나 남기 활동은 서로 다른 탐구 주제를 학습한 다른 모둠과의 나눔을 통해 결국 전체 주제를 학습할 수 있다는 장점이 있다. 모둠마다 탐구하는 주제가 서로 다르기 때문에 3명이 다른 모둠에서 정보를 잘 수집해와야 한다. 또 가장 잘 설명할 수 있는 모둠원 1명이 모둠에 남아서 다른 모둠에서 온 친구들에게 설명한다. 우리 모둠에서 나온 이야기를 다른 모둠에서 중요하게 생각할 수 있도록 설명을 잘 해주는 것이 포인트다. 모둠활동 시간에 이 방법을 이용해서 주제 토의를 해보았다. 활동 내용을 간단히 소개하면 다음과 같다.

1. 모둠마다 서로 다른 주제로 토의를 한다.
2. 모둠 내에서 충분하게 논의하여 가장 잘 설명할 수 있는 1명을 뽑는다.
3. 뽑힌 1명은 남아서 다른 모둠의 모둠원들에게 설명을 해주고, 나머지 세 사람은 다른 모둠으로 이동해서 설명을 듣는다.
4. 정해진 시간이 되면 종을 쳐주거나 음악을 틀어서 다른 모둠으로 이동하게 한다. 같은 방법으로 모든 모둠의 내용을 배운 후 돌아온다.
5. 3명은 돌아와서 설명을 하는 친구 1명에게 다른 모둠에서 배운 내용을 가르쳐준다.

4명의 모둠원 중 1명은 '설명자'의 역할을 하고, 나머지 3명은 다른 모둠들로 이동하며 정해진 시간 동안 설명을 듣고, 가장 설명을 잘한 사람이 누구인지 정합니다.

6. 남아서 설명했던 1명 중에서 가장 설명을 잘한 사람이 누구인지 정할 수 도 있다.

7. 전체적으로 피드백 또는 평가를 한 후 마무리한다.

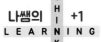

나쌤의 T H I N K I N G **+1**
LEARNING

아이들이 모여서 도란도란 이야기를 나눕니다. 다른 곳으로 옮겨서 자신의 생각을 말하고, 친구들에게서 정보를 얻는 모습이 보기 좋습니다. 저는 그 반짝이는 눈빛과 적극적으로 생각을 적는 모습을 매일 보고 싶습니다. 모둠별로 주제나 정보를 조금씩 다르게 주면 더 집중해서 생각을 나누게 됩니다. 이 활동은 모둠에 남아 있는 역할과 돌아다니는 역할로 나뉘게 됩니다. 주로 설명을 잘하는 친구가 남게 되는 경우가 많습니다. 다른 모둠에서 설명하는 것을 듣는 것도 도움이 되니 설명하기 위해서 모둠에 남아 있는 역할을 중간에 교대해주는 것도 좋습니다.

16 다각도로 검토하고 결정하라!

균형감각을 잃어버린 채 너무 한쪽으로만 치우치면 결국 추락할 뿐이다. 한쪽으로 치우친 의사결정도 마찬가지다.

올바른 의사결정을 위해서는 다각적 검토가 필요하다. 어느 한쪽에만 치우쳐 판단해버리면 자칫 돌이킬 수 없는 결과를 초래할 수도 있기 때문이다. 어느 집단에서든 중요한 의사결정을 내릴 때는 다각도로 꼼꼼하게 검토한 후에 최선의 선택을 결정하게 된다.

■ PMI 토론

어떤 의견이든 장점과 단점이 공존하기 마련이다. 그런데 각각 의견의 장단점을 면밀히 살펴보다 보면 단점을 충분히 감당할 수 있을 정도의 크나큰 장점을 발견하기도 하고, 노력을 통해 단점을 보완할 수 있는 새로운 방법을 찾아내기도 한다. 한편 단점이 너무 커서 그 의견이 가진 장점이 무용지물로 여겨지는 경우도 종종 있다. 이에 의사결정 과정에서 다각도로 점검하며 살펴볼 수 있는 연습이 가능한 방법을 소개하려 한다. 바로 PMI 토론이다.

이 방법은 에드워드 드 보노(Edward de Bono)가 소개한 기법으로, 어떤 문제

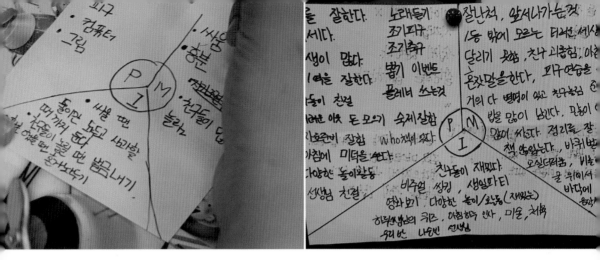

PMI 토론 활동을 통해 아이디어의 긍정적인 면과 부정적인 면을 모두 살펴보고, 나아가 더 나은 대안을 생각해볼 수 있습니다.

의 긍정적인 면과 부정적인 면, 흥미로운 면을 모두 살펴보고 의사결정을 할 수 있는 좋은 방법이다. 중요한 점은 브레인스토밍과 마찬가지로 의견에 가치를 부여하지 않는다는 점이다. 최대한 많이 나누고 참고할 수 있는 것이 중요하기 때문이다. 수업시간에 PMI 토론 방식을 적용해보았다. 다음은 활동 내용을 간략하게 정리한 것이다.

1. 의사결정을 할 문제를 정한다.
2. 먼저 긍정적인 면(Plus)을 이야기하거나 적는다.
3. 그 다음으로 부정적인 면(Minus)을 이야기하거나 적는다.
4. 흥미로운(Interesting) 점이나 대안을 이야기하거나 적는다.
5. 그동안 나온 아이디어를 검토한 후 의사결정을 한다.

상황을 다각적으로 분석하는 데 도움이 될 만한 분석 방법을 한 가지 더 소개하려고 한다. 바로 SWOT 분석 기법이다.

■ SWOT 분석 기법

SWOT 분석 기법은 Strength(강점), Weakness(약점), Opportunities(기회), Threats(위협)의 약자로 만들어진 합성어로 미국의 경영컨설턴트인 알버트 험프리(Albert Humphrey)에 의해 고안된 방법으로 알려져 있다. SWOT에서 S(Strength; 강점)와 W(Weakness; 약점)는 내부 환경 분석으로 내 상황을 분석한다. 그리고 O(Opportunities; 기회)와 T(Threats; 위협)는 외부 환경 분석으로 내 상황을 제외한 모든 것을 포함한다. SWOT 분석을 잘만 활용하면 강점을 기회로, 약점이 위협이 되지 않는 방법을 찾아볼 수 있다. 수업시간에 진행했던 SWOT 분석 기법을 소개하면 다음과 같다.

1. SWOT MATRIX를 작성한다.

Strength(강점)	Weakness(약점)
Opportunities(기회)	Threats(위협)

2. 각각의 항목을 연결시켜 전략을 만든다.
 - SO 전략: 강점을 가지고 기회를 살리는 전략
 - ST 전략: 강점을 가지고 위협을 회피하거나 최소화하는 전략
 - WO 전략: 약점을 보완하여 기회를 살리는 전략
 - WT 전략: 약점을 보완하는 동시에 위협을 회피하거나 최소화하는 전략

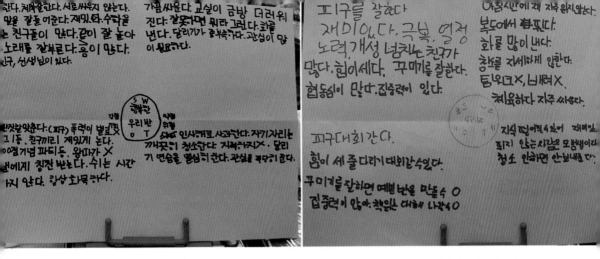

SWOT 분석은 강점은 기회로 삼고, 약점은 위협이 되지 않으려면 어떻게 해야 하는지 생각해보게 해줍니다.

3. 만든 전략에서 목적 달성의 중요성, 실행 가능성, 차별성 등을 고려하여
   선택한다.
4. 만든 전략을 실천해본 후 활동 소감을 나눈다.

나쌤의 LEARNING THINKING +1

　　　　창의적인 생각, 상황을 분석하는 것은 연습을 통해 얼마든지 기를 수 있
습니다. PMI와 같은 경우에는 P 긍정적인 면, M 부정적인 면, I 흥미로운
면으로 나눠서 생각해보게 됩니다. 친구들의 생각을 분석하는 경우라면 M을 개선하면
좋은 점으로 바꿔서 적고, 대안을 함께 적으면 좋습니다. SOWT 분석의 경우에는 처음에
는 4가지로 나눠보는 것에서 출발해서 강점은 키우고 약점은 보완하는 것으로 발전시킬
수 있도록 활용해볼 것을 추천합니다. S(강점)은 O(기회)로 삼고, W(약점)이 T(위협)이 되
는 것을 줄여나가는 형태로 활용하면 좋습니다.

17 창의성을 키워라, 쑥쑥!

단편적인 지식 습득만으로는 문제해결 능력을 제대로 발휘할 수 없다. 지식보다 창의적 문제해결력을 갖춘 인재가 요구되는 사회다.

2015년 교육과정 개정에 따라 자기관리, 지식정보처리, 창의적 사고, 심미적 감성, 의사소통, 공동체의 6가지 핵심역량을 키울 수 있도록 교육과정이 개정되어 운영되도록 하고 있다. 과거 우리나라는 국가에서 필요한 인재를 양성한다는 목표로 교사주도의 획일적인 방식으로 교육이 이루어져왔다. 그 결과 지식 면에서는 거의 세계 최고일지 모르나, 고차원적 문제해결 능력은 턱없이 부족한 단편적인 인재를 대거 양산하고 말았다. 지금은 시대가 요구하는 인재상이 변화하여 교육도 새로운 변화가 필요하다. 이제 교사들도 수업에서 아이들의 사고력을 확장시켜 문제해결력을 길러줄 수 있는 활동들을 다양하게 적용해볼 필요를 절실히 느낄 것이다. 이에 소개하고 싶은 것이 바로 SCAMPER다.

SCAMPER는 창의성 기법으로 많이 활용되는 방법이다. 브레인스토밍 기법을 창안한 알렉스 오스본 (Alex Osborn)의 체크리스트를 밥 에이벌(Bob Eberle)이 SCAMPER라는 약자로 재구성하고 발전시켰다. 이 활동은 대체(Substitute), 결합(Combine), 응용·적용(Adapt), 변형(Modify)·확대(Magnify)·축소(Minify), 용

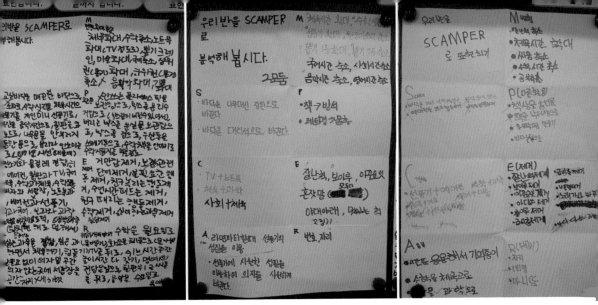

SCAMPER의 7가지 기준에 맞춰 사고해봅니다.

도 바꾸기(Put to Other use), 제거(Eliminate), 역발상(Reverse)·재정리(Rearrange)
의 7가지 기준에 맞춰서 사고하는 방법이다. 떠올린 내용을 팀원과 나누면서
생각의 크기를 키울 수 있다. 각각의 기준에 대해 어떤 식으로 아이들의 생각을
자극할 수 있는지 살펴보면 다음과 같다.

- **대체(Substitute)**: 기존의 것을 다른 것으로 대체하면 어떻게 될지를 생각해 본다.
  =〉예: "선생님에게 배우는 대신 친구들에게 배우면 어떨까?"와 같은 질문에 대한
  답을 찾아본다.
- **결합(Combine)**: 떠오른 2가지 이상의 아이디어를 결합해서 생각해본다. 복합기는
  '복사'와 '팩스' 그리고 '스캔' 등의 기능을 결합해서 탄생했다고 한다. =〉예: "놀이와
  공부를 함께 할 순 없을까?"와 같은 질문에 대한 답을 찾아본다.
- **응용·적용(Adapt)**: 떠오른 아이디어를 다양한 곳에 적용해보게 한다. 예컨대
  벨크로는 식물의 씨앗이 옷에 붙는 원리를 응용해서 탄생했다고 한다. =〉예:
  "평소에 말이 많고, 목소리가 큰 친구들이 학급에 어떻게 기여할 수 있을까?"와 같은

질문에 대한 답을 찾아본다.

- **변형(Modify)·확대(Magnify)·축소(Minify)**: 떠오른 아이디어를 바꿔보게 한다. 전화기를 가지고 다닐 수 있게 작게 만든다면? 이라는 질문에서 휴대용 전화기가 탄생했다고 한다. =〉예: "책상 배치를 어떻게 바꾸면 모든 친구들이 훨씬 더 수업에 집중할 수 있을까?" 또는 "지금 떠올린 아이디어를 변형해본다면? 확대하거나 축소해본다면?" 등의 질문에 대한 답을 찾아본다.

- **용도 바꾸기(Put to Other use)**: 아이디어를 기존과는 다른 방식으로 사용해본다. =〉예: "떠올린 아이디어를 다른 곳에 활용한다면?"과 같은 질문에 대한 답을 찾아본다.

- **제거(Eliminate)**: 때로는 기존 아이디어의 일부를 제거함으로써 참신한 아이디어를 얻을 수 있다. 예컨대 "차의 지붕을 제거하면 어떻게 될까?"라는 질문에서 오픈카가 탄생했다고 한다. =〉예: "떠올린 아이디어의 일부를 제거한다면 어떻게 될까?"와 같은 질문에 대한 답을 찾아본다.

- **역발상(Reverse)·재정리(Rearrange)**: 단지 순서를 바꾸는 것만으로도 전혀 새로운 내용이 탄생할 수 있다. =〉예: "만약 이 이야기의 순서를 바꿔보면 결말이 어떻게 달라질까?", "반대로 생각해보거나 순서를 바꿔보면 어떻게 될까?" 등의 질문에 대한 답을 찾아본다.

나쌤의 LEARNING THINKING +1

학년별로 내용의 차이는 있을 수 있지만, 어떤 형태로든 새로운 아이디어를 만들어서 글이나 그림 등으로 표현해보는 내용이 나옵니다. 그냥 표현하라고 하면 틀에 박힌 내용만 반복하게 될 뿐입니다. 이때 SCAMPER로 연습하면 좋습니다. 7가지의 영역으로 생각해보는 과정을 통해서 창의성이 길러집니다. 다만 생각이 잘 나지 않으면 우선 빈칸으로 남겨두고 다른 것에 집중하는 것이 좋습니다. 작전타임 같은 시간을 통해 친구들과 함께 부족한 부분을 채워갈 것을 추천합니다.

18 우리 반 이야기꾼

아주 어린 시절에 할머니가 들려주신 재미난 옛날이야기는 세월이 아무리 흘러도 머릿속에 남아 있다. 스토리텔링의 힘은 그만큼 강력하다!

우리가 흔히 스토리텔링(Storytelling)이라고 말하는데, 이는 '스토리(story)'와 '텔링(telling)'의 합성어로서 말 그대로 '이야기하다'라는 뜻이다. 즉 스토리텔링은 상대에게 알리고자 하는 바를 재미있는 이야기를 통해 설득력 있게 전달하는 행위를 말한다. 최근 들어 스토리텔링은 여러 가지 수단으로 이용되고 있지만, 그 이전부터도 스토리텔링은 인류 역사상 소통에 있어 중심적 역할을 해왔다.

아이들은 대부분 이야기를 좋아한다. 이야기는 듣는 사람을 집중하게 만들어주고, 상상하게 만들어준다. 스토리텔링을 모둠활동에 적용하면 뒷이야기를 상상하거나 준비된 질문에 대한 생각을 나누면서 즐겁게 활동할 수 있다.

1. 개인 또는 모둠에서 이야기를 만들되, 기존 이야기를 각색해도 좋다.
2. 개인 또는 모둠별로 이야기를 들려줄 방법과 형태를 준비하고 연습한다.
3. 이야기를 들려주다가 중간에 멈춰서 뒷이야기를 상상하거나 핵심질문을 던져서 이야기 속으로 참여할 수 있도록 준비한다.

이야기꾼이 준비한 이야기를 아이들이 재미있게 듣고 있습니다.

4. 이야기꾼의 이야기를 들으면 토큰(이야기를 들은 것에 대한 대가)을 지급한다. 5명의 이야기꾼이 있었다면 토큰은 개인당 3개만 지급된다.

5. 아이들은 더 재미있고 실감나게 말하기 위해서 노력하게 된다. 토큰을 모아 다른 즐거운 활동을 하거나 학급 온도계를 올리는 데 사용할 수 있다.

6. 활동 후 소감을 나누며 마무리한다.

나쌤의 THINKING +1 LEARNING

이야기는 가급적 외우거나 즉석에서 지어서 하는 것이 더욱 좋습니다. 듣는 친구들의 반응도 살피면서 완급 조절도 할 수 있습니다. 만약 외워서 하는 것을 부담스러워한다면 작은 인형을 활용해 대본을 보면서 인형극처럼 응용해도 좋습니다. 마치 인형이 이야기하는 것처럼 느껴져 지켜보는 아이들의 몰입을 유도하고, 이야기꾼의 경우 대본을 외어야 한다는 부담에서 벗어날 수 있습니다. 처음에는 익숙한 이야기로 출발해서 활동 방법을 익히는 것을 추천합니다.

19 왁자지껄 게시판 토론

> 뭐든 생활 속에서 자연스럽게 몸에 배도록 하는 것이 최선의 배움이 아닐까?
> 수업시간은 물론 생활 전체가 배움의 장이 되어야 한다.

아무리 뛰어난 교사라도 제한적인 시간 내에 진행해야 하는 수업 중에 모든 내용을 다 다룰 수는 없을 것이다. 또 때로는 흐름상 더 나아가야 함에도 불구하고 안타깝게도 그만 멈춰야 할 때도 있다. 하지만 수업시간이 종료되었다고 해서 아이들의 배움도 함께 멈춰버려서는 곤란하다. 그렇기 때문에 꼭 수업시간이 아니라도 배움을 계속해서 이어갈 수 있는 환경을 조성해줄 필요가 있다. 이에 다음과 같은 두 가지 방법을 소개하려 한다.

■ 토론의 벽

교실의 벽면 중 한 곳을 게시판 토론 공간으로 만들어두면 수업시간이 아니어도 계속해서 생각을 이어나갈 수 있다. 이러한 공간을 마련해두면 아이들은 아침 활동 시간이나 쉬는 시간, 중간놀이 시간, 점심시간, 하교 후 시간 등을 이용해 글로 자유롭게 토론을 이어 간다. 실제로 우리 함행우 교실에서 게시판 토론을 통해 아이들이 자발적으로 토론을 이어가는 모습을 볼 수 있었다. 다음 수업

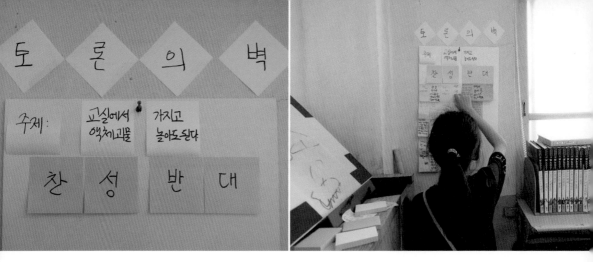

교실 뒤편에 마련해둔 토론의 벽을 활용해 아이들은 자발적으로 열띤 토론을 이어갑니다.

시간이나 관련된 내용이 나오는 수업에 활용하면 더 좋다. 토론의 벽 활용 방법
을 간략히 정리하면 다음과 같다.

1. 상대방의 의견을 듣고 바로 반박(론)을 하는 것은 쉬운 일이 아니다. 게시
   판 토론으로 충분히 시간을 가지고 연습할 수 있다.
2. 게시판에 논제(주별로 변경)를 붙이고 간단하게 설명하는 글을 적는다.
3. 찬성 의견과 반대 의견을 각각 색이 다른 포스트잇에 적어서 붙이면서 할 수
   있다.
4. 중요한 쟁점은 다음 수업시간에 언급해준다거나 수업의 소재로 활용해보
   는 것도 좋다.

게시판 토론과 함께 아이들이 수업시간 이후에도 자발적인 배움을 이어갈 수
있는 또 다른 좋은 방법이 있다. 바로 인터넷 댓글을 응용한 방식인데, 자유롭
게 궁금증을 해결하며 토론을 이어갈 수 있다.

나쌤의
재미와 의미가
있는 수업

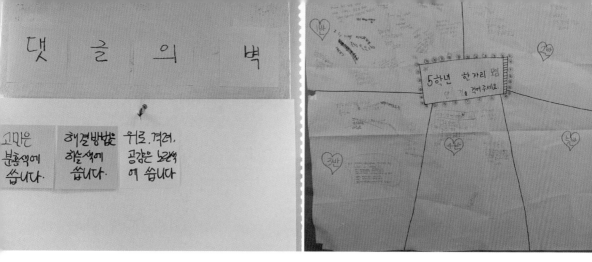

포스트잇에 질문을 적어 댓글의 벽에 붙여두면 다른 친구들이 자발적으로 답을 달아줍니다.

■ 댓글의 벽

인터넷 공간에서 질문을 하면 불특정 다수가 댓글로 답을 달아주듯 교실에서도 비교적 작은 공간을 할애함으로써 궁금증을 해결할 수 있는 댓글 공간을 만들 수 있다. 이 댓글 활동은 수업 중에 미처 해결하지 못한 점이나 궁금한 점을 적어서 붙이면 이를 본 다른 친구가 자신의 이름과 함께 답을 붙여주면 된다. 좀 더 구체적으로 소개하면 다음과 같다.

1. 수업 내용이나 개인적으로 모르는 문제를 포스트잇(노란색)에 적어 '댓글 게시판'에 붙인다.
2. 자신의 이름, 교과서의 쪽수, 개인적인 고민 등을 적는다.
3. 댓글의 벽 게시판에 붙어 있는 문제 아래에 답과 해설, 자신의 이름을 포스트잇(하늘색)에 적고 붙인다.
4. 답과 답에 대한 설명을 보고도 이해가 되지 않으면 친구를 찾아가 설명을 듣고 배운다.

5. 주기적으로 '최고 댓글상', '최다 댓글상' 등을 선정하여 명예의 전당에 올린다.

6. 학급을 넘어 학년이 함께 댓글의 벽 게시판을 만들어서 함께 이야기를 나눌 안건을 모으고, 좋은 생각들을 나눌 수도 있다.

토론의 벽과 댓글의 벽은 모두 아이들의 생활공간인 교실을 배움의 공간으로 바꿔주는 하나의 장치가 될 수 있다는 점에서 의미가 있습니다. 수업시간에 미처 다 해결하지 못한 내용이나 함께 나누고 싶은 주제를 적어서 붙입니다. 자연스럽게 오가면서 자신의 생각을 흔적으로 남기면 누군가에게 또 다른 배움을 주게 됩니다. 교사 또한 아이들이 남겨 놓은 질문이나 고민들을 살펴보고 댓글을 남겨줄 것을 추천합니다.

20 주제를 알면 배움이 열린다

> 주제란 토론이나 모둠활동 등에서 중심이 되는 문제이다. 즉 수업에서 이루어
> 지는 모든 활동의 성공 여부는 주제를 제대로 파악하고 접근했는가에 달렸다.

수업에서 벌어지는 모든 활동에는 주제가 있다. 진정한 배움이 일어나는 수업이라면 수업 참여자인 학생과 교사 모두 활동 중에 주제를 망각해서는 안 된다. 물론 배움이 활발하게 일어나는 과정에서 주제가 확장되는 경우는 종종 볼 수 있다. 하지만 주제 자체를 벗어나버리면 본래 의도했던 배움에서 멀어지는 결과를 초래하고 만다.

교사는 학생들이 끝까지 주제를 염두에 두고 탐구를 진행할 수 있도록 도와야 한다. 여기에 주제의 탐색과 주제와 관련해 사고력을 확장시켜갈 수 있는 좋은 활동들이 있어 몇 가지 소개하려 한다. 첫 번째로 소개하고 싶은 활동은 바로 '주어해[1] 생각 나눔'이다. 이 활동은 학생들로 하여금 핵심주제를 깊이 탐색하게 하는 데 도움을 줄 수 있다. 방법은 비교적 간단하다.

---

1. '주어해'란 '주제 + 어려움 + 해결 방안'의 약자입니다.

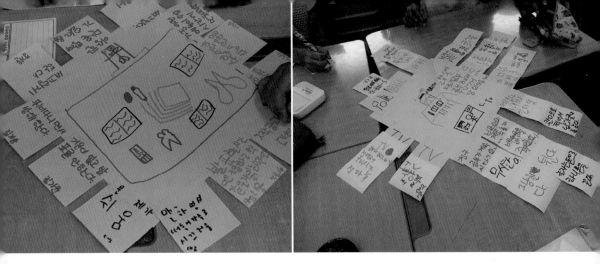

'주어해' 생각 나눔을 통해 핵심주제를 깊이 있게 탐색하고, 그러한 생각을 친구들과 나누며 생각을 더욱 키워갑니다.

■ '주어해' 생각 나눔

주제에 대해 충분하게 이야기를 나누는 것이 중요하다. 필요하다면 시각화를 통해서 조금 더 친근하게 만들어도 좋다. 만약 주제에 대한 어려움이 있으면 함께 찾아본다. 그리고 이러한 어려움을 해결하는 방법에 대해서도 생각해보고 이야기를 나눈다. 수업에서 아이들과 함께 생각 나눔 활동을 실시해보았는데, 그 내용을 간단히 정리하면 다음과 같다.

1. 먼저 핵심주제에 대한 자신의 생각을 마음속으로 정리한다.
2. 주제를 핵심단어나 이미지로 표현해본다. 모둠에서 순서대로 개인당 30초씩 돌아가면서 그린다. 모둠원들이 그린 이미지가 어떤 내용일지 상상해본다.
3. 완성한 후 각자가 그린 부분에 대해 이야기를 나누고 핵심단어를 써서 가운데 붙인다.
4. 주제에 대해 자신이 생각하는 어려움을 적어 그림 바깥쪽에 붙인다.

나쌤의
재미와 의미가
있는 수업

5. 그 다음으로 어려움을 해결하기 위한 각자의 방법을 적고 나서 활동 소감을 나눈다.

주제를 탐색하는 과정에서 학생들의 머릿속에는 주제와 관련된 다양한 생각들이 가지를 치면서 쭉쭉 뻗어나가게 된다. 이렇게 뻗어나간 모든 생각들이 기억 속에 잘 남아 있다면 좋겠지만, 안타깝게도 인간의 기억은 제한적인지라 그때그때 기억이 빠져 나가지 않도록 잘 가둬놓지 않으면 마치 손가락 사이로 물이 빠져 나가버리듯 정작 필요한 순간에 인출해낼 수 없게 된다. 생각 저금통은 바로 이럴 때 유용한 활동이다.

■ 생각 저금통

교사는 평소 아이들에게 주제에 대한 자신의 생각을 그때그때 기록해두지 않으면 어느새 사라져버릴 수 있다는 점을 알려주어야 한다. 또 생각이 확장되어가는 과정을 보기 위해서는 영향을 받은 내용을 그때그때 기록해두어야 한다는 점도 주지시킬 필요가 있다.

내가 친구에게 영향을 준 생각과 친구에게서 영향을 받은 생각이 더해지면 훨씬 더 좋은 아이디어가 탄생할 수 있다. 생각 저금통은 기억이 사라지지 않도록 해줄 뿐만 아니라, 서로가 서로에게 수업 중에 기여하고 도움을 받을 수 있다는 점에서 의미 있는 활동이다. 다음은 활동 방법을 간단히 정리한 것이다.

1. 주제에 대한 생각을 정리한다.
2. 생각 저금통 활동지(수첩 등)를 들고 돌아다니면서 친구들과 만나 생각을 주고받는다.

생각 저금통에 중요한 생각을 적어두면 잊어버리지도 않고, 친구들과도 생각을 나눌 수 있습니다.

3. 왼쪽에는 내가 친구들에게 선물해준 생각을 적는다. 내가 친구에게 기여한 내용이다.

4. 오른쪽에는 친구들에게서 선물 받은 생각을 적는다. 내가 친구들에게 선물로 받은 내용이다.

5. 아래쪽에는 내 생각과 친구들의 생각을 종합해서 최종적으로 생각 저금통에 저장할 내용을 적는다.

6. 짝-모둠-전체 발표를 하면서 생각을 나눌 수 있다.

내가 친구에게 선물해준 생각	친구에게서 선물로 받은 생각
생각 저금통에 저장할 내용	

나쌤의
재미와 의미가
있는 수업

때로는 주제가 다소 뻔해서 아이들에게서 나올 수 있는 생각들이 한정될 수 밖에 없는 경우도 종종 있다. 뻔한 방향으로 흘러가는 수업은 결국 지루함으로 이어지고, 지루함은 곧 아이들의 급속한 주의력 저하로 이어져 궁극적으로 배움에 대한 관심을 잃어버리게 만든다.

교사가 늘 아이들의 새로운 상상력을 자극할 수 있는 참신한 주제를 준비해 제시하면 좋겠지만, 현실적으로 불가능한 미션에 가깝다. 이에 뻔한 수업도 뻔하지 않게 만들어갈 수 있는 재미있는 활동을 하나 더 소개하려고 한다. 바로 랜덤워드 활동이다.

■ 랜덤워드

이 활동은 액션 러닝 기법으로 많이 사용되는 방법이다. 랜덤워드(Random word)는 주제와 전혀 관계없는 단어를 무작위로 제시해서 그것과 강제로 연계하는 과정에서 생각을 키워나가는 방법이다. 너무 뻔한 생각들이 예상되는 주제거나 색다른 생각들이 필요한 경우에 활용하면 좋다. 다음은 아이들과 함께 실천한 내용을 간략히 정리한 것이다.

1. 주제와 무관한 하나의 단어를 뽑는다. 랜덤워드는 평소에 익숙한 단어 36개를 준비해서 주사위를 이용해서 선택하는 방법이 좋다. 6×6으로 놓고, 첫 번째 주사위는 가로 측으로 이동하고 두 번째 주사위는 세로 측으로 이동해서 선택한다.
2. 랜덤으로 뽑은 단어를 가운데 쓴 후에 그 단어의 특성을 쓴다. 특성은 5~15개 정도가 적당하다.
3. 가운데 놓았던 랜덤워드 대신에 주제를 제시한다.

무작위로 뽑은 단어에서 시작해서 생각을 자유롭게 뻗어나갑니다.

4. 랜덤워드외 관련이 있었던 특성들과 수제를 강제로 연관시켜서 생각을 한 후에 적는다.

5. 돌아가면서 이야기를 나누고, 좋은 아이디어를 뽑아서 다음 활동에 활용한다.

6. 활동 후 소감을 나누며 마무리한다.

'주어해' 생각 나눔, 생각 저금통, 랜덤워드는 일반 기업 워크숍 등에서 자주 활용하는 기법입니다. 생각을 주고받으면서 키워나가고 더 나은 선택을 위한 하나의 장치인 셈입니다. 아이들과 주제, 문제, 고민 등을 해결해야 할 때 사용할 수 있는 방법을 여러 개 준비해두고 적절하게 모둠별로 선택해서 사용하게 하는 것은 어떨까요? 전문가는 도구를 많이 가지고 있고, 또 이를 능숙하게 활용할 수 있어야 한다고 합니다. 아이들이 배움을 통해 자신의 삶을 개선해나가는 도구를 익히고 사용할 수 있도록 평소 수업 중에 많이 활용해볼 것을 추천합니다.

나쌤의
재미와 의미가
있는 수업

21 집중! 배움의 싹이 튼다

수업이 진정한 배움으로 이어지려면 학생들이 얼마나 집중하느냐에 달렸다. 하지만 아이들의 주의력은 쉽게 흐트러지곤 한다.

수업시간 내내 아이들의 주의력을 최대한으로 붙들어놓을 수 있다면 그보다 더 이상적인 수업은 없을 것이다. 하지만 아직 어린 아이들인 만큼 아주 미묘한 방해에도 금세 집중력이 흐트러지며 산만해진다. 특히 가만히 앉아서 다른 친구나 모둠의 발표를 듣고 있는 게 어린 학생들에게는 꽤 꽤나 고역이다.

그런데 가만히 발표를 듣기만 하는 게 아니라, 뭔가 재미있는 미션을 부여하면 아이들은 마치 게임에 임하듯 집중하는 모습을 보인다. 여기에 꼭 맞는 재미있는 활동이 있어 소개한다. 바로 금지어 감점 토론, 즉 터부 토론 활동이다.

핵심어를 넣어서 말하는 것은 학습에 도움이 된다. 그런데 반대로 핵심어를 빼고 말해야 한다면 더 많이 생각해야 한다. 터부 토론은 바로 이 점을 십분 이용한 활동이다. 즉 말하면 안 되는 특정 금지어를 정해 만약 발표하는 팀에서 이 금지어를 사용하면 감점이 되는 방식으로 진행하는 것이다. 그러면 듣는 사람도 훨씬 더 집중할 수밖에 없고, 게다가 발표하는 쪽에서도 좀 더 집중해서 발표에 임할 수 있도록 도와주는 재미있고 유익한 활동이다.

금지어를 정해 토론을 하면 다른 친구가 발표를 할 때 좀 더 적극적으로 경청하게 됩니다.

1. 특정 금지어(주로 부정적 단어나 핵심개념을 직접 설명할 때 필요한 것)를 정한다.
2. 금지어 대신 풀어서 설명하는 과정에서 많은 생각을 하게 된다.
3. 듣는 쪽은 금지어가 몇 번 나오는지 집중한다.
4. 금지어를 빼고 말하는 것에 대한 소감을 나누면서 마무리한다.

나쌤의 **THINKING** +1
LEARNING

 KBS2의 〈슈퍼 TV 일요일은 즐거워〉 프로그램 중 하나였던 '위험한 초대'에서 금지어를 말하면 벌칙을 받는 것을 본 적이 있습니다. 출연자가 금지어를 모르는 상태에서 벌칙을 받으며 답답해하는 모습에 시청자의 웃음을 유발하는 것이 목적이었습니다. 터부 토론의 경우 금지어를 빼고 말하거나 설명하는 것이 관건입니다. 토론에 익숙하지 않은 상태라면 금지어 퀴즈로 연습하는 것도 좋습니다. 핵심단어를 설명하는 데 필요한 가장 중요한 낱말 2~3개를 함께 금지어로 만들어서 문제 카드에 적고 돌아가면서 퀴즈를 냅니다. 중요한 낱말을 풀어서 설명하면서 핵심개념을 더 명확하게 이해할 수 있게 됩니다.

22 생각에 날개를 달자!

생각이 어느 한 곳에 머물러 더 이상 앞으로 나아가지 못한다면, 배움 또한 그 자리에서 더 나아가지 못하고 멈출 수밖에 없다.

지식 전달 중심의 수업이 가진 가장 큰 문제점은 무엇보다 학생들 스스로 사고하는 능력을 차단시켰다는 데 있다. 즉 학생들을 학습의 수동적 존재로 묶어버려 선생님이 가르쳐주는 내용을 소극적으로 받아먹는 데만 익숙하게 만들다 보니, 스스로 생각을 발전시켜나가지 못하게 된 것이다.

교사가 하나를 가르치면 그 하나만 학습하고 끝나버리는 그런 배움은 4차 산업시대에 더 이상 경쟁력이 없다. 스스로 사고할 수 있게 되면 교사가 하나를 가르쳐도 두 개, 세 개 나아가 그 이상의 깨달음을 얻을 수 있다. 따라서 교사는 아이들이 스스로 생각을 확산시켜나갈 수 있는 기회를 주어야 한다. 그런 의미에서 볼 때, 3-2-1 피라미드는 매우 도움이 되는 활동이다.

■ 3-2-1 피라미드

3-2-1 피라미드 활동이란 관련된 내용을 보고 찾을 수 있는 사실, 생각이나 느낌, 궁금한 점을 적으면서 피라미드를 완성하는 활동이다. 공책을 돌려서 말없

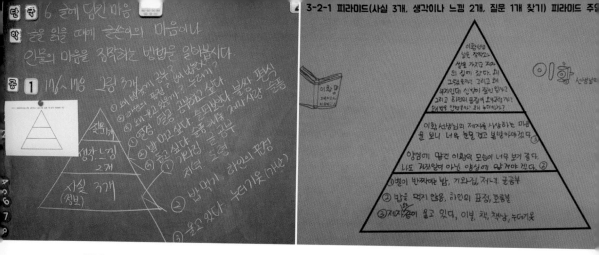

내용을 보고 나서 사실과 생각이나 느낌, 궁금한 점을 적으면서 피라미드를 완성해갑니다.

이 글로 서로의 생각을 나누거나 학습 대화를 통해서 생각의 크기를 키워나갈 수 있다. 또한 이 활동은 글로 생각을 나누기 때문에 수줍음이 많거나 말주변이 없어서 다른 사람 앞에서 발표를 꺼리는 아이들도 자신의 생각을 다른 친구들에게 조리 있게 전달할 수 있다는 장점이 있다.

1. 교과서의 삽화/표를 보고 알 수 있는 사실을 3개 찾아서 적는다.
2. 떠오르는 생각이나 느낌을 2개 적는다.
3. 궁금하거나 더 알고 싶은 것을 질문으로 1개 적는다.
4. 공책 돌리기나 짝-모둠-전체 나눔 후 질문을 함께 해결해나간다.
5. 활동 후 소감을 나눈다.

그런데 생각을 발전시켜나가는 데 있어 빼놓을 수 없는 중요한 것이 있다. 바로 연상이다. 심리학 용어로 자주 사용되는 연상(associations)은 "하나의 관념이 다른 관념을 불러일으키는 심리작용"을 가리킨다. 특히나 연상은 창의성을 발현

시키는 열쇠가 되므로 더욱 중요하다. 3차 산업혁명의 산물인 제조업과 파생물인 디지털과 바이오산업 등을 융합한 4차 산업혁명 시대의 도래가 뜨거운 화두가 되고 있다. 즉 새로운 시대에는 융합의 개념이 중요한데, 여러 가지 실생활 문제들에 적절히 대비하고 해결할 수 있으려면 다양한 지식과 정보를 융합함으로써 새로운 해결책을 찾아낼 수 있어야 한다. 그리고 연상이야말로 이러한 능력을 키우는 데 매우 좋은 방법이다.

■ 미래 연상 이야기 만들기

NLP 심리학에서는 미래 연상(Future-Pacing)이라는 말이 있다. 주로 무엇이 나타날 것인가에 대한 기대감을 만들기 위해 미래 연상 기법을 사용한다. 예컨대 교사의 삶, 학생의 삶과 관련된 내용과 이야기로 수업을 할 때면 아이들이 더욱 몰입하는 모습을 볼 수 있다. 이야기가 가지고 있는 특별한 힘이 있기 때문이다. 이런 이야기의 힘에 연상의 힘이 더해지면 생각은 꼬리에 꼬리를 물고 계속 확장해나가게 된다. 수업시간에 아이들과 함께 미래 연상 이야기 만들기 활동을 해보았는데, 그 내용을 간단히 소개하면 다음과 같다.

1. 주어진 단서를 이용해서 각자의 이야기를 만든다.
2. 이야기 속에 함께 넣은 키워드를 2~3개 정도 정하고, 키워드를 다른 색깔로 적으면 어떻게 활용했는지 알 수 있다.
3. 기대감을 주는 영화의 예고편처럼 생생하면서도 최대한 수업의 주제와 관련시켜 재미있게 만든다.
4. 이야기를 완성하면 돌아가면서 이야기꾼이 되어서 친구들에게 들려준다.
5. 시간이 충분하다면 주제와 가장 연관된 이야기, 가장 재미있게 이야기를

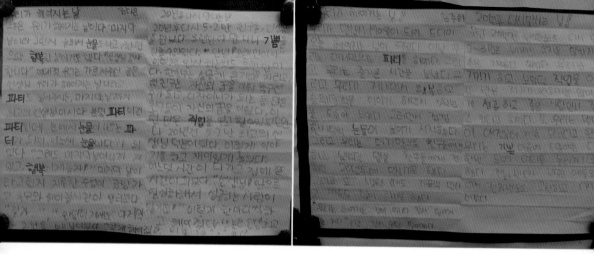

키워드를 정해서 각자 이야기를 만들어간 다음에 함께 이야기를 나눕니다.

들려준 친구 등을 뽑아서 피드백하고 격려할 수 있다.

6. 후속 활동으로 이야기 전시회, 우리 반 이야기책 만들기 등을 할 수 있다.

그런데 여러 활동을 통해 생각이 확장되어가고 있다고 해도, 정작 학생들 스스로가 이를 자각하지 못하면 배움의 효과가 반감될 수 있다. 생각의 변화를 통해서 학생들 스스로 조금씩 더 발전하고 있다는 것을 깨닫는 것은 배움에 있어 꼭 필요한 부분이다. 그래서 끝으로 학생들이 자신의 생각이 어떻게 변화되었는지 확인할 수 있는 활동을 추천하려 한다.

■ 내 생각은 어떻게 달라졌지?

수업 시간에 함께 공부할 내용과 관련된 핵심질문에 대한 최초 생각을 생각 쪽지의 왼쪽에 미리 적어둔다. 학습을 마친 후에는 그러한 생각이 어떻게 달라졌는지를 오른쪽에 적는다. 만약 생각의 변화가 있다면 어떤 부분에서 변화가 생겼는지, 그 변화를 가져온 것은 무엇 때문인지에 대해 서로 이야기를 나눈다.

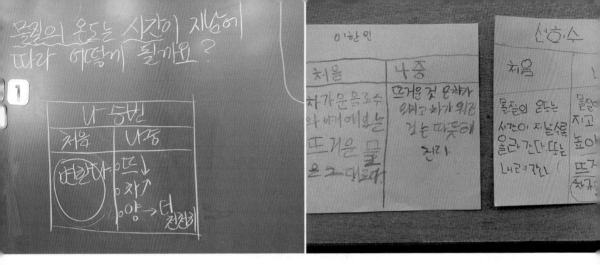

학습을 하기 전의 생각을 미리 적어두면 배움 이후 자신의 생각이 어떻게 달라졌는지 확인할 수 있습니다. 이러한 사소한 확인들이 곧 배움의 성장으로 이어집니다.

1. 질문에 대한 최초 생각을 왼쪽에 적는다.

2. 공부하는 과정과 종료 후에 생각의 변화가 있다면 오른쪽에 적는다.

3. 변화가 있다면 어떤 부분에 왜 변화가 있었는지 이야기를 나눈다.

4. 학습을 시작할 때 자신의 생각을 꺼냈기 때문에 더 집중하게 된다.

나쌤의 THINKING +1 LEARNING

주어진 시간 동안 열심히 참여하고, 그 속에서 아이들이 계속 성장하는 모습을 보고 싶습니다. 교사는 1명이고, 학생들은 여러 명입니다. 때로는 교사의 질문에 일사분란하게 답을 찾는 형태가 효율적입니다. 하지만 이런 방식만 반복된다면 순발력 있는 몇 명만 이야기를 하게 되는데, 항상 남이 하는 이야기를 듣고만 있기는 어렵습니다. 스스로 궁금한 것을 찾아보고, 이야기로도 만들어봐야 합니다. 또한 자신의 생각이 어떻게 변화하는지 볼 수 있는 장치를 만들어놓으면 더 좋겠습니다. 그저 가르치는 사람으로 존재하는 것이 아니라 이 시간에 함께할 배움을 설계하는 설계자의 역할로 아이들을 만나고 싶습니다.

"다각도로 생각하며, 토론의 즐거움을 느끼고 있나요?"

편협한 사고방식으로는 복잡한 현대사회를 살아갈 수 없습니다. 좀 더 다양한 관점에서 생각해 보게 하고 시야를 넓혀주어, 좁은 세상에 갇히지 않도록 도와줄 필요가 있습니다. 또한 자신의 의견만큼 다른 사람의 의견도 존중해야 함을 스스로 깨달을 수 있어야 할 것입니다. 여기에서 제안한 활동들은 아이들이 다각도로 사고하고, 토론을 통해 상대의 입장을 분석하고, 아울러 자신의 생각을 더욱 키워나가는 데 도움이 되는 것들입니다. 하지만 이 책을 읽고 계신 선생님들 나름의 방식으로 개선 또는 발전시켜나가기를 바랍니다.

지금은 고인이 된 천재 물리학자 스티븐 호킹은 "삶이 재미있지 않다면 비극일 것이다"라고 했습니다. 만약 아이들이 놀이나 게임을 할 때처럼 공부할 수 있다면 어떨까요? 아마 수업시간이 눈 깜짝할 사이에 흘러간 다고 느낄 것입니다. 중요한 것은 실제로 시간이 빨리 가는 것이 아니라 그렇게 느끼는 것입니다.

수업이 재미있다는 느낌은 기대감을 줍니다. 재미있는 방법으로 배울 수 있도록 최근 들어 수업시간에 적용 할 수 있는 다양한 놀이 활동들이 소개되고 있습니다. 이 책을 마무리하기 전에 배움을 좀 더 재미있게 만들 어줄 몇 가지 아이디어들을 소개하려 합니다. 즐거운 활동을 하면서 핵심역량까지 고루 키워갈 수 있습니다.

특히 많은 아이들이 수학에 대해 막연한 두려움을 가지고 있습니다. 이에 뒷부분에는 수 개념과 수학적 사고 를 길러줄 수 있는 재미있는 활동들을 따로 모아보았습니다. 수학의 문턱을 낮춰주는 데 분명 도움이 될 거 라고 생각합니다. 많은 교실에서 즐거운 활동을 통해 교사와 학생 모두가 설레는 재미와 의미가 있는 수업이 되었으면 좋겠습니다.

BONUS

재미있게 배우기

재미는 곧 몰입으로 이어진다!

자기관리	지식정보처리	창의적 사고
심미감성	의사소통	공동체

기여 골든벨

수업 중에 하는 게임이나 놀이를 적용한 많은 활동이 문제를 맞힌 사람이나 모둠만 즐겁고 나머지 사람이나 모둠은 기분이 나빠지는 경우가 많다. 협동을 지향하는 학급이지만, 실제 활동은 경쟁으로 흘러가는 것이다. 그런데 내가 맞히면 모둠의 점수로, 모둠의 점수는 다시 학급의 점수로 연결된다면 서로 응원하고 함께 기뻐할 수 있다.

1. 기존의 골든벨은 맞힌 사람, 맞힌 모둠만 보상을 받거나 기분이 좋은 활동이었는데, 이를 보완한 것이다.
2. 기여 골든벨은 맞힌 숫자만큼, 맞힌 모둠의 수만큼 학급 점수가 된다. 내가 우리를 위해 기여하는 것이다.
3. 미리 정해둔 목표 점수를 달성하면 함께 기뻐하고, 보상을 정했다면 보상을 받는다.
4. 많이 틀린 부분을 체크해두었다가 함께 점검한다.
5. 활동 후 소감을 나누고 마무리한다.

나쌤의
재미와 의미가
있는 수업

모둠의 점수가 학급 전체의 점수가 됩니다. 많이 맞히면 학급 전체의 점수에 반영되어 서로 응원할 수 있습니다.

나쌤의 **THINKING** +1
LEARNING

기여하는 삶. 언제 들어도 참으로 가슴이 뛰는 말입니다. 아이들이 자립을 넘어 기여하는 삶을 살 수 있도록 수업에서 경험하게 할 수 있습니다. 학급에 특별한 보상체계가 없어도 활동에 한정해서 공동의 목표를 만들면 좋습니다. 개인이 기여하는 점수는 모둠의 점수가 되고, 모둠의 점수는 학급 전체의 점수가 되는 구조로 만드는 것입니다. 교사가 미리 달성 가능하면서도 도전하고 싶은 점수를 정해두고 협동하고 서로 기여해서 달성할 수 있도록 상황을 조성할 것을 추천합니다.

자기관리	지식정보처리	창의적 사고
심미감성	의사소통	공동체

폭탄 게임, 비밀 요원을 찾아라!

골든벨이나 스피드 퀴즈 등 많은 아이들이 좋아하는 다양한 퀴즈 활동이 있다. 팀을 만들고 팀 내에서 함께 공부하자. 문제는 순발력이 빠른 사람이 맞히는 것이 아니라 정해진 순서대로 돌아가며 풀어야 한다. 따라서 한두 명의 우수한 친구들만 참여하는 게 아니라 모두가 참여하게 된다.

1. 먼저 배운 내용에 대해 공부를 한다. 책상으로 진지를 만들고 바닥에 엎드려서 활동한다.

2. 문제를 만들고 팀 별로 협력해서 함께 공부를 해야 한다. 문제를 맞히면 상대팀에 폭탄을 던져 1명을 아웃(○○! 나가!)시킬 수 있다.

3. 폭탄에 맞아 아웃되면 진지 밖 '공동경비구역'으로 이동해서 동작으로만 친구들에게 힌트를 줄 수 있다.

4. 정해진 시간 동안 더 많이 살아남는 팀이 승리한다.

5. 비밀 요원을 넣어서 활동을 할 수도 있다. 상대팀의 비밀 요원이 누구인지

순서대로 돌아가면서 문제를 풀고, 맞히면 상대팀의 1명을 아웃시킬 수 있습니다. 아웃되면 뒤로 나가거
나 바닥에 앉아서 동작 힌트를 줄 수 있습니다.

찾아서 먼저 아웃시키는 팀이 승리한다.

6. 활동 후에는 어려웠던 문제와 남은 문제를 함께 해결하면서 마무리한다.

나쌤의 **LEARNING** **THINKING** +1

이 활동에서 승리하려면 문제를 잘 맞히는 것도 중요하지만, 상대팀의
에이스를 빨리 아웃시켜야 합니다. 이때 팀에서 활약하고 싶은데 아웃되
어서 상심하고 있는 학생에게는 "먼저 아웃된 사람은 그 팀의 에이스입니다"라고 말해주
며 위로합니다. 아웃된 학생은 공동경비구역으로 이동해서 동작 힌트를 줄 수 있는 특권
이 생깁니다. 이 활동을 조금 더 의미 있게 하려면 팀별로 모여서 예상 문제를 찾아보며
함께 공부할 수 있는 시간을 주면 더 좋습니다.

자기관리	지식정보처리	창의적 사고
심미감성	의사소통	공동체

땅따먹기 문제풀이

거꾸로 교실 등 활동 중심의 수업을 하는 선생님들이 배움을 정리하는 과정에서 많이 사용하는 방법이다. 배운 내용을 문제로 내어서 놀이와 함께 풀어보는 활동을 소개하려 한다. 바둑알이나 공깃돌을 말로 사용하고 문제 칸에 쳐서 넣어야 문제를 풀 수 있기 때문에 운의 요소도 작용되어 즐겁게 공부할 수 있다.

1. 종이를 대각선으로 절반 나누어 5칸을 만든다.
2. 각각의 칸에 문제(교과서, 수익 참고)를 만들어서 적는다.
3. 문제지를 다른 모둠과 바꾸어서 짝과 함께 이어 붙인다.
4. 바둑알(공깃돌)을 쳐서 문제가 있는 땅으로 들어가면 풀 수 있다. 만약 틀리면 짝에게 기회가 넘어간다.
5. 문제를 맞힌 사람의 이름을 적는다.
6. 정해진 시간 동안에 더 많은 땅을 갖는 쪽이 승리한다.
7. 활동 후 소감을 나누며 마무리한다.

땅따먹기 문제를 만들어서 짝과 함께 놀면서 풀고 있습니다.

나쌤의 **THINKING +1**
L E A R N I N G

문제를 직접 내는 것이 원칙이지만 시간이 많이 걸리고, 자칫 지나치게 문제를 어렵게 내려는 분위기가 조성될 수 있습니다. 그럴 때는 수학 익힘책의 문제를 순서대로 적어서 활용할 수 있습니다. 어차피 풀어야 하는 수학 익힘책을 적극 이용해보는 것입니다. 또 브루마블처럼 한번 들어간 땅에 다시 들어가면 그 땅에 추가적으로 건물을 짓거나 이후 통행세를 받을 수 있는 형태로 운영하면 더욱 재미있게 활동할 수 있습니다.

팀 협동 문제풀이

배움의 완성 정도를 점검해야 할 때가 있다. 이렇게 말하면 책상을 일정 간격으로 떨어뜨린 후 시험지를 나눠주고 각자 정해진 시간에 조용히 문제를 풀고 제출하는 모습이 떠오를 것이다. 그런데 이런 방법 말고 함께 해결할 순 없을까? 모둠별로 문제를 협동해서 해결하는 활동이 있다. 칠판에 문제지를 붙여두고 이어달리기 식으로 해결하면 된다.

1. 학습지를 팀별로 1세트씩 준비해서 칠판이나 보드판에 붙인다.

2. 팀에서 정한 순서대로 각각 1명씩 나와서 가장 자신 있는 문제를 푼다. 평소 실력이 좋은 경우에는 어려운 문제를 선택하는 것이 팀이 승리할 수 있는 방법이다.

3. 개인당 최대 100초 동안 풀고, 필요하면 이름을 쓰거나 개인별로 다른 색 볼펜으로 답을 적는다.

4. 스스로 풀다가 50초가 지나도 잘 모르면 정해진 시간 안에 팀원들에게 도움을 요청할 수 있다.

팀에서 정한 순서대로 나와서 가장 자신 있는 문제를 풉니다.

5. 팀 전체가 같으면 정답, 다르면 모두 다시 풀어보기 등으로 답을 확인해볼 수 있다.

어려운 문제와 쉬운 문제의 난도를 표시해두면 좋습니다. 정해진 시간 내에 문제를 모두 해결해야 하므로 각자의 실력에 맞는 문제를 선택해서 해결하는 것입니다. 체육 시간만 이어달리기를 하는 것이 아니라 수학 시간에 문제풀이 이어달리기를 하는 것이지요. 자신뿐만 아니라 모둠원이 함께 해결해야 하므로 평소에 도 서로 가르쳐주면서 하나의 팀으로 공부할 수 있습니다.

자기관리	지식정보처리	창의적 사고
심미감성	의사소통	공동체

8칸 찢기 빙고

빙고 놀이는 안 해본 사람이 없을 정도로 우리에게 익숙한 활동이다. 그런데 핵심개념의 학습에도 빙고 놀이를 응용할 수 있다. 아이들은 핵심개념을 찾고 빙고판에 적절하게 적는 과정에서 용어나 개념에 익숙해진다. 일반 빙고에 익숙해진 상태라면 종이의 양쪽부터 찢는 찢기 빙고를 해보는 것도 좋다. 종이에 적었더라도 양 끝이 아니면 찢을 수 없다는 게 포인트다. 중요한 개념이 여러 번 반복해서 나오게 된다.

1. 종이를 준비해서 8칸을 만든다.

2. 주제에 어울리는 핵심어 8개를 칸마다 하나씩 적는다.

3. 돌아가면서 핵심어를 말한다. 핵심어를 바로 말하지 않고, 그 의미나 그것을 고른 이유를 먼저 말하고, 가장 마지막에 핵심어를 말한다.

4. 종이의 양 끝에 적힌 핵심어만 찢을 수 있는 게 규칙이다.

5. 가장 먼저 모든 종이를 찢으면 승리한다.

6. 만약 종이를 찢는 방식이 어려우면 가장자리부터 체크하는 것으로 바꿔서 할 수도 있다.

양 끝에 적은 낱말이 나올 경우에 찢어낼 수 있습니다.

나쌤의 THINKING +1
LEARNING

이 활동으로 핵심개념에 대한 이해를 조금 더 높일 수 있습니다. 돌아가면서 핵심개념을 말할 때 직접적으로 말하지 않고, 그에 대해 설명하는 방식으로 진행하면 더 좋습니다. 찢은 핵심 낱말을 공책에 붙인 다음에 짧은 글 짓기를 하게 하면 종이조각들이 지저분하게 바닥에 떨어지는 것을 방지할 수 있습니다.

자기관리	지식정보처리	창의적 사고
심미감성	의사소통	공동체

서바이벌 퀴즈 대결

공부한 내용이나 알고 있는 정보를 퀴즈로 만들면 친구들과 함께 즐겁게 공부할 수 있다. 게다가 문제로 만들어보는 과정에서 가장 큰 배움이 일어나고, 관련된 내용 중 중요한 내용을 선별해내는 과정에서 생각을 정리하게 된다. 단 너무 어렵지도 쉽지도 않게 문제를 만들어야 활동에서 승리할 수 있다.

1. A4 종이를 4등분한 후 앞장에는 문제를 내고, 뒷장에는 관련 쪽수와 정답을 적는다.
2. 4장의 카드를 가지고 돌아다니면서 서로에게 퀴즈를 내며 대결한다.
3. 상대방의 문제를 맞히면 카드를 받고, 틀리면 받을 수 없다. 받은 카드에는 자신의 이름을 써 넣는다.
4. 최종적으로 가장 많은 카드를 가지고 있는 사람이 승리한다.
5. 활동을 마친 후에는 서로 소감을 나누고, 활동 중에 어려웠던 문제는 다시 확인해보는 시간을 가져본다.

각자 퀴즈를 만들어서 대결하는 활동입니다. 친구의 문제를 맞히면 카드를 가져올 수 있습니다.

이 활동을 하다 보면 이기고 싶은 마음이 너무 앞선 나머지 지나치게 어렵거나 지엽적인 문제를 내는 경우가 종종 있습니다. 이를 예방하기 위해 시간이 종료되었을 때 자신의 카드를 그대로 가지고 있으면 2배로 감점을 하는 것을 추가 규칙으로 만들어두면 좋습니다. 나중에 모든 문제를 모아서 골든벨로 정리하면 문제 하나하나를 소중하게 사용할 수 있습니다.

자기관리	지식정보처리	창의적 사고
심미감성	의사소통	공동체

가위바위보 퀴즈 대결

문제를 내고 친구들과 함께 풀면서 공부할 수 있다. 문제에는 출제자의 이름과 문제는 적지만, 답은 적지 않는다. 답은 문제를 풀고 나면 말로 설명해준다. 친구들이 알려준 답을 잘 기억하고 있어야 한다. 단순히 퀴즈만 잘 풀어서 유리한 게 아니라 가위바위보라는 변수가 존재하므로, 실력만 있다고 승리할 순 없는 재미있는 활동이다.

1. 개인당 3장의 문제 종이에 문제와 출제자의 이름을 적는다. 답은 말로 이야기해준다.
2. 2명씩 만나서 하이파이브를 하고, 가위바위보에서 이긴 사람이 진 사람의 퀴즈를 듣고 푼다.
3. 정답을 맞히면 문제 종이를 가져가고, 정답을 맞히지 못하면 역할을 바꿔서 진 사람이 이긴 사람의 문제를 풀 수 있는 기회가 생긴다.
4. 제한된 시간 동안에 더 많은 종이를 얻는 사람이 퀴즈왕(여왕)이 된다.
5. 놀이 후 종이를 한 곳에 모아 전체에게 퀴즈를 낼 수도 있다.

가위바위보로 문제를 풀 수 있는 기회를 얻습니다. 맞히면 문제 카드를 받고, 틀리면 친구에게 기회가 넘어갑니다.

나쌤의 THINKING +1
LEARNING

아무리 문제를 풀 수 있는 능력이 있어도 정작 가위바위보에서 이기지 못하면 문제를 풀 기회가 주어지지 않습니다. 대신에 짝이 틀리면 기회가 주어집니다. 그래서 의도적으로 어려운 문제를 내는 경우가 발생할 수 있습니다. 문제를 맞히지 못하면 문제 아래에 X를 치고 틀린 사람의 이름을 적습니다. 하지만 2번 연속으로 친구들이 맞히지 못한 문제는 사용하지 못하도록 규칙을 세우면 자연스럽게 적절한 난도의 문제를 만들어서 활동하게 됩니다.

자기관리	지식정보처리	창의적 사고
심미감성	의사소통	공동체

내가 낸 문제를 알아맞혀봐!

배움에 있어 최고의 방법 중 하나는 바로 출제자의 입장이 되는 것이다. 문제를 만들기 위해서는 공부한 내용의 전체적인 흐름과 중요한 배움의 지점이 어디인지 파악해야 한다. 문제를 직접 만들고 친구들과 좋은 문제에 관해서 검토한다. 그 과정에서 많은 배움이 일어나고 아울러 공부를 어떻게 해야 하는지 방향을 잡게 될 것이다.

1. 교과서를 정해진 쪽수만큼 각자 읽고 나서 중요하다고 생각하는 부분에서 2문제를 낸다.
2. 모둠에서 검토해서 모둠 대표 문제 4개를 선정한다.
3. 모둠별로 돌아가면서 다른 모둠에게 문제를 낸다.
4. 모둠 협동 골든벨 판을 이용해서 함께 문제를 풀 수 있다. 이때 공평하게 모둠 내에서 돌아가면서 골든벨 판에 답을 적고, 들게 하는 것이 좋다.
5. 기본으로 자석 5개씩 지급하고 시작한다. 문제를 맞힌 모둠이 한 팀이라면 자석 3개, 두 팀이라면 각각 2개, 3팀 이상면 각각 1개씩 받는다.

자신이 낸 문제를 모둠에서 함께 검토한 다음에 다른 모둠에게 문제로 냅니다.

6. 정해진 시간 동안 가장 많은 자석을 모은 팀이 승리한다.

모둠 안에서는 협력을 지향하지만, 다른 모둠과는 경쟁을 하는 형태로 활동이 진행됩니다. 그러다 보니 상대팀이 맞히기 어렵도록 지엽적이거나 지나치게 어려운 문제를 만드는 모습도 발생하게 됩니다. 문제를 만들면서 공부하는 것이 중요한 지점이므로 규칙이 필요합니다. 즉 모든 팀이 맞추면 너무 쉬운 문제를 냈기 때문에 출제한 모둠에 -1점, 또 모두 틀렸다면 너무 어려운 문제를 냈기 때문에 출제한 모둠에 -1점을 주는 규칙을 정하면 문제를 내고, 고르는 데 좀 더 신중한 모습을 보일 것입니다.

자기관리	지식정보처리	창의적 사고
심미감성	의사소통	공동체

비밀의 코드 게임

tvN 〈수업을 바꿔라-핀란드 편〉에 나온 뇌를 깨우는 활동을 응용한 것이다. 핵심개념에서 중요한 특성에 대해 공부할 때 사용하면 좋다. 문제를 내는 사람이 중요하게 생각하는 특성과 같은 특성을 말한 사람이 정답이다.

1. 1명이 자신의 비밀 코드를 문제로 낸다.

2. "나는 ~에 갈 때 ○○○을 가지고 갈 거야."

3. 나머지 사람이 ○○○의 비밀코드(공통점)를 찾아서 말한다.

4. "나는 ~에 갈 때 ☆☆☆을 가지고 갈 거야." 하고 말한다.

5. 코드(공통점)가 같으면 "가지고 갈 수 있어." 하고, 코드가 다르면 "가지고 갈 수 없어." 하고 말한다.

6. 맞히면 정해진 코드를 공개하고, 맞힌 사람이 자신의 코드로 문제를 낼 수 있다.

비밀 코드를 문제로 내면 다른 친구들이 알아맞힙니다.

나쌤의 THINKING LEARNING +1

　　　　　　　관련된 핵심개념에 대한 특성을 공부한 후에 활용하면 가장 좋습니다. 예컨대 도시의 문제점에 대해 배운 후에 가장 중요한 문제점으로 주거 문제를 비밀 코드로 낼 수 있습니다. 집값이 높아지는 것을 주거 문제로 "나는 도시 문제 중에 돈이 많이 드는 게 불편해." 하고 말합니다. 다른 친구가 오염 문제로 "나는 도시 문제 중에 냄새가 많이 나는 게 불편해." 하고 말합니다. 문제를 낸 친구는 "나는 안 불편해." 하고 코드가 다르다는 것을 알려줍니다. 땅은 좁은데 인구가 밀집해서 건물이 점점 높아지는 것을 문제로 "나는 도시 문제 중에 건물이 점점 높아지는 게 불편해." 하고 말하면 "나도 불편해." 하고 코드가 같다는 것을 알려줍니다. 이처럼 다양한 방법으로 수업에 활용할 수 있습니다.

자기관리	지식정보처리	창의적 사고
심미감성	의사소통	공동체

할리갈리로 복습하기

보드 게임은 어른 아이 할 것 없이 모두 좋아하고 순간 몰입하게 하는 특성을 가지고 있다. 그중에서도 할리갈리는 전 세계인의 사랑을 받고 있는 보드 게임으로 수업의 다양한 장면에서 활용할 수 있다. 할리갈리는 같은 종류 과일의 수가 5단위가 되면 종을 치고 바닥에 놓인 카드를 모두 가져가는 게임이다. 상대방의 카드와 내 카드의 과일, 과일의 수에 집중하면서 계산하게 된다. 핵심개념에 대해 공부한 후에 직접 문제를 민들어서 할리갈리 놀이로 복습할 수 있다.

1. 메모지를 2번 접어 4칸을 만든다.
2. 배운 내용과 관련하여 핵심개념을 설명하는 말이나 상징 단어를 4개의 칸에 나눠 적는다.
3. 개인별로 3세트 이상 만들고, 자른다.
4. 모둠원들의 문제 카드를 모아 섞어서 할리갈리 놀이를 한다.
5. 같은 의미의 카드가 2개 이상 나오면 가운데 종을 치고 가져간다.
6. 2개 이상의 카드가 어떤 연관성이 있는지 설명을 한 후에 가져갈 수 있다.
7. 정해진 시간 동안 가장 많은 카드를 가져간 사람이 승리한다.

나쌤의
재미와 의미가
있는 수업

배운 내용을 복습할 수 있도록 문제 카드를 만들고 할리갈리 방식으로 활동할 수 있습니다.

나쌤의 THINKING +1
LEARNING

처음부터 문제 카드를 만들어보라고 하면 아이들에게는 다소 어려울 수 있습니다. 그럴 때는 미리 예시 문제 카드를 만들어놓고, 충분히 연습해 본 후에 시작하는 것이 좋습니다. 또 2장 이상이 같은 의미를 지니고 있을 때 종을 치는 데 3장은 3배의 점수, 4장은 4배의 점수를 주는 식으로 규칙을 넣어서 활동하면 더욱 재미있습니다.

자기관리	지식정보처리	창의적 사고
심미감성	의사소통	공동체

모둠 퀴즈 전문가

같은 모둠 안에 속해 있지만 실력은 제각각이다. 일반적으로는 잘하는 아이들에게 더 많은 기회가 주어지기 십상이다. 또 같은 모둠 안에서 서로가 알고 있는 것을 나누면서 함께 배움을 키워야 하는데, 만약 모둠 안에서 치열하게 경쟁해야 하는 구조라면 곤란하다. 이 활동은 모둠 내에서 반드시 협동이 필요하다. 모둠 내에서 함께 공부한 후 자체 평가로 순서를 정하기 때문이다. 모둠 내에서 만들고 검토한 문제를 가지고 다른 모둠으로 이동해서 문제를 내고 알아맞힌다.

1. 모둠 내에서 각자 배운 내용으로 문제 카드를 만든다. 문제는 개인별로 2~3개씩 만든다.
2. 각자 만든 문제를 모둠 내에서 섞어서 나누어 가진 후 모둠 번호로 다시 모인다.
3. 각 모둠의 같은 번호끼리 모여서 가져온 문제를 섞는다. 돌아가면서 문제를 내고, 알아맞히면 문제 카드를 가져간다.
4. 정해진 시간 동안에 더 많은 문제 카드를 모으는 팀이 승리한다.
5. 만약 모두 맞히지 못한 문제가 있다면 나중에 함께 모여 해결한다.

모둠에서 만든 문제들을 들고 다른 모둠의 같은 번호끼리 모여서 문제를 풀어봅니다.

나쌤의 **THINKING** +1
LEARNING

스포츠의 1부 리그, 2부 리그, 3부 리그, 4부 리그처럼 일종의 리그를 만듭니다. 아래 리그에서 가장 많은 문제를 맞히면 바로 위 리그로 승격하는 식입니다. 반대로 가장 낮은 결과는 아래 리그로 강등됩니다. 같은 모둠 내에서는 협력하고 다른 모둠과의 대결은 경쟁으로 진행합니다. 주의할 점은 이 활동은 이 시간에 한정해서 진행하는 것이고, 그것에 대한 합의를 먼저 한 다음에 진행하는 것입니다. 그렇지 않으면 공부를 하는 것으로 마치 계급이 나뉘는 것처럼 느껴질 수 있습니다. 모둠원들과 함께 실력을 키우는 데 초점을 맞추고, 비슷한 실력의 친구들과 문제를 맞혀볼 기회를 최대한 많이 제공하는 것이 이 활동의 목적입니다.

텔레폰 퀴즈

협동학습에서 하나의 활동으로 제시하고 있는 텔레폰 퀴즈로 즐겁게 공부할 수 있다. 모둠에서 1명은 복도에 나가서 스스로 공부를 한다. 나머지 모둠원들은 자신이 가르칠 부분을 정하고 그 부분의 전문가라는 생각으로 준비한다. 시간이 되어 친구가 들어오면 최선을 다해 가르치는데, 이 과정에서 많은 것을 배우게 된다. 또 배우는 친구도 복도에서 스스로 공부한 것에 덧붙여서 배움을 키울 수 있다.

1. 모둠에서 각각 1명을 뽑아서 그 친구는 복도에 나가서 혼자 책을 보고 배움 퀴즈를 만들게 한다.

2. 나머지 3~4명은 관련된 내용을 공부해서 복도에 나가 있는 친구를 가르칠 준비(역할 분담)를 한다.

3. 나가 있던 친구가 돌아오면 각자 공부한 내용을 설명해준다.

   - 교과서를 보고 설명하기, 보여주는 것은 금지

   - 익숙해지면 교과서 보지 않고 설명하기

   - 들어온 아이가 복도에서 낸 배움 퀴즈를 맞히면 보너스 점수 주기

나쌤의
재미와 의미가
있는 수업

모둠의 대표로 친구들에게 배운 내용을 종합해서 문제를 풀고 있는 모습입니다.

4. 밖에서 들어온 학생들이 골든벨 판을 가지고 교실 뒤로 나가 문제를 풀고,
   나머지 3명은 동작과 표정만으로 힌트를 줄 수 있다.

밖에 나갔던 친구가 돌아와서 친구들에게 배운 후 대표로 문제를 풀게
되는데, 그 과정에서 큰 부담을 느끼게 됩니다. 《허쌤의 수업놀이》의 저
자 허승환 선생님은 이러한 상황에서 발생하는 부담을 줄이기 위해서 "문제를 풀지 못하
면 가르친 친구들이 제대로 역할을 하지 못한 겁니다"라고 말씀하십니다. 즉 풀지 못한
친구를 탓하는 대신에, 더 잘 가르치는 데 집중할 수 있는 분위기를 만들어가는 것이 중
요합니다.

모둠 다섯고개 퀴즈

모둠 다섯고개 퀴즈는 스무고개 놀이를 퀴즈에 적용한 것이다. 다만 힌트가 나올 때마다 받을 수 있는 점수는 점점 줄어든다. 대신 힌트가 적을 때 맞히면 점수도 높다. 힌트는 점점 더 정답을 유추하는 데 결정적인 것으로 만들어야 한다는 것이 포인트다. 정답 기회는 문제당 1번씩만 주어지므로 신중하게 도전해야 한다.

1. 먼저 관련된 내용을 공부한다.

2. 공부한 내용을 바탕으로 문제를 개인별로 2문제씩 낸다.

3. 모둠에서 토의를 통해 4문제를 선정한다.

4. 돌아가면서 퀴즈를 내는데 1번째 힌트에서 맞히면 5점, 2번째 힌트는 4점…을 받는다.

5. 틀리면 그 문제에 대해서는 더 이상 기회가 없다.

6. 정해진 시간 동안 더 많은 점수를 받은 모둠이 승리한다.

7. 활동 후 소감을 나누며 마무리한다.

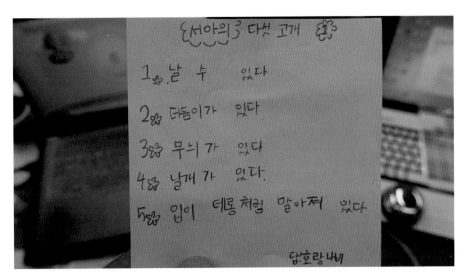

다섯고개 퀴즈를 만듭니다.

나쌤의 LEARNING THINKING +1

다섯고개 안에 반드시 맞힐 수 있는 난도의 문제를 내는 것을 원칙으로 세우고 시작하는 것이 좋습니다. 예컨대 다섯고개 안에 맞히지 못하면 문제를 낸 팀에 감점을 주는 장치를 넣으면 됩니다. 너무 많은 문제를 한 시간 안에 진행할 경우에 집중력이 떨어지거나 점수가 낮은 모둠은 포기해버리는 경우가 생길 수 있습니다. 그럴 때는 문제를 낸 사람이 듣는 태도가 가장 좋은 사람이나 모둠을 뽑게 하면 좋습니다.

자기관리	지식정보처리	창의적 사고
심미감성	의사소통	공동체

귓속말로 '소곤소곤'

핵심내용을 기억해서 친구에게 말로 전달하는 방식으로 즐겁게 공부할 수 있다. 핵심개념을 자신의 언어로 정리해서 친구에게 귓속말로 전달한다. 처음에는 단어나 숫자 등 쉬운 것에서 출발해서 한 문장, 두 문장으로 수준을 높여나가면 좋다. 또는 계산 문제를 내고 마지막에 이어받은 사람이 칠판에 나가서 답을 적는 방식으로도 할 수 있다.

1. 귓속말로 전달할 주제를 정한다.
2. 모둠(4명)이나 분단별(8명)로 한 줄로 앉거나 선다.
3. 맨 뒷사람이 주제 쪽지를 골라서 읽는다.
4. 앞사람의 어깨에 손을 올리면 고개를 돌린다. 두 사람만 들릴 정도로 귓속말로 전달한다. 이때 만약 다른 사람에게도 들릴 정도로 소리가 바깥으로 새면 탈락이다.
5. 같은 방법으로 맨 앞사람까지 전달한다.
6. 맨 뒷사람은 자신이 들은 내용을 칠판에 모두가 볼 수 있을 정도로 적는다.

귓속말로 친구에게 순서대로 핵심내용을 전달합니다.

7. 같은 방법으로 순서를 바꿔서 활동한다.

전달해야 할 내용이 너무 많거나 어려울수록 귓속말로 전달하는 과정에서 내용이 생략되거나 변질되기 쉽습니다. 이럴 때는 친구가 하는 이야기를 메모하면서 들을 수 있도록 하거나 제대로 이해했는지 친구에게 다시 설명하거나 질문을 할 수 있게 하는 방식을 규칙으로 넣어서 진행하면 도움이 될 것입니다.

자기관리	지식정보처리	창의적 사고
심미감성	의사소통	공동체

교과서 자르기

교과서나 참고서의 삽화, 그래프 등의 통계 자료를 잘만 이용하면 공부도 하고 생각을 정리할 수도 있다. 이미지는 생각을 정리하는 데 유용하지만, 관련된 삽화나 이미지를 따라 그리려면 시간도 많이 걸리고, 그림에 서툴면 그마저도 어렵다. 이럴 때 교과서의 삽화나 이미지를 잘라서 자료를 만들어보자.

1. 교사가 관련된 내용에 대한 자신의 생각을 정리할 때는 자료에 들어 있는 이미지, 삽화, 통계 자료가 도움이 된다는 것을 설명해주고, 이를 잘라서 활용할 수 있게 한다.
2. 무조건 자르는 게 아니라 생각을 표현하는 데 도움이 되는 경우에 한정하여 골라서 사용할 수 있게 한다.
3. 사용할 수 있는 삽화의 수를 제한하고, 자신이 선택한 삽화와 그에 대한 설명도 함께 덧붙이면 더욱 좋다.
4. 활동을 마치고 생각을 나눌 때는 자신이 고른 이유도 함께 말한다.

말이나 글로 표현하기 어려운 내용을 교과서의 삽화나 통계 자료를 활용해서 정리할 수 있습니다.

 교과서를 자르거나 찢는 것에 대해 거부감을 가진 아이들이 생각보다 많습니다. 사실 생각해보면 교과서는 학기 또는 학년 말에 폐교과서 수거를 할 때 모두 가져다 버립니다. 그 부분을 아이들에게 알려주고 나서 교과서를 깨끗하게 관리하는 것보다 효과적으로 활용하는 연습을 하는 게 훨씬 더 중요하다는 점을 이야기해주면 거부감을 줄이는 데 도움이 될 것입니다. 교사가 먼저 교과서에서 필요한 부분을 자르거나 찢어서 활용하는 모습을 보여주면 더 좋습니다.

자기관리	지식정보처리	창의적 사고
심미감성	의사소통	공동체

트리플 학습법

학습법과 관련된 자료에 많이 등장하는 내용으로 '공신닷컴'의 CEO 강성태의 《강성태 66일 공부법》에 트리플 암기법이라고 나와 있다. 눈으로 보고, 입으로 말하고, 손으로 쓰면서 암기하는 방법인데 효과가 탁월하다. 이를 응용해 수업 중에 꼭 기억해야 하는 개념이나 방법들을 트리플 학습법으로 공부할 수 있다.

1. 배울 내용 중 핵심적인 내용을 정한다.
2. 정해진 시간 동안 집중해서 읽는다. 빨리 읽을 수 있는 사람은 여러 번 반복해서 읽는다.
3. 방금 읽은 내용을 짝에게 설명한다. 이때 내용을 보지 않고 설명한다.
4. 설명하다 보면 제대로 모르고 있는 부분을 스스로 깨닫게 된다. 이 부분은 빠르게 다시 확인한다.
5. 빈 종이에 자신이 이해한 내용을 적거나 그림으로 표현한다.
6. 눈으로 보고, 말로 설명하고, 손으로 쓰다 보면 더 잘 기억할 수 있다.

나쌤의
재미와 의미가
있는 수업

자신이 읽은 내용을 짝에게 보지 않고 설명합니다.

 +1
 기억하지 못한다면 배움의 영역으로 가기 어렵습니다. 특히 정보를 받아들일 때 장기기억으로 가려면 음성적인 정보로 저장해야 한다고 합니다. 자신의 언어로 정리해서 여러 번 읽고, 친구들에게 설명합니다. 2차 장기기억으로 가려면 의미 있는 반복이나 감정과 연결해서 저장하는 것이 효과적이라고 합니다. 읽고 설명하고 써보는 과정을 통해 의미 있게 반복할 수 있습니다. 그 과정이 즐겁다면 감정과도 연결되어 훨씬 더 오래 기억할 수 있습니다.

자기관리	지식정보처리	창의적 사고
심미감성	의사소통	공동체

핵심질문을 찾아라!

궁금한 것을 스스로 찾아내고 해결해나가는 것이 자기주도학습일 것이다. 그런데 교육과정이라는 게 있고, 키워주어야 할 역량도 있다. 교사는 교과서라는 거대한 재료를 무시하기 어렵다. 교사용 지도서 역시 마치 그대로 가르쳐야 한다는 생각을 갖게 한다. 궁금한 것을 찾아서 해결하기보다는 해야 할 것들을 순서대로 처리하기에 바쁘다. 궁금한 것을 찾고 거기에 대해 이야기를 나누며 함께 해결해나가는 방식으로 공부한다면 좀 더 의미 있고 재미있지 않을까 생각해본다.

1. 배워야 할 내용의 핵심질문을 찾는다. 처음에는 아이들이 어려워할 수 있으므로 교사가 제시해주고, 점차적으로 익숙해지면 학생들 스스로 질문을 찾게 한다.
2. 찾아낸 질문은 A4종이나 포스트잇에 써서 붙여둔다.
3. 핵심질문을 해결하는 수업을 한다. 질문에 대한 답을 찾아보는 수업을 하고 과목별로 질문을 순서대로 붙여둔다.
4. 이후 단원이 끝나면 질문 종이를 접어서 통에 넣고, 구술 평가 및 오디션을 보면서 부족한 부분을 채우면서 마무리한다.

단원이 끝나면 질문 종이를 통에 모아서 넣습니다.

  +1

좋은 질문을 찾는 것도 좋지만, 우선 궁금한 것을 찾아보고 그것에 대해 해결해보는 경험이 더 중요합니다. 그래서 '질문이 남느냐? 내가 남느냐?'로 진행할 수도 있습니다. 학습 '할/한' 내용과 관련하여 궁금한 것을 적습니다. 질문을 하고, 대답을 합니다. 이때 교사는 가장 마지막에 더 이상 질문이 없을 때까지 반복하고, 중요한 핵심내용이 빠졌으면 교사가 질문하고 학생이 답하도록 합니다. 해결하지 못한 질문은 수업 이후에 '생각 주차장'[1]을 활용해서 해결하면 좋습니다.

---

1. 자세한 내용은 STAGE 03의 '23. 생각을 주차하세요' 참조.

자기관리	지식정보처리	창의적 사고
심미감성	의사소통	공동체

배움 수호천사

모르는 것이 부끄러운 게 아니라 모르는 것을 방치하는 게 부끄러운 일임을 알려준다. 자신 있는 내용은 '나눔 수호천사'가 되어 친구들에게 나눠주고, 자신 없는 내용은 '배움 수호천사'가 되어 배우면 된다. 수업 중에 어려우면 당당히 손을 들고, 먼저 해결한 사람이 가서 적극적으로 돕는 것을 하나의 문화로 만들어보자. 도움을 주고받은 후 서로 격려하고 고마움을 표현하는 시간도 가져보자.

1. 각자 해야 할 것을 모두 먼저 한다.
2. 어려워하는 친구에게 가서 도움이 필요한지 확인한다.
3. 답을 알려주는 게 아니라 스스로 풀 수 있도록 도움을 주는 게 목적이다.
4. 알려주었다고 잘난 척을 하거나 모른다고 무시하지 않는다.
5. 알려준 사람은 기여한 것을 스스로 자랑스럽게 생각하고, 배운 사람은 배워서 알게 된 것을 자랑스럽게 생각한다.
6. 주기적으로 BEST 배움 수호천사, 나눔 수호천사를 뽑는다.

아이들은 사정에 따라 나눔 수호천사 또는 배움 수호천사가 되어 서로 배움을 주고받습니다.

배우고 싶어도 친구가 잘 가르쳐주지 않으면 용기를 내기 어렵습니다. 그래서 배움을 찾는 배움 도전자와 잘 가르쳐주는 친구 선생님을 주기적으로 뽑아서 격려해줍니다. 배우고 싶으면 종이컵 신호등[2]을 빨간색으로 표시해둘 수도 있습니다. '박사-석사-학사'제도를 만들어보는 것도 좋습니다. 친구들을 가르칠 수 있는 자격을 부여하는 것만으로도 자부심과 책임감을 갖고 적극적으로 임하게 됩니다. 25명을 기준으로 5명의 박사, 10명의 석사, 10명의 학사가 되는데, 박사가 되면 친구 2명의 과제를 도와서 완료할 수 있습니다. 박사에게 점검 받아서 통과하면 석사가 되고, 석사는 친구 1명의 과제를 도와서 완료할 수 있습니다. 석사에게 점검 받아서 통과하면 학사가 되는데, 학사 이상이 되면 '개인 프로젝트'를 할 수 있습니다.

---

2. 자세한 내용은 STAGE 01의 09. 시그널을 보내라, '찌릿찌릿' 참조

자기관리	지식정보처리	창의적 사고
심미감성	의사소통	공동체

공부 카드 만들기

기억에 대한 가장 유명한 연구 중 하나인 에빙하우스(Hermann Ebbinghaus) 망각곡선의 핵심은 시간이 지나면 기억이 사라진다는 것이다. 그리고 그 사라지는 정도와 속도를 늦추는 것이 바로 복습(반복학습)이다. 그냥 두면 잊어버리고 말 것을 여러 번 다시 반복해서 보면 중요하다는 인식을 주어 장기기억으로 만드는 것이 핵심이다. 공부 카드는 만드는 과정에서 이미 공부가 많이 되고, 다시 보면서 반복학습의 효과가 있다. 도화지를 8등분해서 공부 카드를 만들어보자.

1. 배운 내용 중에서 중요하다고 생각하는 내용을 문제로 만든다. 단답형, 서술형, 객관식 등 다양하게 만들어본다.

2. 종이의 왼쪽 모서리에 관련 과목과 단원을, 오른쪽 모서리에는 관련 책의 쪽수를 적는다.

3. 문제를 종이 가운데 적고, 문제를 만든 사람의 이름도 함께 적는다.

4. 뒷면에는 문제에 대한 답과 답이 되는 이유를 적는다.

5. 카드를 모아서 돌아가면서 풀고, 카드 보관함에 넣어두고 주기적으로 복습할 수 있다.

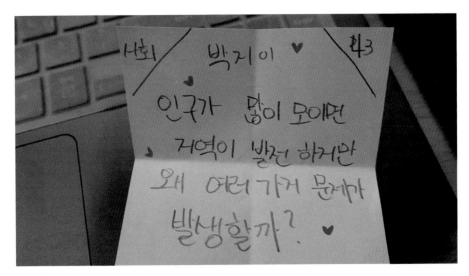

배움을 오래 기억하고, 다시 되살릴 수 있는 공부 카드를 만들어서 활용합니다.

6. 4단계로 나눠 1차 복습, 2차 복습, 3차 복습, 4차 복습의 형태로 반복학습을 할 수 있다.

나쌤의 THINKING LEARNING +1

공부 카드를 만들고 학급의 공부 카드를 모아두는 공간에 넣을 수 있습니다. 그 문제를 공부하고 도움을 받은 사람은 뒷면에 자신의 이름을 적게 하면 좋습니다. 이름이 많이 적힌 카드는 많은 친구들에게 도움을 준 의미로 베스트 공부 카드 게시판에 붙여두어서 격려할 수 있습니다. 공부 카드를 활용하는 가장 좋은 방법은 일정 기간 동안 모아서 학급 전체가 함께 골든벨 형태로 풀어보는 것입니다.

자기관리	지식정보처리	창의적 사고
심미감성	의사소통	공동체

몸짓 퀴즈

정확하게 알고 있지 않다면 남에게 설명하기 어려운 법이다. 여기에 말이 아닌 몸짓과 표정으로 설명함으로써 훨씬 더 즐거운 배움이 가능한 활동이 있다. 상황을 묘사하는 과정에서 많은 생각을 하게 되고, 핵심개념의 특징에 대해 명확하게 이해하게 될 것이다.

1. 누구나 알고 있는 이야기의 한 장면에 대한 설명이 적힌 쪽지를 뽑아서 그 것을 보고 말을 하지 않고 몸짓으로만 표현한다.
2. 만약 혼자 표현할 수 없으면 최대 2명에게 도움을 요청할 수 있다.
3. 문제당 1번만 정답을 외칠 수 있다.
4. 장면을 함께 결정하거나 모둠별로 돌아가면서 몸짓퀴즈 문제를 낼 수도 있다.
5. 몸짓 퀴즈로 낸 내용을 활용해서 수업을 하거나 공부한 내용을 몸짓 퀴즈로 정리할 수 있다.

어떤 상황을 몸짓으로만 표현해서 퀴즈로 내는 장면입니다.

나쌤의 T H I N K I N G +1
L E A R N I N G

몸짓 퀴즈에 익숙해졌다면 예전 KBS 예능 프로그램인 〈가족오락관〉에서 많이 했던 '방과 방 사이' 방식으로 심화할 수도 있습니다. 첫 번째 사람이 쪽지에서 전달해야 할 내용을 보고 정해진 시간 동안 뒷사람에게 몸짓으로 전달합니다. 두 번째 사람은 첫 번째 사람이 전달해준 내용을 추측해서 뒷사람에게 전달합니다. 마지막 사람은 정답을 추측해서 말합니다. 정해진 시간 동안에 몸짓으로 정확하게 많이 전달한 모둠이 승리합니다.

자기관리	지식정보처리	창의적 사고
심미감성	의사소통	공동체

문제풀이 TIC TAC TOE

체육과 학습의 만남이다. 유튜브에서 World's Best Warm-up Game으로 'Tic Tac Toe'가 소개되어서 많은 학급에서 체육 시간에 몸 풀기로 활용한 적이 있다. 배움에도 한번 적용해보자. 문제를 정확하게 풀거나 핵심개념 카드를 뽑아서 설명한 후에 팀 자석이나 포스트잇을 붙이는데, 먼저 한 줄을 만든 팀이 승리한다.

1. 개인별로 문제를 만들고 뒷면에는 답을 적는다.
2. 신호가 울리면 달려 나와서 문제를 골라 큰 소리로 읽은 후 답을 적는다.
3. 뒷면을 뒤집어서 답을 확인해보고, 맞으면 칠판에 팀 표시 자석(빨강VS파랑)과 함께 붙인다.
4. 최대 4개의 자석을 붙일 수 있고, 이후에는 자기 팀 것을 옮길 수 있다.
5. 모둠 내에서 할 때는 각자 서로 다른 색의 포스트잇을 이용해서 활동할 수 있다.
6. 먼저 한 줄을 만들면 승리한다.

문제를 풀고 한 줄 빙고를 먼저 만들기 위해 칠판에 붙이는 모습입니다.

나쌤의 **T H I N K I N G** +1
L E A R N I N G

문제를 늦게 풀거나 풀지 못하는 경우에 자칫 모둠원끼리 서로 비난하는 분위기가 조성될 수 있습니다. 이럴 때는 문제를 뽑은 후 정확하고 큰 소리로 팀에게 설명해주고 함께 푸는 방법도 좋습니다. 모둠이 팀이 되어서 함께 문제를 해결하기 때문에 문제를 혼자 빨리 해결해야 한다는 부담감에서 벗어날 수 있습니다. 직접 문제를 푸는 것으로 하고 싶다면 동작 힌트나 간접 단어를 제시해서 도움을 줄 수 있도록 규칙을 만들 수 있습니다.

너는 나의 단짝

일종의 매칭게임(Matching Game)이다. 같은 의미를 가지고 있는 카드를 모으면 되는 상황이다. 직접 문제 카드에 문제를 낸다. 답 카드에 답을 적고 서로 구분해서 제출한다. 만약 모두가 완료했으면 문제 카드에서 1장, 답 카드에서 1장을 뽑아서 정해진 시간 동안에 돌아다니면서 자신의 짝을 찾는다. 짝을 찾으면 교사에게 와서 제출한다.

1. 문제 카드와 정답 카드를 만든다.

2. 정해진 시간 동안에 돌아다니면서 문제 카드의 문제를 함께 읽고 정답 카드를 확인한다.

3. 둘이 모두 정답이라고 생각하면 서로 손을 잡고 의자에 앉는다.

4. 모두가 자리에 앉으면 각 팀별로 자리에서 일어나서 문제와 답을 말해 제대로 만났는지 확인한다.

5. 정답이면 박수를 치고, 정답이 아니면 격려의 박수와 함께 다른 짝을 찾도록 한다.

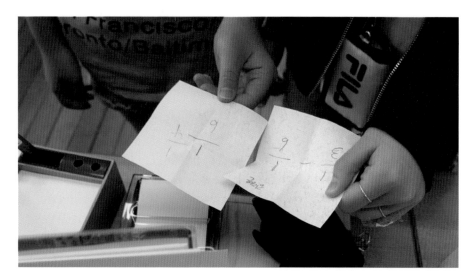

문제 카드를 가지고 있는 친구와 답 카드를 가지고 있는 친구가 서로 만나서 확인하는 모습입니다.

글자의 색이나 크기로 추측해서 카드의 짝을 찾는 경우도 있습니다. 그래서 같은 색깔의 종이에 같은 색으로 적게 하는 것이 좋습니다. 문제와 답의 크기도 어느 정도 정해놓는 것이 좋습니다. 문제 카드를 가지고 있는 사람이 모든 친구들에게 답을 외치면서 다니지 않도록 해야 합니다. 한 번에 한 사람만 만나서 서로의 카드를 공개하고 문제와 답이 일치하는지 확인하고 헤어지는 방식으로 진행하는 것이 좋습니다.

자기관리	지식정보처리	창의적 사고
심미감성	의사소통	공동체

붕어빵 퀴즈 대결

SBS 텔레비전 프로그램이었던 〈붕어빵〉에 나왔던 부모와 아이가 서로 문제를 내고 맞히는 가족 스피드 퀴즈 방식을 배움에도 활용할 수 있다. 4명이 한 모둠이라면 1명은 문제를 내고, 2명은 맞힌다. 나머지 1명은 문제를 들어준다. 맞히거나 통과를 하면 되는데, 역할을 순환해가면서 즐겁게 배운다.

1. 먼저 관련 내용에 대해 모둠원들이 함께 공부한다.

2. 핵심단어를 A4종이에 잘 보이도록 크게 적는다.

3. 핵심단어 아래에 출제자의 이름을 작게 적는다.

4. 만든 문제를 모두 모은 후 골고루 섞는다.

5. 모둠별로 10문제씩 가져가서 붕어빵 스피드 퀴즈를 준비한다.

6. 4명이 한 모둠이라면 순서를 정한다. 먼저 문제를 낼 1명, 풀 2명, 문제를 들고 있을 1명을 정한다.

7. 정답을 맞히거나 통과를 외치면 역할을 순환한다.

나쌤의
재미와 의미가
있는 수업

붕어빵식 스피드 퀴즈를 하고 있는 모습입니다.

8. 정해진 시간 동안에 많이 맞히는 방식으로 대결할 수 있다.
9. 활동 후 설명이 어려웠거나 맞히지 못한 핵심단어를 따로 모아서 함께 정리한다.

 붕어빵 스피드 퀴즈를 할 수 있는 시간이 충분하다면 모든 문제를 맞히는 데 걸리는 시간으로 모둠별 대결을 펼칠 수 있습니다. 또는 학급 전체가 릴레이로 이어서 문제를 내고, 맞히는 데 걸리는 시간으로 전체 복습을 할 수도 있습니다. 이때 나머지 친구들이 동작 힌트를 줄 수 있도록 하고, 학급 전체의 기록을 줄이는 것을 목표로 하면 더욱 재미있습니다.

자기관리	지식정보처리	창의적 사고
심미감성	의사소통	공동체

레고로 표현하기

생각을 종이에 2차원으로 표현하는 것만으로는 뭔가 부족한 경우가 있다. 그럴 땐 레고를 활용해보자. 집에 사용하지 않는 레고가 있으면 가져오게 해서 모둠별로 함께 레고를 만들며 즐겁게 공부할 수 있다.

1. 입체로 생각을 표현할 때 주로 사용하는 방법이 철사나 찰흙 등을 이용하는 것이다. 하지만 나중에 버리게 되고 처리도 쉽지 않다.
2. 어렸을 때부터 집에서 가지고 놀았던 레고 조각이 있으면 준비물로 챙겨오도록 한다.
3. 없다면 '레고 클래식'으로 검색해서 작은 조각들만 저렴하게 구매할 수 있다.
4. 생각을 레고 조각으로 표현하는 시간을 가져본다.
5. 정해진 시간이 되면 어떤 의도로 표현했는지 설명하고 질문을 하는 시간을 가져본다.

모둠별로 레고로 디자인 한 후 설명회를 여는 모습입니다.

나쌤의 **THINKING** +1
LEARNING

과학 시간에 행성 탐사 계획을 세우고 탐사선을 레고로 디자인해서 발표했습니다. 아이들은 스스로 세운 계획을 현실화할 수 있도록 레고 탐사선을 만들고 투자를 받는 형식으로 진행했는데, 꽤 진지하면서도 즐겁게 설명하고 또 질문하는 모습을 볼 수 있었습니다. 실제 회사에서도 투자를 받기 전에 모형이나 샘플을 만들어서 설명회를 개최하기도 합니다. 비슷한 상황을 연출해 수업을 디자인하는 건 어떨까요? 수업이 끝나고 다시 볼 수 있도록 사물함 뒤에 전시해두었습니다. 집에 가는 길에 다은이가 "선생님, 친구들이 만든 것들이 다 예쁘고 멋져요!"라고 말하며 한참 구경하다 갔습니다.

자기관리	지식정보처리	창의적 사고
심미감성	의사소통	공동체

수학이랑 놀자!

수에 대한 감각은 이론적으로 공부하기보다는 직접 또는 간접적으로 체험해봤을 때 더 잘 키워진다고 한다. 수학에 대한 막연한 두려움을 가지고 있는 아이들이 생각보다 많은데, 평소 재미있는 놀이 활동을 통해 수학의 문턱을 낮춰주면 수학적 사고에 익숙해지도록 도와줄 수 있다.

과거 수학 교육은 마치 암기과목을 방불케 할 만큼 닥치는 대로 공식을 외우고, 외운 공식을 적용할 수 있는 문제를 최대한 많이 풀어보게 하는 데 초점이 맞춰졌다. 원리는 제대로 이해하지 못한 상태로 머릿속에 공식만 잔뜩 집어넣다 보니, 공식에서 조금만 꼬여도 문제를 풀지 못하는 경우가 비일비재했다. 졸업 후 얼마 지나지 않아 공식들은 머릿속에서 모두 사라져버리고, 수학에 대한 부정적인 인식과 기억만이 남았을 뿐이다.

이제는 수학교육의 트렌드도 많이 달라졌다. 수학은 원리를 깨닫는 과정에서 얻게 되는 즐거움이 매우 큰 교과이다. 그리고 생각해보면 우리의 실생활과

해당하는 숫자 카드를 찾고 있는 모습입니다.

매우 밀접한 교과이기도 하다. 그래서 여기에서는 일단 수학을 친근하게 느낄 수 있는 활동들 몇 가지를 소개하려고 한다.

1) 찾아라, 숫자 카드!　　　　　　　　☑ 수의 연산, 약수와 배수, 의사소통

1. 숫자카드 주변을 노래 부르며 돌다가 신호가 들리면 해당하는 수의 약수(배수)에 해당하는 숫자카드에 올라선다.

2. 만약 시간 내에 찾지 못하면 간단한 미션(스타점프 5번)을 수행하고 다시 도전할 수 있다.

3. 10초 안에 친구들과 ＋, －, ×, ÷를 이용해서 조건에 맞는 숫자를 만들면 성공으로 인정한다.

서로 만나면 계산을 합니다. 서로의 답이 같다면 헤어지고 누구와 만났는지도 기록해둡니다.

2) 지금 계산하러 갑니다   ☑ 수의 체계, 수의 연산, 의사소통

1. 개인별로 분수 카드를 만든다.
2. 카드를 가지고 돌아다니다가 만난 친구와 각자 가진 분수 카드의 뒷면에 있는 분수를 더한다.
3. 정해진 시간 동안에 5명 이상을 만나서 분수의 덧셈을 연습(식&답)한다.
4. 둘 다 답이 같다면 하이파이브를 하고 헤어지고, 만약 서로의 답이 다르면 둘 다 다시 풀어본다.
5. 다한 사람은 구한 분수의 크기를 비교해본다.

1m³ 단위 부피를 직접 만들어봅니다.

3) 숫자를 느껴봐!

1. 수의 감각을 이론적인 공부보다 생활 속에서 직접 또는 간접적으로 체험해볼 수 있도록 기회를 마련해준다.

2. 시간: 5초, 10초, 30초, 60초, 5분 등 시간을 눈 감고 맞혀본다.

3. 길이: 교실에서 1cm 작은 것, 1m에 가장 가까운 것 등을 찾아본다.

4. 넓이: 단위 넓이를 직접 만들어본다. 1cm², 1m² 등의 단위 넓이를 직접 만들어본다.

5. 부피: 단위 부피를 직접 만들어본다. 1cm³, 1m³ 등의 단위 부피를 직접 만들어본다.

친구의 카드를 뽑아서 계산하는 모습입니다.

4) 사칙연산 카드놀이 ☑ 수와 연산, 창의적 사고

1. 1부터 9까지의 숫자 카드를 준비하여 섞는다.
2. 모둠원끼리 순서를 정하여 숫자 카드를 두 장 뽑는다.
3. 첫 번째 카드는 □0×△에서 □의 자리에, 두 번째 카드는 □0×△에서 △의 자리에 넣어 곱셈을 한다.
4. 자신이 뽑은 숫자를 곱셈하여 맞추면 +1점, 틀리면 −1점을 하고, 500이 넘는 정답을 뽑은 학생은 +1점을 추가로 준다.
5. 5점에 도달하면 승리한다.

서로 다른 지점에서 원을 그리기 시작해서 가운데 먼저 도달하면 승리합니다.

5) 대결, 원 그리기!　　　　　　☑ 평면도형, 규칙성, 창의적 사고, 공동체

1. 컴퍼스를 이용해서 원을 잘 그리기 위해 가장 좋은 방법은 많이 그려보는
   것이다.
2. 8절 도화지를 이용한 수학 놀이를 해보자. 4곳의 도착지를 정해두고, 가운
   데 지점에서 출발한다.
3. 주사위를 굴려서 나온 숫자가 원의 반지름이 되는 것이다.
4. 자신이 그린 원과 만나는 지점을 원의 중심으로 하고, 대결하는 방법과 끝
   점을 이어 붙이는 방법으로 모둠별로 정한 후 대결한다.

계산 연습을 할 때, 무작위 숫자로 연습하기 위해 주사위를 던져서 나온 숫자를 활용합니다.

6) 주사위를 굴려라! ☑ 수와 연산, 규칙성, 의사소통, 지식정보처리

1. 가위바위보로 먼저 주사위를 던질 순서를 정한다.
2. 이긴 사람이 먼저 주사위 2개를 던져서 나온 두 눈의 수를 계산(사칙연산)해서 첫 번째 수 칸에 쓴다.
3. 다시 한 번 주사위 2개를 던져서 나온 두 눈의 수를 계산서 표의 두 번째 수 칸에 쓴다.
4. 첫 번째 수와 두 번째 수를 계산하여 다음 칸에 적는다.
5. 계산 결과로 크기를 비교해서 더 큰 사람이 승리한다.
6. 같은 방법으로 반복하며 주사위 계산 놀이를 한다.

전개도, 넓이, 둘레 등에 대해 배울 때 과자 상자를 이용해볼 수 있습니다.

7) 과자 상자 전개도 만들기　　　　　☑ 직육면체, 측정, 창의적 사고

1. 교과서에 나온 전개도의 의미를 정확하게 정리한다.
2. 과자 상자를 준비해 가위로 모서리를 잘라서 전개도를 만든다.
3. 잘라진 부분은 '실선'으로 표현하고, 잘라지지 않은(접히는) 부분은 '점선' 으로 표현한다.
4. 면, 꼭짓점, 모서리에 기호를 써서 서로 만나는 부분을 공부한다.
5. 각 모서리의 길이를 적고 둘레와 넓이 등도 공부할 수 있다.
6. 미술 교과와 연계해서 과자 상자 정밀묘사를 하거나, 국어 교과와 연계해 서 '내가 소개하는 가장 맛있는 과자'의 주장하는 글쓰기나 설명하는 글쓰 기 등을 할 수도 있다.

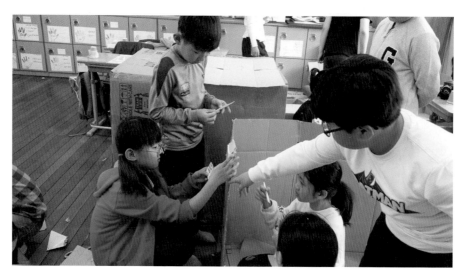

입체 도형에 대해 배운 후 모둠 친구들과 함께 상자 집을 만들어볼 수 있습니다.

8) 모둠별 상자 집 만들기 ☑ 직육면체, 겉넓이와 부피, 창의적 사고, 심미감성, 공동체

1. 직육면체, 정육면체 등 입체도형에 대해 공부한 후 모둠별로 상자 집을 만들어본다.
2. 완성한 후 모둠별로 상자 집을 소개한다.
3. 혹시 상자 집을 완성하지 못했다고 해도 정해진 시간 동안 만든 부분까지만 소개한다.
4. 장점 위주로 소개하고 만들려고 했던 의도에 관해 서로 이야기한다.
5. 모둠에서 함께 만든 상자 집의 겉넓이와 부피를 구할 수도 있다.

가위바위보로 짝과 대결하는 모습입니다.

9) 가위바위보! 더하기! 빼기!

☑ 수의 체계, 지식정보처리, 공동체

1. 정해진 숫자만큼 먼저 도달하거나 먼저 덜어내는 쪽이 승리한다.

2. 짝과 대결한 후 모둠에서 4명이 함께하는 방식으로도 할 수 있다.

3. 예를 들어 1,000점을 기준으로 가위바위보를 해서 가위로 이기면 100점,
   바위로 이기면 80점, 보로 이기면 60점을 더하거나 덜어낸다.

4. 계산을 하고 나면 서로 제대로 했는지 확인하고 나서 다음 판으로 넘어가
   는 것이 좋다.

5. 먼저 도달하거나 덜어낸 쪽이 승리하거나 정해진 시간 동안에 더 목표 숫
   자에 가깝게 도달한 사람이 승리한다.

숫자 자석을 이용해서 계산하는 것을 연습할 수 있습니다.

10) 숫자 자석 계산놀이　　　　　☑ 규칙성, 수와 연산, 공동체, 지식정보처리

1. 4인 1조로 모둠을 만든다.
2. 모둠 1번이 숫자 자석을 골라 수(학년에 맞는 자리 수)를 만들고, 2번이 숫자 자석을 골라서 숫자를 만든다.
3. 3번이 계산(덧셈, 뺄셈, 곱셈, 나눗셈)을 한다.
4. 4번이 검산을 한다.
5. 모둠별로 연습을 한 후 칠판에 나와서 대결한다.
6. 각 모둠에서 1, 2번은 숫자 자석 붙이고, 3번은 풀고, 4번은 검토해서 제출한다.
7. 활동 후 소감을 나누고 마무리한다.

이상에서 살펴본 활동들은 놀이처럼 재미있게 즐기면서 수학적으로 의미 있게 사고하고 행동하는 데 도움을 줄 것이다. 물론 소개된 활동만으로는 턱없이 부족하다. 여기에서는 다만 수업에서 이런 식의 활동을 적용해보는 것만으로도 아이들로 하여금 충분히 수학에 재미를 느끼게 해주고, 나아가 수학에 대한 관심과 흥미를 이끌어낼 수 있다는 점을 이야기하고 싶었다. 앞으로 수많은 현장의 수학 수업에서 좀 더 재미있는 방법으로 아이들과 교사가 함께 놀면서 진정한 수학의 재미와 의미를 발견하게 되기를 바란다.

수학은 아이들에게 기대가 되면서도 부담이 되는 교과입니다. 어렸을 때는 시키지도 않았는데 숫자를 읽으려고 하고, 계산도 하려고 합니다. 그런데 학년이 올라갈수록 반복되는 계산은 지루하고, 답은 정해져 있고 그것을 찾아야 한다는 상황이 점점 더 부담으로 다가옵니다. 그래서 수학은 더욱 재미있는 방법으로 공부할 수 있다면 좋겠다는 생각입니다. 그 시간에 배워야 하는 내용과 관련된 다양하고 재미있는 활동을 통해 수학 시간이 기대가 되기를 꿈꿔봅니다.

강성태, 《강성태 66일 공부법》, 다산 4.0, 2016.

고병권, 《철학자와 하녀》, 메디치미디어, 2014.

고영성, 신영준 《완벽한 공부법》, 로크미디어, 2017.

김대권, 신현숙, 이승현, 정선화, 《바로 지금 협동학습!》, 즐거운학교, 2013.

김성현, 《교과 수업, 틀을 깨다!》 지식프레임, 2017.

김진규, 《형성평가 101가지 기법》, 교육과학사, 2013.

김현섭 , 박준영, 백수연, 백선아, 오정화, 《사회적 기술》, 한국협동학습센터, 2014.

김현수, 《행복한 교실을 만드는 희망의 심리학 교실 속 아이들의 심리 A to Z》, 에듀니티, 2014.

나승빈, 《핵심역량을 키우는 수업 놀이》, 맘에 드림, 2017.

박남기, 《최고의 교수법》, 쌤앤파커스, 2017.

박진희, 《성공을 코칭하라 잠자는 성공회로를 깨우는 NLP 심리 코칭법(elf innovation coaching)》, 건강다이제스트사, 2007.

이재풍, 《한 권을 읽어도 정약용처럼》, 북포스, 2017.

장경원, 고수일, 《액션러닝으로 수업하기》, 학지사, 2014.

전국교사연극모임, 《연극 놀이와 즉흥으로 1주일 만에 뚝딱 연극 만들기》, 작은숲, 2016.

전병규, 《질문이 살아나는 학습대화》, 교육과학사, 2016.

정문성, 《토의·토론 수업방법 84》, 교육과학사, 2017.

---

*. 최대한 참고문헌이나 링크를 넣으려고 노력했으나 혹시 놓친 부분이 있을 수 있습니다. 혹시 알게 된 부분이 있으면 다음 인쇄할 때 꼭 넣겠습니다.

414 나쌤의
재미와 의미가
있는 수업

한재우, 《365 공부 비타민》 위즈덤하우스, 2014.

한형식, 《모두가 참여하는 수업에는 법칙이 있다》, 즐거운학교, 2015.

허승환, 《허쌤의 수업놀이》, 꿀잼교육연구소, 2017.

허승환, 나승빈, 《허승환 나승빈의 승승장구 학급경영》, 아이스크림, 2018.

황순희, 《다중지능 학급경영》, 시그마프레스, 2009.

공자, 《논어》, 홍익출판사, 2016.

기쿠치 쇼조, 세키하라 미와코, 《기쿠치 선생님의 말 샤워의 기적》, 임정희, 봄풀출판, 2015.

더그 레모브, 《최고의 교사는 어떻게 가르치는가 2.0》, 이주혜, 해냄출판사, 2016.

레이프 에스퀴스, 《에스퀴스 선생님의 위대한 수업》, 박인균, 추수밭, 2008.

맹자, 《맹자》, 홍익출판사, 2005.

바비 드포터, 마크 리어든, 사라 싱거 누리, 《퀀텀 교수법》, 김창환, 멘토르, 2012.

벤 푸르만, 《키즈스킬 : 걸림돌을 디딤돌로 바꾸는 핀란드의 자녀교육법》, 박의섭, 김진경, 에디터, 2009.

제이 맥타이, 그랜트 위긴스, 《핵심질문》, 정혜승, 이원미, 사회평론아카데미, 2016.

제인 넬슨, 《긍정의 훈육》, 김선희, 프리미엄북스, 2010.

제인 넬슨, 린 로트, 스티브 글렌, 《학급긍정훈육법》, 김성환, 강소현, 정유진, 김차명(그림), 에듀니티, 2014.

조셉 오코너, 《NLP 입문》, 설기문, 학지사, 2010.

케빈 라이언, 《이렇게 써야 보스가 주목한다》, 권오열, 길벗, 2007.

토드 휘태거, 《훌륭한 교사는 무엇이 다른가》, 송형호, 지식의날개, 2015.

필립 밀러, 《만화로 보는 NLP》, 김영순, 학지사, 2010.

해리 왕, 로즈매리 왕, 《좋은 교사 되기 어떻게 유능한 교사가 될 것인가?》, 김기오, 김경, 글로벌콘텐츠, 2013.

후아니타 브라운, 데이비드 아이잭스, 《월드카페(7가지 미래형 카페식 대화법》, 최소영, 북플래너, 2007.

친구들이랑 어울리는 것도 싫어하고, 학교 가는 게 즐겁지 않다고 했던 아이가 나승빈 선생님을 만난 후로는 자발적으로 발표하고, 자기 입으로 학교생활이 즐겁다 말하는 아이로 달라졌습니다. 수업을 통해 배움이 즐겁다는 걸 알게 된 것입니다. 다른 많은 분들께도 나승빈 선생님의 수업을 꼭 소개하여 저희 아이처럼 소심한 아이도 적극적으로 달라질 수 있음을 널리 알리고 싶습니다.

광주서초등학교 송효주 맘 이현주

나승빈 선생님의 수업은 마법이다. 왜냐하면 지루한 수업도 밝게 만들어주시기 때문이다. 김다은
나승빈 선생님의 수업은 책에 나온 수업보다 훨씬 더 재미있다. 김주하
선생님의 수업은 할 때마다 무슨 수업을 할지 항상 기대됩니다. 김지민
나승빈 선생님의 수업을 즐거운 시간이다. 왜냐하면 항상 재밌는 놀이로 즐겁게 해주기 때문이다. 선생님 감사합니다! 노정혜
나승빈 선생님의 수업은 해피바이러스다. 우리가 싫어하는 공부도 놀이와 재미있는 활동으로 즐겁게 만들어주시니까. 박지이
나승빈 선생님의 수업은 늘 신나고 짜릿하다. 선희수
나승빈 선생님의 수업은 에어컨이다. 설명을 시원하게 해주시고 더울 날 에어컨처럼 선생님과 수업하는 게 참 좋다. 송효주
선생님은 수업을 놀이와 연관시켜주시니까 그 어떤 수업보다 의미 있고 재미있다. 이의진
나승빈 선생님의 수업은 항상 의미 있고 재미있다. 좋은 아이디어로 재미있는 수업을 하기 때문이다. 정현진
나승빈 선생님의 수업은 지루하지 않고 즐겁다. 허시은
나승빈 선생님의 수업은 재미와 감동의 수업이다. 배운 게 재미있어서 계속 머리에 남는다. 김가윤
나승빈 선생님의 수업은 마법이다. 배운 내용이 쏙쏙 잘 들어오기 때문에 마법 게임 같다. 김동혁
나승빈 선생님의 수업은 창의성이 풍부한 놀이다. 항상 새로운 방법으로 가득 차 있다. 김승윤
나승빈 선생님의 수업은 꿀잼이다. 마치 놀이처럼 수업을 하기 때문이다. 김흥성
나승빈 선생님의 수업은 천국과도 같다. 재미가 펄펄난다. 마태오
선생님의 수업은 공부를 하면서 놀이를 하니까 쉽고 오래 기억할 수 있다. 서진영
나승빈 선생님의 수업은 정말 재미있고 하루하루가 놀이와 같다. 양준서
나승빈 선생님의 수업은 재미있고 창의적이다. 항상 수업과 관련된 재미있는 활동을 한다. 이한빈
나승빈 선생님은 항상 수업을 위해 노력하시고, 재미있는 활동을 많이 한다. 장윤
나승빈 선생님의 수업은 너무 재미있다. 그리고 더 재미있게 하려고 노력하신다. 한윤성
나승빈 선생님의 수업은 늘 흥미롭다. 수업을 할 때마다 놀이와 즐거운 활동이 따라온다. 황민석

삶과 교육을 바꾸는
맘에드림 출판사 교육 도서

교사는 수업으로 성장한다

박현숙 지음 / 값 12,000원

그동안 교사는 수업에서 아이들을 만나지 못해왔다. 관계와 만남이 없는 성장의 결손을 낳았다. 이 책에서는 교사, 학생, 학부모, 지역사회가 공동체로서 서로 관계를 맺을 때에만 배움은 즐거운 활동으로서 모두가 성장하는 삶의 일부가 될 수 있음을 보여준다.

수업 딜레마

이규철 지음 / 값 14,000원

이 책을 관통하는 키워드는 '사람'이다. 저자의 노하우를 전수하는 것이 아니라, 수업 속에서 딜레마에 맞닥뜨려 고통 받고 있는 선생님들의 고민, 신념을 담고, 그것을 이겨내기 위한 한 분 한 분의 마음을 담고 있다. 이 책은 다시 한 번 교사로 잘 살아보고 싶은 도전을 하게 한다.

수업 디자인

남경운, 서동석, 이경은 지음 / 값 15,000원

서울형 혁신학교의 대표적인 수업 혁신을 담은 이야기. 아이들이 서로 협력하면서 배우는 수업을 목표로 삼은 저자들은 공동 수업설계를 대안으로 제시한다. 아이들은 서로 '옥신각신'하며 함께 문제에 도전할 때 수업에 몰입하고 배우게 된다. 이 책은 이러한 수업을 어떻게 만들어가는지 잘 보여준다.

땀샘 최진수의 초등 수업 백과

최진수 지음 / 값 21,000원

초등학교에서 20여 년간 아이들을 가르쳐온 저자가 초등학교 수업에 대해서 기록하고 연구하고 실천하며 쌓아온 경험을 바탕으로 초등학생들과 수업을 함께하는 방법을 담고 있다. 초등학교 교사가 아이들을 가르칠 때 알아야 할 가장 기본적이면서도 가장 중요한 모든 것을 다루고 있다.

교실 속 비주얼씽킹

김해동 지음 / 값 14,500원

이 책은 비주얼씽킹 기본기부터 시작하여 교과별 수업, 생활교육, 학급운영 등에 비주얼씽킹을 응용하는 방법을 설명하고 있다. 특히 교사들이 초등학교 1학년부터 고등학교 3학년까지 국어, 수학, 영어, 과학, 사회 등 모든 교과 수업에 비주얼씽킹을 활용할 수 있도록 수업 지도안을 상세하면서도 간결하게 제시하고 있다.

수업, 놀이로 날개를 달다

박현숙, 이응희 지음 / 값 13,500원

교육계에서 최근 가장 중요한 과제로 삼고 있는, OECD의 여덟 가지 핵심 역량(DeSeCo)에 따라 여러 놀이들을 분류해서 설명하고 있다. 이 책의 저자들은 수업이 놀이를 만났을 때 어떻게 핵심 학생들의 핵심 역량이 강화되는지 이야기하고 있다.

수업 코칭

이규철 지음 / 값 15,500원

가르치는 일을 함으로써 학생들의 배움을 돕는 교사들에게 수업은 시간적으로도, 공간적으로도 학교에서 자신이 하는 일의 중심을 이룬다. 그래서 수업에 관한 고민은 교과를 가리지 않고 교사들에게 일반적으로 드러난다. 이 책은 그중에서도 '수업 코칭'이라는 하나의 흐름을 다룬다.

교사들이 함께 성장하는 수업

서동석, 남경운, 박미경, 서은지,
이경은, 전경아, 조윤성 지음 / 값 15,000원

이 책은 배움 중심 수업을 위해 서로 다른 여러 교과 교사들이 수업을 디자인하고 연구하는 '수업 모임'에 관해 다룬다. 수업 모임 교사들은 함께 교과 수업을 디자인하고, 참관하고, 발견한 내용을 공유하고 평가하는 피드백을 통해 수업을 개선해간다.

땀샘 최진수의 초등 학급 운영

최진수 지음 / 값 19,000원

이 책의 저자는 학급운영의 출발은 아이들을 '가르치는 대상'에서 '존중받는 존재'로 바라보는 것에서 시작해야 한다고 이야기한다. 또한 아이들과 함께하면서 교사는 성장한다. 이러한 성장은 교사 스스로 자신을 되돌아보고 성찰할 때 비로소 이루어지며, 그 결과 올바른 학급운영이 이루어진다고 이 책은 말한다.

얘들아, 하브루타로 수업하자!

이성일 지음 / 값 13,500원

최근에는 교사 위주의 강의 수업에서 학생 위주의 참여 수업으로 많은 변화가 이루어지고 있다. 이는 4차 산업혁명 시대를 살아가야 할 학생들을 위해서는 당연한 것이다. 교실에서 실제로 질문하고, 토론하는 하브루타 참여 수업의 성과를 담은 이 책은 수업을 통하여 점점 성장해가는 아이들의 모습을 보여준다.

핵심 역량을 키우는 수업 놀이

나승빈 지음 / 값 21,000원

이 책은 [월간 나승빈]으로 유명한 나승빈 선생님의 스타일이 융합된 놀이책이다. 이 책은 교실에 갇혀 넘치는 에너지를 발산하지 못하는 아이들과, 단순한 재미를 뛰어넘어 배움이 있는 수업을 고민하는 선생님을 위한 것이다. 본문에서는 수업 속에서 실천이 가능한 다양한 놀이를 제시하고 있다.

교실 속 비주얼 씽킹 (실전편)

김해동 · 김화정 · 김영진 · 최시강,
노해은 · 임진묵 · 공세환 지음 / 값 17,500원

전편이 교과별 수업, 생활교육, 학급운영 등에 비주얼씽킹을 응용하는 방법을 이론적으로 설명했다면, 《교실 속 비주얼씽킹 실전편》은 실제 초 · 중 · 고학생을 대상으로 수업을 진행한 교사들의 활동지를 담았다.

수업 고민, 비우고 담다

김명숙 · 송주희 · 이소영 지음 / 값 15,500원

이 책은 수업하기의 열정을 잃지 않고 수업 보기를 드라마 보는 것만큼 재미있어 하는 3명의 교사가 수업 연구에 대한 이론적 체계가 아닌, 현장에서의 진솔한 실천 과정을 순도 높게 녹여낸 책이다. 이 속에는 자신의 교실을 용기 있게 들여다보며 묵묵히 실천적 연구자로 살아가는 선생님들의 고민과 성장이 담겨 있다.

영화 만들기로 창의융합 수업하기

박현숙 · 고들풀 지음 / 값 13,000원

창의융합 수업의 좋은 사례로서 아이들과 영화를 만든 이야기를 담았다. 시나리오, 콘티, 촬영, 편집과 상영까지 교과의 경계를 넘나드는 영화 만들기 수업 속에서 아이들은 다양한 역량을 발휘하며 훌쩍 성장한다. 학생들과 영화 동아리를 운영한 사례들도 담겨 더욱 깊이 있는 노하우를 얻을 수 있다.

톡?톡! 프로젝트 학습으로 배움을 두드리다

최미리나 · 이성준 · 김지원 · 조수지 · 심혜민 지음 / 값 19,500원

이 책은 학생들이 흥미를 느끼는 주제로 탐구 활동을 진행해 배움의 진정한 즐거움을 발견하고, 나아가 한층 더 깊은 탐구로 이어지는 선순환이 가능한 프로젝트 수업을 위한 거의 모든 것을 다룬다. 이 책을 통해 의미 있는 프로젝트 수업을 만들어갈 수 있는 다양한 아이디어를 얻을 수 있을 것이다.

주제와 감수성이 살아나는 공감 수업

김홍탁 · 강영아 지음 / 값 16,000원

교육의 본질은 수업이며, 학생들은 수업에서 삶을 배워야 한다. 저자들은 그 연결 고리를 '공감'으로부터 찾아냈다. 역사와 정치, 민주주의를 관통하는 주제가 살아 있는 수업, 타인과 사회를 공감하는 수업을 통해 아이들은 성숙한 민주시민으로 성장해나갈 것이다.

하브루타로 교과 수업을 디자인하다

이성일 지음 / 값 14,500원

다양한 과목별 하브루타 수업 사례를 담은 책. 각 교과 수업에 활용할 수 있도록 한 하브루타 맞춤 수업 안내서다. 책 속에는 실재 교실에서 하브루타를 적용한 수업 사례들이 교과목 별로 실려 있다. 각 사례마다 상세한 절차와 활동지를 담아서 누구나 수업에 바로 적용하고 쉽게 따라할 수 있도록 했다.

하브루타 수업 디자인

김보연 · 교요나 · 신명 지음 / 값 16,000원

이 책은 수업하기의 열정을 잃지 않고 수업 보기를 드라마 보는 섯만큼 재미있어 하는 3명의 교사가 수업 연구에 대한 이론적 체계가 아닌, 현장에서의 진솔한 실천 과정을 순도 높게 녹여낸 책이다. 이 속에는 자신의 교실을 용기 있게 들여다보며 묵묵히 실천적 연구자로 살아가는 선생님들의 고민과 성장이 담겨 있다.

프로젝트 수업으로 배움에 답을 하다

김 일 · 조한상 · 김지연 지음 / 16,500원

몸짓과 색카드로 초등학교 1학년부터 6학년까지 배우는 수와 연산을 익힐 수 있도록 가르치는 방법을 다룬다. 즉, 색카드, 수 놀이, 수 맵, 몸짓 춤, 스토리텔링, 놀이가 결합되어 아이들이 다양한 감각을 통해 몸으로 수학의 개념과 원리를 터득하게 하는 것이다. 놀이처럼 수학을 익히면서 개념과 원리를 터득해나갈 수 있다.

초등 온작품 읽기

로고독서연구소 지음 / 값 15,500원

1년 동안 아이들과 교사가 함께 행복한 교실을 만들어간 기록들이 담겨 있다. 교육의 본질과 교사의 역할, 교육관과 인간 본성에 관한 철학적 고민부터 구체적 방법론, 아이들의 참여와 기쁨에 이르기까지 교육과 관련된 다양한 요소가 버무려져 마치 한 편의 드라마 같다.

초등 상담 새로 고침

심경섭 · 김태승 · 박수진 · 손희정 · 김성희 ·
김진희 · 남민정 · 박창열 지음 / 값 16,000원

학교 현장에서 아이들의 부적응이나 문제행동을 고민하지 않는 교사는
거의 없다. 이 책은 이러한 문제에 대한 해결책을 찾는 교사의 상담 지혜를
다룬다. 특히 문제 상황에 따른 원인을 분석하고 명확한 가이드라인을
제시한다. 이는 교실 현장에서 발생하는 거의 모든 문제 상황에 적용될 수
있다.

교사의 말하기

이용환 · 정애순 지음 / 값 15,000원

이 책은 말하기 기술을 연마하기에 앞서 말하고자 하는 상대에 주목해야
함을 강조한다. 그리고 무심코 내뱉은 말 한 마디로 학생들이 얼마나 큰
상처를 입을 수 있는지 경계한다. 아울러 교사의 말이 학생을 성장시키고
나아가 교사 자신까지 성장시키는 엄청난 힘을 발휘한다는 것을
강조한다.

생각하는 교실, 철학하는 아이들

한국 철학적 탐구공동체 연구회 지음 / 값 16,000원

공동체의 유지와 발전을 위해서는 합리적일 뿐만 아니라 합당한 판단을
할 수 있는 시민이 필요하다. 이것은 구성원들의 고차원적 사고와 숙의를
통해서만 달성될 수 있다. 철학함은 생각과 숙의의 기반이 된다. 이 책은
모든 학교 수업을 통해 아이들이 철학하는 역량을 어떻게 키울 수 있는지를
보여준다.

교실 속 유튜브 수업

김해동 · 김수진 · 김병련 지음 / 값 15,500원

교실에서 이뤄지는 유튜브 수업은 학생들을 단지 미디어 수용자에서
참여자로, 소비자에서 생산자로 자리매김할 기회를 준다. 이 책은 이를
위한 충실한 안내자로서 주제, 유튜브, 스토리, 촬영, 편집, 제작, 홍보에
이르기까지 거의 모든 과정을 다룬다.

영어 수업 놀이

가인숙 지음/ 값 21,000원

이 책은 놀이를 매개로 쉽고 재미있게 영어를 가르치는 저자의 풍부한 노하우를 담고 있다. 특히 어떻게 하면 놀이를 가르쳐야 할 핵심내용과 잘 연결시킬지에 초점을 맞춰 수업 놀이를 이야기한다. 수업 계획과 실천에 관한 전체적인 디자인은 물론 파닉스, 말하기, 듣기, 쓰기, 문법 등에 관한 다양한 놀이 활동들을 소개한다.

프로젝트 수업으로 교육과정을 다시 디자인하다

기애경 · 조은아 · 송영범 · 김성일 · 옥진우 · 한난희 지음 / 값 17,000원

이 책은 일회성 이벤트가 아니라 교실에서 항시적으로 실천할 수 있는 지속 가능한 프로젝트 수업 방식을 제안한다. 무엇보다 실제 교육과정에 기반한 프로젝트 수업을 제안하고 있다. 특히 기존 교육과정에서 제안하는 수업 주제를 바탕으로 학생들의 자발적 탐구를 가능케 하는 질문들을 이끌어내는 것에 주목한다.

나의 첫 교육과정 재구성

민수연 지음 / 값 13,500원

1년 동안 아이들과 교사가 함께 행복한 교실을 만들어나간 기록들이 담겨 있다. 교육의 본질과 교사의 역할, 교육관과 인간 본성에 관한 철학적 고민부터 구체적 방법론, 아이들의 참여와 기쁨에 이르기까지 교육과 관련된 다양한 요소가 버무려져 마치 한 편의 드라마 같다.

독자 여러분의 소중한 원고를 기다립니다

맘에드림 출판사는 독자 여러분의 소중한 원고를 기다리고 있습니다. 원고가 있으신 분은 momdreampub@naver.com으로 원고의 간단한 소개와 연락처를 보내주시면 빠른 시간에 검토하여 연락을 드리겠습니다.